ALMEDINA

— o design gráfico como prática de clarifi- cação

—*João Bicker*

FBA. O DESIGN GRÁFICO
COMO PRÁTICA DE CLARIFICAÇÃO

AUTOR
JOÃO BICKER

DESIGN
JOÃO BICKER
FBA. [www.fba.pt]

EDIÇÃO
ALMEDINA

IMPRESSÃO E ACABAMENTO
GRÁFICA MAIADOURO

DEPÓSITO LEGAL
400452/15

ISBN
978-972-40-6376-8

© desta edição, ALMEDINA 2015

ÍNDICE

Nota prévia	19
ABERTURA	21
Tornar claro	24
Estrutura	25
I JUNTAR AS LETRAS	**31**
MCMXCCVIII	33
O designer autor	35
O designer produtor	38
O designer autor-empreendedor	39
Além do design gráfico	41
Escrita com letras pré-fabricadas	43
Jan Tschichold	47
W. A. Dwiggins	55
(D)escrever os sons	63
Reid Miles e Robert Flynn	64
Barbara Wojirsch e Dieter Rehm	69
Hipgnosis, Roger Dean e Paul Whitehead	73
Vaughan Oliver	77
Peter Saville	80
II TEMA E IMPROVISO	**85**
Antes de começar	89
Fenda (episódio 1)	95
Novas colecções	96
Tipografia e ilustração	97

Almanaque topográfico	99
Encontros e fotografia	101
Primeiros	102
Regresso e balanço	105
Alfândega Nova	107
Fragile	109
Angola a Preto e Branco: Fotografia e Ciência no Museu do Dundo 1940-1970	110
Babá-babu, Histórias de um Berço	113
Sem Rede: Ruy Duarte de Carvalho, Trajectos e Derivas	114
Nómadas	116
Off-shore	116
Estúdio/Espaço	121
Instituto Pedro Nunes (IPN)	122
Avenida Emídio Navarro	124
O trabalho	125
Projectos 2000 – 2012	129
Facturação e volume de trabalho	130
Fidelização e Reciprocidade	133
Sobre a gestão	139
Responsabilidade social	141
Pro bono	142
Markth!nk	143
Edições	149
Tipografia	151
A Forma das Letras	151
Manual Tipográfico de Bodoni	152
Ensaio sobre Tipografia	155
Do Desenho das Letras	156
Dispersos	159
III DESIGN LOCAL	**163**
Capas e livros	167
Edições 70	177
Contexto	177
Marca	179
Tipografia	179
Colecções 70	180
Colecções renovadas	181
Novas colecções	183

Fenda	191
Primavera de 1979	191
Não ela-mesma, os livros Fenda	192
A colecção «branca»	193
Capas	194
Livros	195
Identidade Visual	199
Spin-offs	200
Museus e Jardim	201
Comemorativas	203
Editora e livrarias Almedina	209
Primeiro momento	210
Tipografia	210
Segundo momento	211
Um novo projecto	214
Portugal 2007	217
Programa	217
Símbolo e mensagem	218
Universo visual	219
Museus e exposições	227
Arquitecturas em palco	235
Proposta	236
No exterior	237
No interior	237
Livro	237
Primitivos Portugueses (1450—1550)	245
Identidade e tipografia	246
Cor	247
Documentação histórica e laboratorial	252
Catálogo	253
«Mais» três projectos	259
Museu da Ciência da Universidade de Coimbra	261
Contexto	262
Sistema de identidade visual	263
7×2 símbolos	263
Tipografia	266
Comunicação	267
Exposição	267
Catálogo	275
Weltliteratur	279

Identidade	283
Processo e exposição	284
Catálogo	285
Fernando Távora – Modernidade Permanente	293
Identidade Visual	295
Exposição	295
Catálogo	307
Diário de "bordo"	307
Fecho	311
FBA. DESIGN SEM TRASEIRAS	**315**
Referências bibliográficas	321
Imagens em extra-texto	335
Índice das imagens	337

NOTA PRÉVIA

O texto que agora ganha forma de livro resulta, em grande parte, daquele que foi apresentado, como tese de doutoramento, ao Colégio das Artes da Universidade de Coimbra. O trabalho que encerra tem quinze anos e é de todos os que participaram na construção do estúdio de design que tem o meu nome e é o meu orgulho. Sem eles não seria o que é, nem eu seria o que sou.

A equipa actual da FBA. é a Ana Boavida, a Ana Soares, a Ana Simões, o António Silva, a Cristina Alves, o Daniel Santos, o João Cunha e a Rita Marquito. É com eles que eu e o Alexandre Matos contamos todos os dias. Com o seu profissionalismo, dedicação e, mais importante que tudo, a sua alegria.

Tenho que referir também os que passaram pela FBA. nestes 15 anos, partilhando o seu empenho e o seu talento. A eles, Ana Sabino, André Ferrão, Anna Spindler, Conceição Miranda, Eduardo Nunes, Edyta Chachulska, Gemma Prats, Joana Monteiro, João Alves, João Pedro Amaral, Jonathan Faust, Luisa Oliveira, Maria Ferrand, Nikki Daniels, Pedro Neta e Sónia Ferreira, o meu obrigado.

O texto original tem uma autoria tripartida pois não existiria sem o saber, a disponibilidade e a infinita paciência dos meus orientadores, e meus amigos, Fernando Penousal Machado e Nuno Porto.

Um agradecimento especial é devido ao António Cruz, à Cátia Costa e à Cristina Alves pela ajuda que me deram na colecta e tratamento dos dados, e ao Pedro Miguel Cruz, pelo talento e a disponibilidade com que me ajudou nas visualizações originais.

Esta edição contou com a indispensável contribuição das minhas amigas Ana Teresa Peixinho e Andrea Roca na revisão e nos comentários que fizeram ao texto.

Os projectos referidos no capítulo III devem muito, e por razões muito diversas, aos meus amigos António Filipe Pimentel, Carlos Antunes, Carlos Pinto, Désirée Pedro, Francisco Aires Mateus, Henrique Cayatte, João Mendes Ribeiro, José António Bandeirinha, Manuel Aires Mateus, Paulo Gama Mota e Vasco Santos. A todos, o meu obrigado.

Por fim, devo deixar claro que nem este livro, nem a tese que esteve na sua origem, nem a FBA. existiriam sem a visão e o talento do Alexandre Matos. Esta amizade não se agradece, mas retribui-se.

E este livro é para o Rui.

ABERTURA

Este texto é o resultado de um olhar retrospectivo sobre uma prática profissional de design gráfico, sistemática e continuada de cerca de década e meia. Neste sentido, a escolha e a reflexão teórica sobre as opções tomadas em cada um dos projectos apresentados servirão o objectivo de demonstrar que, aliada a uma prática autoral, cada um destes trabalhos foi executado para servir os objectivos de uma encomenda, ponto de partida essencial em todos eles.

Tratando-se, quase exclusivamente, de trabalhos de âmbito comercial ou institucional, serão analisadas as diferentes estratégias de abordagem, quer do ponto de vista da formulação e da fundamentação teóricas, quer do ponto de vista da sua materialização. Explicitar, em suma, quais os princípios, ferramentas e materiais mais adequados à resolução das questões que cada projecto colocava.

Este estudo procura entender em que medida as diferentes abordagens conceptuais e metodológicas respondem aos programas dos diferentes projectos no sentido de tornar claras as mensagens que eles procuram veicular.

O tema da clarificação é um tema central da história do design gráfico, sobretudo na oposição entre a clareza objectiva, porventura melhor personificada no design suíço – ou estilo tipográfico internacional – herdeiro das vanguardas do primeiro modernismo, e a expressividade subjectiva, pedra de toque do pós-modernismo, mas que marcou presença desde os finais do século XIX em todas as correntes que privilegiaram o papel do designer como autor e, como tal, mais próximo da prática artística.

O que me interessa aqui explorar é, não tanto essa oposição, mas antes o papel do designer, enquanto comunicador, ao tornar as mensagens visualmente compreensíveis. Próximo da formulação de Richard S. Wurman[1], interessa-me a compreensão, no sentido em que não podemos fazer algo parecer bom, diferente e com estilo e depois esperar encontrar uma forma de o tornar compreensível. Se, de uma forma artística, for compreensível, será também belo: não se trata de «a forma segue a função», mas de «a forma segue o desempenho» (Heller e Wurman 1998: 58).

A visão segundo a qual «a forma segue a função», popularizada na década de 30 do século XX – a partir de um enunciado mais vasto do arquitecto americano Louis Sullivan[2] – persistiu no discurso do design até à década de 60, sendo dominante em alguns países, entre eles Portugal, até aos anos 80, perdurando mesmo no discurso actual através do uso comum do termo *funcionalidade* – um termo que, na opinião de Rafael Cardoso (2011: 101-2), se mostra equivocado nas suas premissas. Para Cardoso, o mais problemático é a generalização, nas áreas da arquitectura e do design, do termo *funcional* para descrever a aparência do objecto, sendo que «o que se quer dizer com isso é que ele corresponde a uma fórmula estilística e a preceitos formais derivados da época do modernismo internacional, sendo os principais: a ausência de ornamento, o despojamento da sua estrutura, a correspondência da sua configuração à geometria euclidiana e a restrição da paleta de cores, com predilecção por cores sólidas ou primárias. No fundo, essa acepção do termo carece de maior significado. Um artefacto pode muito bem parecer funcional sem nem, ao menos, funcionar ou ser operacional».

Na verdade, o princípio de Sullivan, de acordo com o qual o tamanho, o estilo e a estrutura das criações humanas, deviam ser definidas pelo seu propósito, dificilmente tem relevância nos dispositivos digitais, por exemplo, e a sua falência transformou o tipo de objectos que usamos todos os dias e as formas como nos relacionamos com eles (Rawsthorn 2013: 176-7).

---

[1] Richard Saul Wurman (1935), arquitecto e designer gráfico americano. Em 1984 criou as *TED conferences*, a que presidiu até à edição de 2002. Criou também a *EG conference*, em 2006, e a *TEDMED conference*, em 1995, que liderou até 2010. Outras conferências criadas e presididas por Wurman incluem *California 101*, *TEDSELL*, *TEDNYC*, *TED4Kobe*, no Japão, e *TEDCity*, em Toronto. Stefan Sagmeister disse que «ele tem tido a mais profunda influência na nossa indústria: foi pioneiro e basicamente inventou o campo da arquitectura da informação. Criou e presidiu às *TED Conferences*, que possivelmente se tornaram a mais importante plataforma de comunicação no nosso campo e muitos outros, ligando efectivamente o design à ciência, à tecnologia, à educação, à política e ao entretenimento» (www.wurman.com/rsw/index.html).

[2] No original: «It is the pervading law of all things organic, and inorganic, of all things physical and metaphysical, of all things human and all things super-human, and all true manifestations of the head, of the heart, of the soul, that life is recognizable in its expression, that form ever follow function» (Sullivan 1896: 403-9).

É também por isso, que a motivação deste estudo se centrará na habilidade do trabalho do designer enquanto produtor de sentido, através da compreensão das encomendas que lhe são feitas e da procura de diferentes soluções para as diferentes necessidades de comunicação que elas encerram ou, na sintética formulação de Elizabeth Resnick (2003: 16), alguém que concebe, planeia e executa um projecto que comunica uma mensagem directa a uma audiência específica.

Ao logo deste texto o design gráfico é entendido como a disciplina que descreve a organização consciente de texto e/ou imagens para comunicar uma mensagem específica. Esta designação, em sentido amplo, é a utilizada por Stuart Bailey no *Design Dictionary*, coordenado por Michael Erlhoff e Tim Marshal que usamos aqui como referência. Especificando, «o termo refere-se tanto ao processo (um verbo: conceber) através da qual a comunicação é gerada, como ao produto desse processo (um substantivo: projecto). É usado para informar, anunciar ou decorar, e normalmente incorpora uma combinação dessas funções» (Bailey 2008: 198-9).

Não ignoro, contudo, que o trabalho do designer contemporâneo em muito ultrapassa o equilíbrio de forma e função e que também não é suficiente a procura de sentido. É certo que procuramos comunicar com as pessoas, mas escrevemos apenas o roteiro inicial que lhes permite desenvolver e improvisar o diálogo (Antonelli 2011: 7-8). Paula Antonelli[3] conclui, desta forma, a ideia de que o século XXI teve início marcado pelo foco na necessidade de comunicar para existir, a partir de uma mudança da centralidade da função para a centralidade do sentido.

Este importante desenvolvimento da cultura do design na passagem de século traduz-se numa mudança da visão da semiótica do século XX, que via a comunicação como sendo não mais do que uma transmissão mecânica de significados codificados, para um tempo que começou por ser de pan-comunicação – tudo e todos a transmitir conteúdos e significados em todas as combinações possíveis, de um-para-um a tudo-para-todos (Antonelli 2011: 7-8).

Nesta nova perspectiva, todos os objectos ocupam uma posição única na cultura material e todos contêm informação para além do seus uso ou aparência imediatos. Com Paula Antonelli, poderia afirmar que aparentemente o design abandonou o seu território funcionalista – testado e fundamentado – para se aventurar num universo ambíguo onde a sua essência se confunde e se manifesta numa crise de identidade. Mas não,

---

[3] Paula Antonelli é *Senior Curator* no Departamento de Arquitectura e Design do *Museum of Modern Art*, de Nova Iorque.

o que se passa é que a ambiguidade e a ambivalência – a capacidade de habitar diferentes ambientes e estados de espírito ao mesmo tempo – se tornaram centrais no nosso desenvolvimento cultural (Antonelli 2011: 16).

TORNAR CLARO Em 1994, na *AIGA Brand Identity Conference*, em Nova Iorque, Milton Glaser iniciava a sua intervenção com a afirmação «Make it clear» que desenvolvia, afirmando que este pressuposto fundamental da comunicação parecia ser um objectivo atingível. Reconhecer o público, entender seus desejos – apelar aos seus interesses, eliminar o que é estranho e pronto, «comunicação eficaz», e conclui: «Bem, talvez não» (Glaser 2004).

Reflectindo sobre a sua experiência ao confrontar-se com a *Última Ceia* de Leonardo DaVinci, Glaser discorre sobre as contradições e a ambiguidade da obra e sobre as razões que teriam levado «a mais lúcida mente da história humana» a introduzir tanta ambiguidade numa obra que tem a intenção de impressionar quem a vê. A resposta que nos dá é que DaVinci acreditava que a ambiguidade era uma forma de chegar à verdade. O resultado é que a pintura nos atinge de uma forma muito mais profunda e mais intensa do que qualquer afirmação directa.

O tema da ambiguidade é abordado por Massimo Vignelli[4], paladino da clareza modernista, quando afirma que o bom design combina a integridade, a adequação e a ambiguidade (Slesin 1972: 104-5). Aquilo que, numa apreensão mais rápida ou descuidada, poderia parecer uma oposição parece não o ser.

Uma aproximação simplista da tradição modernista aponta para que o designer tenha de assegurar que a informação é traduzida de um modo claro, para que o conteúdo seja apresentado duma forma não ambígua. O designer tem de ter clareza acerca do material com que trabalha e fornecer clareza na tradução dos dados em representação. Mais matéria, com menos arte (Grootens 2011: 24).

Ao colocar como pergunta de investigação a prática de clarificação no percurso da **FBA.** não persigo um estilo, ou uma definição de um modo de alcançar esse objectivo. O que me interessa é perceber se uma prática de abertura e flexibilidade, necessárias para abranger a diversidade, pode conduzir a resultados claros na suas intenções. A ambiguidade

---

[4] Massimo Vignelli (1931-2014) nasceu em Milão e estudou arquitectura em Milão e Veneza. O seu trabalho inclui programas gráficos e de identidade corporativa, design de publicações, design gráfico em arquitectura e design de exposições, de interiores, de mobiliário e de produtos de consumo para muitas das maiores empresas e instituições americanas e europeias. Fonte: <vignellicenter.rit.edu/about-center/massimo-vignelli>

e a ambivalência são qualidades que incorporam esses valores e são críticas para a problematização e a imaginação (Antonelli 2011: 16), fundamentais para a compreensão dos problemas.

Quando falo de clarificar, falo de tornar efectiva a comunicação, sem que isso condicione os métodos ou as ferramentas usadas para a atingir.

O que procuro é testar a efectividade de uma intenção, que foi sempre a da FBA.: que as mensagens, mais ou menos complexas, sejam transmitidas de forma clara. Não simples, nem reduzidas a qualquer mínimo, mas capazes de ser entendidas.

ESTRUTURA O texto que agora apresento estrutura-se em três partes que numero como os três capítulos centrais. No primeiro, JUNTAR AS LETRAS, procuro caracterizar o momento da história do design que corresponde ao nascimento do estúdio e algumas das ideias que mais contribuíram para o formatar, na maneira como se havia de estabelecer e se havia de relacionar com os agentes que, interna e externamente, determinaram a sua prática. Falo das ideias e das personalidades que mais nos influenciaram, do papel da herança e da novidade, do conhecimento partilhado.

Uma das preocupações fundamentais no estúdio, e objecto sempre presente neste estudo, é a natureza e qualidade da tipografia. A evolução das formas tipográficas e a sua adequação como resposta aos diferentes programas de design são uma preocupação central do trabalho do estúdio e também o serão nesta análise. Assim, o recurso a algumas referências anteriores ao período que é objecto do estudo, nomeadamente ao trabalho dos tipógrafos e designers que se tornaram figuras tutelares do trabalho da FBA., ajudar-nos-à a compreender como, por vezes, no design gráfico a procura de *clarificação* implicou a ousadia de não inovar ou de, inovando, reter como mais adequadas as melhores práticas do passado. A distinção entre clareza e legibilidade é outro tema central quando pretendemos discutir o papel da tipografia na compreensão das mensagens comunicadas. Esta ideia parece remeter para a metáfora do *crystal goblet,* bem conhecida nos estudos de tipografia, e retirada da famosa conferência de Beatrice Warde[5] em 1930 — posteriormente publicada em livro —, onde a autora defendia que a tipografia devia ser bela e transparente, comunicando a mensagem tão claramente quanto

---

[5] Beatrice Warde (1900-69) foi uma especialista americana em tipografia, gestora de publicidade da *Monotype Corporation* e editora da *Monotype Recorder* quase toda a sua carreira. Muito conhecida pelo seu ensaio *The Crystal Goblet*, e do periódico *This is a Printing Office*, era também uma prolífica escritora, investigadora e conferencista (De Bondt 2012: 80).

possível, sem chamar a atenção para a sua própria forma (Warde 1956: 11-17). A procura de mecanismos de compreensão não se limita, no entanto, à invisibilidade da tipografia ou do design, assim como não recusa a participação da autoria na resposta às questões levantadas pelo programa. A comunicação não é sinónimo de clareza e o papel do designer e do processo do design nunca excluiu uma atitude crítica e criativa face ao programa.

O entendimento teórico de uma prática e a compreensão dos seus mecanismos são, também, objectivos deste livro.

O segundo capítulo, TEMA E IMPROVISO, descreverá as condições locais que determinaram a formação do estúdio e procurará descrever o percurso percorrido. Criado em Coimbra, fora do contexto académico do design, importava mapear o espaço e descrever o ambiente que impulsionou — e condicionou — o estabelecimento de um estúdio de design gráfico que procurou criar as suas próprias regras de funcionamento e de relacionamento com a profissão.

Para melhor caracterizar as condições de operação do estúdio, reservo algum espaço à descrição do seu ambiente físico, às opções subjacentes ao seu desenho e à forma como também elas determinam um sistema de relações que se materializa nos resultados obtidos ao longo destes anos. Refiro-me aos projectos executados, mas também à preocupação com a criação de uma cultura do estúdio.

Sendo o âmbito deste texto o trabalho desenvolvido pelo estúdio **FBA.** ao longo de cerca de 15 anos de prática em diferentes domínios do design gráfico, havia que esclarecer qual o campo concreto de acção de cada um desses domínios. Para este estudo e com esse propósito, procedemos ao levantamento e à classificação dos trabalhos em sete áreas de actuação: *livros*, que agrupará os trabalhos relacionados com a edição de livros e catálogos; *capas,* que integrará os trabalhos duma área muito específica do design de livros; *identidades*, compreendendo a criação de programas de identidade corporativa ou de eventos; *new media*, que englobará todos os trabalhos destinados a publicação online, os sistemas de interacção e os trabalhos de animação e vídeo; *exposições,* onde são agrupados os trabalhos de interpretação e identificação de conteúdos expositivos; *sinalética*, relativo a sistemas de sinalização e orientação; *promoção*, que compreende um conjunto muito diverso de trabalhos de divulgação, em diferentes meios e suportes. Este trabalho de reconhecimento e sistematização permitirá caracterizar os diferentes programas e os diferentes contextos de actuação. Com estes dados, espero conseguir identificar indicadores como a distribuição das diferentes áreas de actuação relativamente a cada um dos clientes ou a manutenção dos mesmos clientes ao longo do tempo, factores que podem ser determinantes no conhecimento das matérias, das formas de actuação e, de uma forma geral, dos contextos de operação e uso de cada um dos clientes ou projectos.

Por último, destacarei duas importantes linhas de actuação para a definição da cultura do estúdio que atrás referi: a primeira é uma continuada intervenção no domínio da responsabilidade social, seja através da adopção de uma prática de trabalhos *pro bono*, ou da escolha deliberada da participação em projectos de alcance cultural e social. A segunda, uma política de partilha de edições no âmbito da tipografia, em parceria com um cliente editor, e de edições dispersas, motivadas por interesses para além da profissão, que contribuem para a coesão da equipa e para a partilha de interesses e conhecimento com os clientes e os parceiros.

A construção deste capítulo é a que mais obedece a uma lógica biográfica, do ponto de vista do autor, aqui na função de director criativo do estúdio. Mesmo a breve abordagem da gestão do estúdio é feita sob esse ponto de vista. O envolvimento pessoal não compromete, do meu ponto de vista, o objectivo primeiro desta abordagem, ou seja, a construção de uma etnografia do estúdio, importante para a compreensão da sua natureza e do seu contexto. É suposto o design ser sobre outras coisas e não sobre nós mesmos, ser «para os outros e por sua causa»[6], dizia Peter Saville (Millmann 2007: 79). Mas, porventura, como para o designer Paul Sahre, a única maneira de ser algo de bom e levar as pessoas a interessarem-se é ser também sobre nós mesmos (Millmann 2007: 129).

No capítulo III, DESIGN LOCAL, procuro detalhar três áreas estruturais da identidade do estúdio: o design de capas e livros, os sistemas de identidade e o design para museus e exposições.

Para cada uma destas áreas seleccionei dois projectos que apresento com o detalhe que permitirá conhecer os pressupostos do programa de design, as soluções encontradas para lhe dar resposta, bem como as condições de desenvolvimento do projecto e a avaliação do seu desempenho.

A selecção compreenderá, de facto, quatro grupos. No primeiro, as *Capas e livros*, serão apresentados dois projectos de longa duração: a reformulação de toda a imagem de uma editora, com um vasto e diversificado catálogo, e o design das capas e dos livros de uma colecção com títulos de autores, épocas e temáticas diversos.

[6] No original «*for* others and *to* others»

O segundo grupo, *Identidade visual*, detalha dois projectos de natureza muito diferente: a reformulação da marca de uma editora e livrarias com uma já longa história e a criação de um sistema de identidade para um evento institucional, efémero, com um programa determinado por objectivos essencialmente políticos.

Em *Museus e exposições*, os trabalhos caracterizam-se pela cooperação do design gráfico com um conjunto de outras especialidades. Os dois casos escolhidos – uma exposição individual num certame internacional e uma exposição temporária no maior museu nacional – definem-se em colaboração com as equipas de museologia, de arquitectura e de design de equipamento.

O quarto grupo, *«Mais» três projectos*, agrega, em cada um desses três projectos, as três tipologias anteriores. São projectos que se distinguem pela qualidade dos programas e das equipas e pelos resultados obtidos. Servirão para tentar evidenciar de que modo uma estratégia de clarificação pode ser potenciada pela diversidade de aplicações; ou seja, de que modo, no design, um projecto de identidade tanto se reproduz numa exposição como num livro.

Este grupo de três projectos servirá também para representar algo que é recorrente no trabalho do estúdio: o cruzamento de diferentes tipologias no mesmo projecto ou a simultaneidade de trabalhos para o mesmo cliente, com vantagens na compreensão dos problemas enunciados nos respectivos programas de design.

Ainda que os quatro grupos que organizam estes trabalhos não espelhem – como se verá no capítulo II – toda a actividade do estúdio, nem mesmo correspondam às áreas que, hoje em dia, dominam a sua actividade, a selecção e as escolhas feitas são justificadas porque estas foram, sob vários pontos de vista, as áreas mais importantes durante os anos de afirmação da FBA. e porque definiram um método e uma organização que reflectem as referências individuais e colectivas da sua equipa.

Por último, e em conclusão, procurarei sintetizar os resultados do trabalho desenvolvido e avaliar a utilidade das questões desta investigação para a compreensão da prática do estúdio e do seu futuro.

All my best thoughts were stolen by the ancients.
RALPH WALDO EMERSON

I   JUNTAR AS LETRAS

FUNDADO EM SETEMBRO DE 1998, o estúdio de design FBA. iniciou a sua actividade num contexto particularmente interessante da história recente do design gráfico. O fim do milénio correspondeu, também, ao fim dos paradigmas dominantes na disciplina durante as décadas que decorreram desde o final da Segunda Guerra Mundial. Depois do questionamento da escola moderna pelas ideologias pós-modernas, as décadas de 80 e 90 corresponderam a uma afirmação do eclectismo e de uma busca de novos paradigmas, mas também a um regresso à ideia de moderno que, verdadeiramente, nunca havia abandonado a prática da disciplina. Moderno já não correspondia a uma escola particular, pelo contrário, afirmava uma condição de compreensão do tempo presente, noção integrante da própria natureza da disciplina enquanto reflexo do *ar do tempo*. Poucas disciplinas informarão melhor esta noção de *zeitgeist*[1] do que o design gráfico. Isso deve-se ao seu carácter imediato e efémero, combinado com a sua ligação com a vida social, política e económica de uma determinada cultura (Meggs e Purvis 2009: 10). Com propósitos de rigor, podíamos nomear aqui como design moderno uma teoria e uma prática do design que nasceu e conviveu com o aparecimento das vanguardas modernas do início do século XX e se afirmou, de uma forma quase exclusiva, na prática da disciplina, desde essa altura até à década de 50. Este período, comummente designado por modernismo, decorreu, mais precisamente, entre 1880 e a década de 20 do século XX, ou a década de 50, se quisermos estendê-lo até à época em que se começou a falar de pós-modernismo (Erlhoff 2008: 262).

---

[1] Palavra alemã que significa o espírito dos tempos e se refere às tendências e gostos característicos de uma dada era (do *Prefácio* da primeira edição de Meggs 1983).

Neste primeiro capítulo procurarei caracterizar o momento da história do design em que a **FBA.** se implantou, ainda que a consciência desse momento só tenha sido atingida muito mais tarde. Ao fazê-lo, revejo algumas das ideias que mais contribuíram para formatar o estúdio, na forma como se estabeleceu e se relacionou com os agentes que interna e externamente moldaram a sua prática. Falo das ideias e das personalidades que mais nos influenciaram, do papel da herança tipográfica, sobretudo através da obra de Jan Tschichold e William Addison Dwiggins, figuras tutelares no património de conhecimento da **FBA.**

Falo também do que era novidade, a cada momento, da nossa aproximação ao design gráfico. Um percurso pessoal, autodidacta, que ficou muito a dever à cultura popular, ao quotidiano das imagens – nos livros, nas revistas e nos discos. Esse conhecimento partilhado, que melhor descreverei no segundo capítulo, fica aqui inscrito, na referência às imagens e aos conceitos que organizaram a nossa primeira história do design gráfico.

*I make solutions that nobody wants
to problems that don't exist.*
ALVIN LUSTIG

— **MCMXCVIII** Partindo da distinção feita por Jeffery Keedy (Mr. Keedy 1998), entre modernismo com 'M' maiúsculo, que designa um estilo e uma ideologia e que não está restrito a um momento histórico ou a uma localização geográfica específicos, e moderno com 'm' minúsculo que se pode aplicar aos designers que trabalham de uma forma contemporânea e inovadora, independentemente da sua orientação estilística ou ideológica.

No primeiro grupo, Keedy situa os designers modernistas da Bauhaus, do De Stijl holandês e do Construtivismo russo, que partilham, no essencial e na sua opinião, a mesma ideologia modernista que os designers como Paul Rand[2], Massimo Vignelli[3] ou Erik Spiekermann[4], ou seja, a doutrina segundo a qual a articulação da forma deve sempre derivar dos ditames do objecto que se projecta, ou seja, a forma segue a função. Por oposição, nos designers modernos que não são necessariamente Modernistas, inclui Milton Glaser[5], Charles e Ray Eames[6] e Tadanori Yokoo[7].

Keedy faz uso desta breve definição de modernismo ao introduzir a discussão sobre o aparecimento do pós-modernismo. Reconhecendo a existência de alguma confusão sobre a sua natureza, refere como principal característica, a reacção, que não a rejeição, das formas estabelecidas do que chama alto Modernismo – um modernismo erudito – e, como segunda característica mais importante, o desaparecimento

[2] <www.paul-rand.com>
[3] <www.vignelli.com>
[4] <www.edenspiekermann.com>; <spiekermann.com>
[5] <www.miltonglaser.com>
[6] <www.eamesoffice.com>
[7] <www.tadanoriyokoo.com>

das fronteiras entre a cultura erudita e a cultura popular. Mas talvez a característica mais contestada tenha sido a de 'discurso teórico' em que a teoria já não se confinava à filosofia e incorporava a história, a teoria social, a ciência política e muitas outras áreas do saber, incluindo a teoria do design.

O pós-modernismo surgira associado a uma visão da sociedade orientada ao consumo em que a ênfase era colocada no prazer do design e no estabelecimento de identidade. O design gráfico pós-moderno não procurava uma única mensagem dominante ou uma única forma visual mas, pelo contrário, usava as imagens híbridas, a mistura de estilos tipográficos e o gosto pela complexidade compositiva (Aynsley 2001: 168). Representava, também, o regresso ao ornamento, ao simbolismo e ao humor inteligente, qualidades já presentes em muito do design gráfico da cultura *pop*, como veremos adiante.

Importa referir, brevemente, que foi na arquitectura e não no design gráfico, que foram articuladas as primeiras definições de pós-moderno. Em 1972, os arquitectos Robert Venturi, Denise Scott Brown e Steven lzenour publicaram *Learning from Las Vegas* onde reflectiam sobre como os sinais que abundavam nas zonas comerciais das cidades norte-americanas funcionavam como sistemas simbólicos. Ao invés de os depreciar ou rejeitar como *kitsch*, os autores preconizavam o seu uso como uma forma de enriquecer a arquitectura e design. A arquitectura era entendida como uma linguagem e esta analogia oferecia também possibilidades ao design gráfico (Aynsley 2001: 169).

No início da década de 80, o pós-modernismo era evidente em todos os campos do design. Destacavam-se, no design de mobiliário e de produto, os estúdios de Milão, *Studio Alchymia* e *Memphis*, comprometidos com o significado cultural dos objectos, enriquecendo semanticamente os seus projectos através de alusões que se reflectiam nos seus nomes (Aynsley 2001: 169).

Embora o impacto do pós-modernismo no design gráfico não tenha sido grande senão a partir do meio da década de 80 (Keedy 1998), Wolfgang Weingart[8] tinha protagonizado em Basileia, desde a década anterior, uma séria crítica às premissas da Bauhaus, desrespeitando muitas das convenções da tipografia suíça, de modo a reexaminar a natu-

---

[8] Muito influente como professor e filósofo de design, Wolfgang Weingart começou a ensinar na Escola de Design de Basileia (*Schule für Gestaltung Basel*), onde foi indicado como instrutor de tipografia por Armin Hofmann, em 1963. Weingart ensinava uma nova abordagem da tipografia que influenciou o desenvolvimento da *New Wave*, da desconstrução e de muito do design gráfico da década de 90.

reza do design tipográfico. Weingart criou uma ligação entre a *new wave* Suíça e os Estados Unidos através de alguns dos seus estudantes, como April Greiman[9] e Daniel Friedman[10], que se tornaram importantes e polémicos designers quando regressaram à América (Aynsley 2001: 169) .

Os últimos anos do século XX podem ser caracterizados pela ocorrência de uma vasta produção teórica sobre o design gráfico, a par com as profundas mudanças tecnológicas que, desde a década de 80, moldavam a sua prática.

A prática do design gráfico, como a conhecemos hoje, começou a moldar-se com o aparecimento do *desktop publishing*, que alterou todo o percurso de produção, e continuou com todas as recentes inovações que transformaram os meios de manufactura e circulação. Os dispositivos móveis, os sistemas de *print-on-demand*, os equipamentos de impressão digital de baixo custo, a prototipagem rápida e as redes de distribuição, criaram novas oportunidades para que designers, escritores, artistas e, em geral, todas as pessoas pudessem lidar com as ferramentas de produção criativa (Blauvelt e Lupton 2011).

Esta transformação na tecnologia disponível foi acompanhada por uma busca de autoria e controle sobre o seu trabalho por parte de alguns designers e por uma produção teórica que se confrontava com as questões não só da autoria, mas também da investigação e da produção.

O DESIGNER AUTOR Num ensaio de 1998, Ellen Lupton discute o *slogan* 'designer como autor' enquanto desejo de ajudar os designers a ter um papel sobre o conteúdo, trabalhando num modo empreendedor, em lugar de apenas reagir aos problemas e às tarefas que lhes eram colocadas pelos clientes.

O tema fora tratado, em 1996, por Michael Rock— no ensaio *The Designer as Author*, publicado na revista *Eye* — que o retoma, em 2005, no texto *Fuck Content* (2011: 14-5; 2013). Antes dele, o debate sobre o designer, que ultrapassa as suas funções de mero projectista, havia sido tratado, entre outros, por Norman Potter, em 1964 (2002), por Ken Garland no manifesto *First Things First*, de 1964[11], e por Rick Poynor, em 1991.

No texto de 1996, Rock não deixa de chamar a atenção para as contradições que o termo acarreta. Segundo ele, 'autoria' tinha-se tornado um

---

[9] <aprilgreiman.com>
[10] Dan Friedman (1945–1995) criou o termo *radical modernism*, com o intuito de evitar simultaneamente os constrangimentos do modernismo ortodoxo e o jargão e a anarquia do pós-modernismo.
[11] Disponível em <kengarland.co.uk/KG-published-writing/first-things-first>

termo popular nos círculos do design gráfico, «especialmente naqueles que se situavam na periferia da profissão: as academias de design e o território turvo entre a arte e o design.

A palavra tinha uma sonoridade interessante, atractiva, com conotações sedutoras a originalidade e agência. Mas a questão de como os designers se tornam autores é uma questão difícil, e exactamente quem e o quê é qualificado como design de autor, parece depender de como definimos o termo e determinamos a admissão ao panteão» (Rock 2009: 109).

O termo autoria poderia sugerir novas aproximações ao tema do processo do design numa profissão tradicionalmente associada mais com a comunicação do que com a originalidade das mensagens. Mas, para Michael Rock, as teorias da autoria também serviam como estratégias legitimadoras e as aspirações autorais podiam acabar no reforço de certas noções conservadoras de produção e subjectividade do design – ideias que corriam contrariamente a recentes tentativas críticas, na época, para deixar de lado a percepção do design como sendo baseado no brilhantismo individual. As implicações de tal redefinição mereciam um escrutínio cuidadoso.

Por isso se questiona: «o que significa realmente chamar a um designer gráfico um autor? O significado da palavra mudou significativamente ao longo da história e foi objecto de escrutínio ao longo dos últimos 40 anos. As mais recentes definições não estão associadas à escrita *per se*, mas antes denotam 'a pessoa que origina ou dá existência a alguma coisa'. Outros usos têm conotações autoritárias – mesmo patriarcais: 'o pai de toda a vida', 'qualquer inventor, construtor ou fundador' , 'aquele que gera,' e 'um director, comandante ou governante'» (Rock 2009: 109).

Rock chama a atenção para o facto de muitos dos designers ditos desconstrutivistas ilustrarem literalmente a imagem de Roland Barthes de um texto baseado no leitor – «um tecido de citações alinhavadas por inúmeros centros de cultura» – espalhando fragmentos de citações pela superfície do seus cartazes e capas de livros 'autorais'[12], em lugar de trabalharem no sentido de incorporar a teoria nos seus métodos de produção.

---

[12] Michael Rock refere o texto de Roland Barthes, *A Morte do Autor*, de 1968. Em França, a tradição filosófica estruturalista definiu uma abertura do sentido que inspirou os designers gráficos. O livro *Mitologias*, de 1959, e o ensaio citado por Rock sugeriam que elementos da cultura popular poderiam ser entendidos como processos de significação com múltiplas camadas. Ao contrário do que propunha o design modernista, o papel do designer deixava de ser o controle do sentido ou a solução de um problema de comunicação. A tipografia podia ser uma prática discursiva, que não estava preocupada com a transmissão de uma dada mensagem, mas sim com o convite a uma multiplicidade de leituras. Na medida em que o receptor desconstruía a mensagem visual, a comunicação tornava-se um processo auto-reflexivo (Aynsley 2001: 168).

Não deixa de ser interessante o estabelecimento de um paralelismo entre esta discussão do final do milénio e certas opiniões e práticas contemporâneas que insistem numa quase exclusividade do uso do termo autoria quando se referem ao trabalho auto-proposto ou auto-editado, próximo das academias, nas margens do trabalho artístico e fazendo uso dos seus circuitos de reprodução. Os mesmos terrenos que Michael Rock identificara em 1996.

Já em 1994, Ellen Lupton e J. Abbott Miller, falavam das negras implicações da teoria de Barthes, que foram tornadas moda numa «romântica teoria de auto-expressão». Também Paul Rand, em 1992, escrevia sobre a obsessão com a teoria que, em lugar de alimentar a acção, como o fora noutros tempos – durante a Renascença, por exemplo – era um mero veículo para uma insondável linguagem, descrita de forma variada como – nas palavras de Roger Kimball (1990) - «extravagantemente obscura, na moda, travessuras verbais opacas – e os autores como mestres da impenetrabilidade». «Embora estas descrições fossem dirigidas aos arquitectos, pareciam igualmente apropriadas, no design gráfico, aos teóricos do *novo* (uma palavra na moda, vista frequentemente nos anúncios precedida pela expressão *fantástico*). Alcançar o novo é lutar contra moinhos de vento; o objectivo não é o que é novo (original), como dizia Mies[13], mas o que é bom» (Rand 1992).

Ao retomar o tema da autoria em 2005, Michael Rock afirma que o seu ensaio de 1996 fora uma tentativa para recuperar o próprio acto do design como essencialmente linguístico – uma linguagem vibrante e evocativa. O que depois verificou foi que ele era lido como uma chamada a que os designers produzissem conteúdos, ou seja, a que se tornassem designers *e* autores em lugar de designers *enquanto* ou *como* autores. O problema era de conteúdo e o equívoco era que, sem um conteúdo profundo, o design se reduzia a puro estilo, a um saco de truques duvidosos. Nos círculos gráficos, forma-segue-a-função fora reconfigurada em forma-segue-o-conteúdo. Se o conteúdo era a fonte da forma, precedendo-a sempre e imbuindo-a de sentido, a forma sem conteúdo (se isso é sequer possível) era uma espécie de concha vazia (Rock 2011: 15).

Nesta discussão, parecia aceitar-se o facto de que desenvolver conteúdos era mais importante do que dar-lhes forma, ou seja, que os bons conteúdos eram a medida para o bom design. Reflectindo sobre uma afirmação de Paul Rand, segundo a qual não existem maus conteúdos, apenas más formas, Michael Rock reconhece que depois de a ter enten-

---

[13] Paul Rand refere o arquitecto Mies Van Der Rohe.

dido como uma espécie de renúncia à responsabilidade do designer pelo sentido, a leria mais tarde de forma diferente: Paul Rand não defendia um discurso de ódio, ou o lixo, ou a banalidade. O que ele entendia é que o alcance do designer é formatar e não escrever, mas que o formatar em si afecta profundamente a forma.

O que parecia óbvio, não parecia suficiente: que o tratamento é, de facto, uma espécie de texto em si mesmo, tão complexo e referencial como qualquer outro modo tradicional de conteúdo. Esta ideia é iluminada, no texto de Rock, com o exemplo do cinema de Alfred Hitchcock, em que o sentido do trabalho não está na história, mas na forma como é contada (2011: 15).

Na verdade, o que parece é que seria muito mais produtivo que o assunto da autoria gráfica fosse abordado em termos das suas especificidades – destacando como determinados projectos funcionam, ao nível das suas dimensões gráfica, semiótica e ideológica (Mermoz 2006: 79).

O DESIGNER PRODUTOR Recuperamos a noção de autor de Ellen Lupton. *Autor* sugere agência, intenção e criação, por oposição às funções mais passivas de consulta, estilização e formatação. Esta ideia de autoria radicada num ideal de escritor ou artista, fora profundamente criticada pelos movimentos de vanguarda do início do século XX, e havia de moldar toda uma concepção de design moderno assente na procura de valores e formas universais, libertos de emoções e propósitos individuais. Reconhecendo este carácter nostálgico e reactivo do designer autor, Ellen Lupton propõe então a expressão 'designer como produtor', sendo a produção um conceito firmado na história do modernismo. Os artistas e os designers das vanguardas não tratavam as técnicas de manufactura como meios neutrais e transparentes para atingir um fim, mas como dispositivos equipados com significado cultural e carácter estético (1998: 159).

O tema, abordado por Victor Margolin em 2001, e José Bártolo em 2010, deriva de um texto de Walter Benjamin, *The Author as Producer*, de 1934[14], onde o pensador alemão atacava a visão convencional de autoria como um puro empreendimento literário e defendia que os novos modos de comunicação, como o cinema, a rádio, a publicidade, os jornais e a imprensa ilustrada estavam a fundir os géneros artísticos e a diluir as fronteiras entre a escrita e a leitura, a autoria e a edição (Lupton 1998: 159).

[14] Publicado, em 1970, na *New Left Review* I/62, July-August, disponível em <www.faculty.umb.edu/gary_zabel/Courses/Art and Philosophy in SL and Other Virtual Worlds/Texts/Walter Benjamin_ The Author as Producer.pdf>.

Para Lupton, a produção, no contexto profissional do design gráfico, estava mais ligada à preparação das artes finais para reprodução mecânica, do que ao domínio intelectual do design. O que a revolução do *desktop publishing* trouxe foi um retorno daquelas tarefas ao processo do design. Enquanto os termos 'autor' e 'designer' sugerem actividade cerebral, a produção privilegia a actividade do corpo. «A produção está enraizada no mundo material. Valoriza as coisas sobre as ideias, o fazer sobre o imaginar, a prática sobre a teoria» (1998: 161). O desafio para os designers era, então, tornarem-se mestres e não escravos da tecnologia, na medida em que era possível o controle, intelectual e económico, dos meios de produção e a partilha desse controle com os públicos, permitindo-lhes serem também, além de consumidores, produtores de significados.

Muitos designers gráficos incluíam no seu portfólio produtos comerciais como, por exemplo, a gama de *t-shirts* dos *Experimental Jetset*, em 2001 ou o sistema de caixas de armazenamento *MeBox* dos *Graphic Thought Facilty*, em 2002. A 'proletarização' do design, como foi classificada por Lupton (2003: 25), produziu uma cultura de empreendedorismo que parece querer progredir (Barnes 2012).

Um texto de 1998 posicionava o debate da autoria num contexto próximo deste. O ensaio de Steven Heller, *The Attack of the Design Authorpreneur*, publicado no AIGA *Journal* (1998: 35-6), apelava aos designers para tomarem em mãos e beneficiarem da dupla condição de autores e empreendedores.

O DESIGNER AUTOR-EMPREENDEDOR Num texto mais recente (2011: 32-4), Steven Heller defende que a *autoria no design* não era mais do que uma *quimera do design* – um sonho de que os designers poderiam ter o controlo dos seus destinos criativos enquanto contribuíam com algo de valor para a cultura. Na sua nova perspectiva, empreendedora, o design move-se do tradicional papel de serviço para o da procura de experiências de um design com iniciativa e sustentabilidade. O movimento do design empreendedor exige que os designers ganhem mais responsabilidade como criadores dos seus próprios produtos comercializáveis.

Nas décadas de 80 e 90, alguns designers, que reclamavam para si o estatuto de autores, aproximaram-se da ideia de Ellen Lupton do designer como produtor, que resultou numa maior produção de livros e artigos, publicados por um novo grupo de editores que eram, na realidade, os únicos empreendedores que assumiam alguns riscos. De facto, enquanto as revistas proclamavam a autoria no design como 'a' próxima novidade, eram poucos os designers gráficos que exploravam a transformação das suas ideias em produtos consumíveis que pudessem ser oportunidades práticas de investimento (Heller 2011: 33).

O texto de Heller de 1998 não encontra da parte da comunidade do design gráfico grande eco, embora as transformações na prática e a redefinição do papel dos designers, motivadas pelo aparecimento do *desktop publishing*, começassem a deixar entrever uma alternativa viável ao *status quo*. Steven Heller não deixa de salientar a ironia que esta novidade acarretava. De facto, o empreendedorismo no design tinha uma longa tradição, com início nos finais do século XIX, com as iniciativas de William Morris no plano da produção editorial com a *Kelmscott Press* e, especialmente com a *Morris, Marshall, Faulkner and Company* – fundada em 1861 – que daria origem à *Morris and Company, em 1875* (Meggs e Purvis 2012: 177 e 179). Esta iniciativa de Morris inspiraria, mais tarde, os membros da Secessão de Viena, Josef Hoffmann e Koloman Moser, no lançamento, em 1903, dos *Wiener Werkstätte* que, sobrevivendo aos seus criadores, se mantiveram em actividade até 1932 (Meggs e Purvis 2012: 239 e 242).

O exemplo de William Morris reproduziu-se, depois, por todo o século XX, com exemplos notáveis de empreendedorismo por parte de designers e artistas como Kurt Schwitters, com a sua agência de publicidade e a revista *Merz*, Walter Herdeg, designer suíço fundador da revista *Graphis*, Charles e Ray Eames, que produziram e comercializaram jogos, brinquedos, mobiliário e filmes, os *Push Pin Studios*, de Milton Glaser, Seymour Chwast, Reynold Ruffins e Edward Sorel ou, já nas décadas de 80 e 90, os *M&Co Labs*, lançados pelo estúdio *M&Co*, de Tibor Kalman, Carol Bokuniewicz e Liz Trovato.

A grande mudança surgia com a revolução digital motivada, sobretudo, pelo aparecimento do *Apple Macintosh* em meados dos anos 80. Surgiam as fundições digitais e o decorrente comércio de fontes tipográficas. A *Emigre Graphics*, fundada por Rudy VanderLans e Zuzana Licko, em 1984, foi uma das primeiras e uma das mais produtivas e influentes na nova cultura tipográfica.

No âmbito restrito desta discussão, interessa-nos concluir, com Steven Heller, que os designers gráficos não deixarão de ser fornecedores de serviços, pois é essa a tradição e o legado da disciplina. O empreendedorismo não substituirá as outras funções desta profissão, mas a opção criativa e comercial de partilhar alguns dos serviços, competências e talento com o potencial empreendedor faz indiscutivelmente parte do campo de actuação dos designers (Heller 2011: 34).

ALÉM DO DESIGN GRÁFICO Ao rever as ideias e os contextos que retratam o momento do estabelecimento da **FBA.** como estúdio comercial de design gráfico, podemos incorrer no equívoco de dar a entender que nesses tempo e circunstância, estas eram também as nossas ideias ou que, de alguma forma, participávamos desse debate. De facto, a nossa aproximação à profissão esteve, nesse primeiro momento, muito mais ligada à forma como ela servia o propósito de tornar visíveis outros saberes e outras preocupações, do que à reflexão sobre a sua natureza e os seus problemas específicos. Sempre percebemos que o design gráfico nos interessava pela multiplicidade de campos de actuação, pelo contacto permanente e obrigatório com diferentes áreas do saber e da vida quotidiana. O design gráfico não era e não é suficiente. Nunca é, para citar Michael Bierut no seu ensaio de 2007, *Warning: May Contain Non--Design Content*. Como Bierut, ao longo dos anos percebemos que os nossos melhores trabalhos sempre estiveram ligados a assuntos que nos interessavam ou que se tornaram interessantes, às vezes apaixonantes, durante o processo de design. Foi o facto de o design gráfico ser quase sempre sobre outra coisa, que especialmente nos interessou.

Decerto não é estranho a esta variedade de interesses, o facto da equipa inicial ser constituída por um licenciado em biologia, um estudante de engenharia electrotécnica, um engenheiro civil e uma professora de design. A realidade é que esta circunstância moldou a cultura do estúdio e a procura de outros interesses, para além do design, foi sempre incentivada e teve sempre um peso considerável no recrutamento dos futuros membros da equipa.

Num ensaio recente (2014), Rick Poynor escreve sobre a invenção do futuro no design gráfico e levanta a questão das ideias e da falta delas. Poynor não se refere aos conceitos e às estratégias criativas que os designers geram e aplicam nos seus projectos quotidianos. Do que fala é de ideias mais amplas, mais abrangentes, acerca da natureza da prática e dos novos modos de ser designer. Sendo verdade que os imperativos comerciais parecem estar permanentemente em desacordo com as tentativas de posicionar o design gráfico como um método para uma prática de investigação, também é certo que as ideias emergentes na disciplina se tornam frequentemente em novas versões de velhas ideias (2014: 68).

Em vista do que referimos atrás, o que causa estranheza é que o envolvimento com outras áreas, constante na prática do design gráfico, não tenha a respectiva repercussão nas suas discussões públicas.

Poynor levanta estas questões para introduzir a discussão sobre a potencialidade das práticas especulativas no design gráfico, à semelhança do que vem acontecendo em outras áreas do design. Servem-lhe de exemplo os trabalhos desenvolvidos por Anthony Dunne e Fiona Raby (2013), conhecidos também por terem introduzido, nos anos 90, o termo 'design crítico'.

Não me interessa, no âmbito deste trabalho, o debate sobre o design conceptual ou o design crítico – amplamente discutidos na recente literatura do design. O que me interessa é referir a forma como este debate se faz, quase sempre, em oposição à prática quotidiana dos estúdios comerciais ou circunscrito a uma prática de âmbito institucional, em geral na área da cultura. Esta visão equivocada da impossibilidade de exercitar uma prática especulativa no âmbito de qualquer projecto de design gráfico tem sido, na minha perspectiva, alimentada pela academia e pela crítica de design, com prejuízos evidentes para a formação dos profissionais de design, em especial na aquisição de competências de inscrição das suas ideias no quotidiano dos projectos comerciais.

O que Rick Poynor refere, ao falar de design especulativo, é de um novo tipo de especulação, acerca das possibilidades futuras e também das armadilhas do design. E mais refere que, se este desenvolvimento nos interessa e queremos que cresça na comunicação gráfica, vai ser precisa uma definição mais estreita dos seus propósitos e das suas preocupações (2014: 70).

O que defendo é que a atitude e a aproximação críticas ao design não têm de ser estranhas às práticas do estúdio comercial. A visibilidade e a abertura à discussão pública do futuro do design também podem e devem ser feitas – como sempre aconteceu nos melhores exemplos da história – no contexto do trabalho com e para clientes. Nos pontos seguintes deste capítulo, discutirei o trabalho de designers que acrescentaram novos caminhos ao design gráfico, exercendo a sua influência nos terrenos do mercado e da cultura popular e que, nessa medida, foram importantes referências para a consolidação da cultura da FBA.

Typography at its best is a visual form of language linking timelessness and time.
ROBERT BRINGHURST

— **ESCRITA COM LETRAS PRÉ-FABRICADAS**[15] «Quem de entre nós possui nem que seja uma fracção da vitalidade, da 'presença real', que emana da odisseia homérica, do *Hamlet*, do *Falstaff*, ou do *Tom Sawyer*? Na agonia, Balzac clamava pelos médicos que tinha inventado na *Comédia Humana*. Segundo Shelley, um homem verdadeiramente apaixonado pela *Antígona* de Sófocles jamais poderia viver uma experiência semelhante com uma mulher real. Flaubert sentia-se rebentar como um cão enquanto 'a puta da Bovary' se preparava para viver eternamente».

Neste excerto de *O Silêncio dos Livros*, George Steiner fala-nos sobre a força de vida, o poder sobre o tempo e o esquecimento, que existem nas personagens dos livros.

Os dois autores de que falarei neste sub-capítulo dedicaram aos livros parte da sua vida e através deles contribuíram de forma única e original para a história e a prática da tipografia. Embora pareçam ter pouco em comum, ambos podem ser reconhecidos pela importância que deram à ancestralidade dos livros e da tipografia, à permanência dos processos, àquilo que torna esta área tão particular e distinta no conjunto do design gráfico. Estes autores, como outros, ajudaram-nos a perceber como os livros, na sua forma, mudaram tão pouco nos últimos cinco séculos e, no entanto, mudam todos os dias.

Falo de Jan Tschichold e William Addison Dwiggins e, no contexto deste trabalho, a escolha destes autores prende-se, mais uma vez, com a influência da sua obra no meu próprio entendimento do design gráfico e, em especial, da tipografia.

---

[15] *Typography is writing with prefabricated characters,* no original, é uma expressão de Gerrit Noordzij para definir a tipografia (Noordzij 2000: 30).

Já vimos como nas duas últimas décadas do século xx surgiram novas maneiras de pensar o design e como isso influenciou a sua prática. A teoria e a prática do design gráfico nos anos 90 foi informada por ideias como 'vernacular', 'alta e baixa cultura', 'cultura pop', 'nostalgia', 'paródia', 'ironia', 'pastiche', 'desconstrução' ou 'anti-estética', surgidas na década anterior. Muitas destas ideias emergiram em oposição ao cânon de 'bom design' modernista, como reacção às preocupações estreitas e formalistas do modernismo tardio (Keedy 1998).

Ligo o que se passou neste período a Tschichold e Dwiggins, porque cada um deles foi, à sua maneira, precursor deste movimento – na opinião de Jefferey Keedy um e outro foram precursores do pós-modernismo no design gráfico.

Como veremos, Jan Tschichold foi o primeiro defensor – se pensarmos em termos de divulgação pública – da tipografia assimétrica modernista e, no entanto, a sua prática é amplamente reconhecida pela diversidade de estilos e pelo reconhecimento da importância da tradição tipográfica, em especial no design dos livros.

Na obra de Dwiggins, assistimos à construção de uma sensibilidade moderna a partir dos valores e da estética tradicionais. Embora não tenha sido nunca nem um defensor, nem um detractor do movimento moderno, Dwiggins esteve sempre empenhado em ser um designer moderno (Keedy 1998).

Jefferey Keedy realça a similaridade que existe em duas obras que parecem ter pouco em comum: Tschichold, celebrado como tipógrafo modernista, deixou uma parte substancial do seu trabalho de design e de escrita baseado em ideias tradicionais e clássicas, enquanto Dwiggins é, em geral, caracterizado como um tradicionalista apesar da natureza inovadora e experimental do seu legado.

É, porventura, oportuna, a questão de Robin Kinross (2004 :13): quando começa a tipografia a ser moderna? Não será a expressão tipografia moderna uma desnecessária duplicação de sentido? Ou seja, não é moderna toda a tipografia, na medida em que a imprensa foi um dos principais facilitadores do desenvolvimento do mundo moderno? Kinross lembra o argumento de Anthony Froshaug (1970: 202-4), de que a tipografia foi sempre moderna desde o seu início no Ocidente – ou seja, por volta de 1440 – graças ao desenvolvimento, por Gutenberg, das técnicas e das aparelhagens que permitiram mecanizar a escrita, o seu desenvolvimento e a sua reprodução. Argumenta, no entanto, que se a modernidade estava implícita na imprensa, não foi completada e imediatamente realizada pela invenção de Gutenberg. A imprensa permitiu a modernidade, mas a evidência de atitudes reconhecidas como modernas na tipografia só surgiram 250 anos depois da sua introdução (Kinross 2004: 14), ou seja, com o Iluminismo.

A modernização conheceu uma reviravolta decisiva pouco antes do século XVIII, quando o amor pela razão e pelo progresso suscita uma procura da perfeição que anima os artistas e os cientistas 'das Luzes'. Em França, os trabalhos encomendados por Louis XIV, em 1692, a uma comissão da Academia das Ciências, encarregada de estudar as artes e os ofícios e, principalmente, a imprensa, resultou na criação do *Romain du Roi*, o carácter tipográfico do reino, um dos exemplos mais antigos de uma racionalização da tipografia como projecto. A encomenda preconizava que a comissão atingisse um design tipográfico formalmente perfeito. Esta perfeição devia basear-se numa consistência racional, que incorporasse o poder absoluto do rei, o seu direito divino de governar e a sua definitiva autoridade enquanto árbitro do gosto num mundo civilizado (Drucker e McVarnish 2013: 96-7). O desenho das letras foi executado segundo princípios matemáticos, sobre uma rigorosa grelha de 2304 pequenos quadrados e representa um afastamento da tradição humanista, caracterizada por um desenho próximo da caligrafia e das proporções orgânicas.

Depois disso, Pierre-Simon Fournier, *Le Jeune*, empreendeu, a partir de 1736, um vasto trabalho de renovação e de sistematização, bem como o estabelecimento de um saber prático e histórico que foi apresentado e descrito no seu *Manuel Typographique*, publicado em 1764. Fournier nomeia como 'moderno' um itálico por ele criado, para se distinguir do antigo modelo, encomendado por Aldus Manutius a Francesco Griffo, em 1501.

Este movimento no sentido da racionalização da tipografia haveria de ter um importante desenvolvimento nas obras de John Baskerville e William Caslon, em Inglaterra, e atingir a sua mais acabada formalização nas obras da família Didot, em França, e de Giambattista Bodoni, na Itália dos finais do século XVIII.

A posição de Kinross, ao situar o tema da modernidade no centro do debate, questiona a norma que prevalece nos estudos de história da tipografia. A norma é o que é entendido por tipografia tradicional, isolando a tipografia moderna como 'modernista' e, desta forma, os 'pioneiros da tipografia moderna' ou a 'tipografia da Bauhaus' são tratados sem precedentes históricos e sem relação com a não mencionada, mas implícita, norma tradicional contemporânea. O argumento de Kinross é que existem elementos modernos no que tem sido olhado como tradicional e que há uma tradição por detrás do que tem sido tomado como apenas 'modernista' (2004: 18).

O ensaio de Robin Kinross é inspirado na obra do filósofo alemão Jürgen Habermas, e na ideia de que a modernidade permanece um projecto inacabado. Tal como os criadores e os 'utilizadores' da tipografia, para além de uma vontade de ser 'absolutamente modernos', somo-lo porque agimos como transformadores, animados por um infatigável 'querer modificar' que é próprio da humanidade, para o melhor e para o pior (Morlighem 2012: 42).

We shall not cease from exploration
And the end of all our exploring
Will be to arrive where we started
And know the place for the first time.
T. S. ELIOT

— **JAN TSCHICHOLD** A vida e a obra de Jan Tschichold são a confirmação, se dúvidas houvesse, de que podemos falar de autores e autoria desde o começo do design gráfico. No editorial de um número da revista *Eye* dedicado ao designer como autor (1996), Rick Poynor refere o livro *Die neue Typographie* (A Nova Tipografia), de 1928, para apresentar Tschichold como um autor no mais completo sentido do termo já que o texto foi duplamente escrito e desenhado como expressão dos seus princípios.

Mas o que torna Jan Tschichold interessante é, também e especialmente, a sua prática. Nenhuma das suas dogmáticas teorias teriam a importância que têm se ele não tivesse sido um soberbo tipógrafo (Berry 2007: 70).

Jan Tschichold nasceu em Leipzig, na Alemanha, a 2 de Abril de 1902. Filho de um pintor de letreiros e calígrafo, desde muito cedo mostrou interesse pelo desenho das letras. Com doze anos estudava civilizações, tipografia e artes do livro na Casa da Cultura de Leipzig e foi nessa altura que começou a estudar os alfabetos latinos, caligrafia, os ornamentos dos manuscritos iluminados, a história e a artesania das letras e os antigos mostruários de tipos que formaram as bases da sua educação (Doubleday 2006: 1).

Ao perceber que desejava ser designer de tipos, matriculou-se, com 17 anos, na *Academia para as Artes Gráficas e a Produção de Livros*, de Leipzig, onde estudou encadernação, caligrafia e gravura. Por sua iniciativa, estudou os livros de Edward Johnston[16], *Writing and Illuminating, and Lettering* (1906) e de Rudolf von Larisch[17], *Unterricht in*

[16] Edward Johnston (1872-1944) <www.ejf.org.uk/>
[17] Rudolf von Larisch (1856-1934) Calígrafo, tipógrafo e professor. Ligado à Secessão de Viena

Ornamentaler Schrift (Instruções em Escrita Ornamental). Em 1921, foi convidado para assistente das aulas nocturnas da Academia e começou a interessar-se pelos mestres da Renascença italiana, que ganharam grande importância no estabelecimento das suas raízes tipográficas clássicas, sobretudo na abordagem que fez, mais tarde, ao design dos livros – em especial na sua passagem pela *Penguin Books* (McLean 1997: 7; Doubleday 2006: 4).

A INFLUÊNCIA DA BAUHAUS Em Agosto de 1923 Tschichold visitou a primeira exposição da Bauhaus em Weimar e teve o seu primeiro contacto com a obra de artistas, arquitectos e designers como Josef Albers, Alfred Arndt, Herbert Bayer, Marcel Breuer, Lyonel Feininger, Walter Gropius, Johannes Itten, Wassily Kandinsky, Paul Klee, Oskar Schlemmer ou Joost Schmidt. Para além destes, revelavam-se também, pelas ligações ao Construtivismo, El Lissitsky e Laszlo Moholy-Nagy, ao *De Stijl*, Piet Zwart e Theo van Doesburg e aos dadaístas e surrealistas, Kurt Schwitters, John Hartfield e Man Ray.

O catálogo da exposição, *Staatliches Bauhaus in Weimar, 1919-1923*, com a capa desenhada por Herbert Bayer e o miolo por Moholy-Nagy, proclamava a tipografia como 'comunicação pela impressão'. Por outras palavras, as mensagens não deviam ser forçadas a uma estética preconcebida (Hollis 2012: 256-8). Capa e interior corporizavam a ordenada funcionalidade que distinguia o design da Bauhaus.

A ênfase na forma, harmonia, funcionalidade e outros valores 'universais', marcavam a distância em relação ao ensino das *Beaux-Arts*, baseado na imitação de estilos históricos, e à sensibilidade romântica, baseada nas emoções pessoais, nas formas naturais e na experiência subjectiva (Drucker e McVarnish 2013: 190).

A visita à Bauhaus teve um profundo impacto sobre o jovem tipógrafo, que regressou a Leipzig, nas suas palavras, «num estado de grande agitação» (Hollis 2012: 256).

Tschichold adoptou de imediato para o seu trabalho os novos conceitos de design da Bauhaus e do construtivismo russo e tornou-se um praticante da nova tipografia. Em Outubro de 1925, um número da publicação *Typographische Mitteilungen*[18] incluía um encarte de 24 páginas intitulado *Elementare Typographie*, com a explicação e demonstrações da tipografia assimétrica, dirigidas aos impressores, aos compositores

---
e ao Wiener Werkstätte, promoveu, com E. Johnston, o revivalismo da caligrafia. *Unterricht in ornamentaler Schrift*, de 1905, é o seu trabalho mais conhecido.
[18] *Typographische Mitteilungen*, Leipzig, ano 12, n.º 10, Outubro de 1925.

e aos designers.[19] Neste texto, defendia que a nova tipografia era fundamental para uma comunicação clara dos conteúdos. A legibilidade, a nitidez e os elementos básicos da tipografia, o desenho das letras, a assimetria e os tipos sem serifas eram, na sua opinião, as únicas qualidades capazes de exprimir as ideias da nova era (Doubleday 2006: 10). Muita da indústria gráfica alemã baseava ainda o seu trabalho nos caracteres góticos e na organização simétrica do espaço, pelo que o encarte de Tschichold foi uma verdadeira revelação que gerou um grande entusiasmo em torno da nova abordagem que propunha (Meggs e Purvis 2012: 335-7). A importância desta publicação reside também no seu papel de divulgadora das novas ideias. Com ela, Tschichold trazia para o âmbito da indústria e dos seus profissionais as ideias desenvolvidas e preservadas nos restritos círculos artístico e académico.

O seu primeiro e mais influente livro, *Die Neue Typographie*, foi publicado em Berlim, como referimos atrás, em 1928. Curiosamente, este texto central para a história do pensamento tipográfico só foi traduzido para inglês – por Ruari McLean – no final dos anos 60, e publicado pela *University of California Press,* apenas em 1995.

A 'nova tipografia' estabelecia os princípios do uso de tipos sem serifas, tamanhos de papel normalizados, fotografias no lugar das ilustrações desenhadas e arranjos assimétricos por oposição aos alinhamentos centrados. O livro incluía, para além dos seus próprios trabalhos, obras dos novos colegas russos, checos e holandeses. Mais uma vez, não se trata de uma exclusiva edição limitada, mas de um texto de trabalho dirigido a impressores e compositores.

Nos anos que se seguem à publicação de *Die Neue Typographie,* Jan Tschichold formulou uma filosofia do design tipográfico inteiramente nova. A comparação com a produção tipográfica dos ingleses Stanley Morrison[20], Oliver Simon[21] e Francis Meynell[22], na mesma época, torna evidente como o seu trabalho se distinguia do que se havia feito até aí e do que faziam os seus contemporâneos mais ligados à tradição (McLean 1997: 9-10).

---

[19] A influência dos artistas russos tornava-se também evidente ao assinar este texto como Ivan Tschichold.
[20] Stanley Morrison (1889-1967), tipógrafo e designer de tipos, foi consultor tipográfico da *Monotype Corporation* entre 1923 e 1967 e do jornal *The Times*, entre 1929 e 1960. Para o *The Times* desenhou as fontes tipográficas *Times New Roman*.
[21] Oliver Simon (1895-1956), tipógrafo e autor. Editou os primeiros quatro números da revista *The Fleuron*, entre 1923 e 1925. Foi presidente da *Curwen Press* entre 1939 e 1956.
[22] Sir Francis Meredith Wilfrid Meynell (1891-1975), poeta e impressor inglês, normalmente associado às luxuosas edições *The Nonesuch Press*.

Em 1933, depois de ter sido impedido de leccionar em Munique pelo regime nazi e ter sido preso sob a acusação de bolchevista cultural, foi libertado após algumas semanas e autorizado a emigrar para a Suíça. Estes episódios trariam uma profunda mudança à vida e também às ideias de Jan Tschichold que, no contexto da indústria do livro suíço, mais convencional, não encontrou lugar para os princípios que vinha defendendo. Começou, então, a pensar que a assimetria e a simetria no design tipográfico não seriam filosofias que mutuamente se excluíssem, mas diferentes caminhos para atingir os mesmos fins: podiam e deviam coexistir (McLean 1997: 10).

Do trabalho que desenvolveu na Suíça, quase exclusivamente design de livros, destacaram-se a série de livros de bolso para a *Birkhäuser*[23], que chegaram a Londres e ao conhecimento de Oliver Simon. O trabalho de Tschichold começava a ser notado e, por iniciativa de McKnight Kauffer[24], designer americano radicado em Londres, foi convidado para fazer uma pequena exposição do seu trabalho nos escritórios da *Lund Humphries*, a editora de livros de arte que construía a sua reputação, sobretudo, no campo da Arte Moderna Britânica [25].

OS LIVROS NA PENGUIN A ida para Inglaterra, em 1947, resultou da reputação que Tschichold tinha alcançado antes da guerra e também com o projecto dos *Birkhäuser Classics*, um dos seus mais bem sucedidos empreendimentos, que provara que era capaz de produzir 53 volumes de extraordinária qualidade e elegância para um mercado massificado. Desde que deixara a Alemanha, os livros tinham sido o seu interesse principal e quando, em 1946, Allen Lane, o fundador da *Penguin Books*, procurava alguém que fosse capaz de rever o estilo tipográfico da editora, Oliver Simon — que havia sido convidado e tinha recusado — indicou-lhe o nome de Jan Tschichold como a escolha acertada.

O nível de qualidade da composição em Inglaterra era mais baixo do que na Suíça e uma das primeiras acções de Tschichold foi escrever as

---

[23] A *Birkhäuser* é uma antiga editora suíça, fundada em 1879 por Emil Birkhäuser. Foi adquirida em 1985 pela *Springer Science+Business Media* e é, hoje, uma chancela usada por duas companhias em campos diferentes: a *Springer* continua a publicar livros e revistas de ciência e matemática com a chancela *Birkhäuser* e a *Birkhäuser Verlag* é uma editora de arquitectura e design, recriada em 2010, que pertence, desde 2012, à *De Gruyter*.

[24] Edward McKnight Kauffer (1890-1954), designer gráfico, pintor de cena e designer de interiores. Ficou famoso pelos trabalhos para a *London Underground Railways*, o *Daily Herald*, o *Museum of London*, a *Shell-Mex* e a *BP*. Depois de 1941, nos Estados Unidos, assinou capas de livros para a *Knopf* e a *Random House*.

[25] A Lund Humphries é líder na área dos livros de arte há 75 anos. Faz parte, desde 1999, do *Ashgate Publishing Group* <www.ashgate.com/default.aspx?page=297>.

Penguin Composition Rules, um folheto de quatro páginas que estabelecia um sistema de paginação e de composição consistente. A adopção deste tipo de normas já havia sido praticada por outros designers da sua geração – Alvin Lustig na *New Directions*, Stanley Morison na *Victor Gollancz* e Giovanni Mardersteig na *Albatross Library*. No entanto, nenhum deles tinha sido tão extensivo, dado o vasto número de colecções já existentes e de novas séries que tinham que ser geridas na *Penguin*. As normas gráficas da *Penguin* incluíam um vasto número de aspectos, que iam da composição do texto à pontuação, do uso de itálicos, versais e versaletes, números, referências e notas, até à composição de teatro e poesia.

Durante 30 meses e com um único assistente, Tschichold planeou e passou para a impressão 500 livros, não só das colecções de ficção, crime e biografias da *Penguin*, mas também de outras colecções, inclusive de livros ilustrados. A sua intervenção estendeu-se ao redesenho de capas e mesmo do famoso símbolo da *Penguin* (figs. 1-3). Nenhum destes ajustamentos mudou muito daquilo que hoje consideramos a clássica imagem da *Penguin*, mas o efeito geral foi a fixação de um novo padrão na produção de livros em Inglaterra (Hollis 2012: 258).

Algumas das novas colecções mostravam estilos que já havia experimentado na Alemanha ou na Suíça, em editoras como a *Birkhäuser*, de Basileia. O uso de filetes, caixas e padrões, combinados com o texto centrado, são alguns desses aspectos. As preocupações de Tschichold estenderam-se a todos os pormenores da produção dos livros, desde a encadernação, à flexibilidade das cartolinas das capas, ao peso e direcção das fibras do papel e todas as melhorias que introduziu nos livros da *Penguin* foram feitas com orçamentos extremamente reduzidos.

A qualidade do desenho tipográfico inglês não lhe passou despercebida e os livros da *Penguin* conservaram os elegantes tipos de Eric Gill, *Gill Bold* e *Gill Sans* e eram compostos com a gama de fontes tipográficas planeada por Stanley Morison para a *Monotype*.

Na opinião de Ruari McLean (1997: 13), Tschichold fez mais em três anos pela melhoria dos padrões da produção dos livros ingleses do que qualquer outro designer alguma vez terá feito.

POR FIM Condenado quando jovem pelo seu radicalismo, Tschichold foi atacado, antes de deixar a Inglaterra, pela sua viragem para o tradicionalismo. Numa contenda com os designers modernistas, em 1946, nas páginas de uma revista de tipografia suíça, Tschichold escreveu que, então, acreditava que a Nova Tipografia apenas servia para a publicidade

1

2

3

de produtos industriais e que o uso exclusivo da assimetria e da tipografia sem serifas era «conforme com a tendência alemã para o categórico, a sua necessidade militar de regras e a sua pretensão de omnipotência» – características que tinham levado Hitler ao poder e desencadeado a Segunda Guerra Mundial (Hollis 2012: 258).

Anos antes, em 1937, Tschichold havia afirmado que o verdadeiro papel da Nova Tipografia consistia nos seus esforços no sentido da purificação e no sentido da simplicidade e da clareza de meios. Isto não era menos verdade na forma como, mais tarde, se empenharia na tipografia simétrica nos livros.

A sua juventude tumultuosa estava de acordo com os tempos – o fermento criativo da Alemanha de Weimar e o modernismo revolucionário – e também com a pobreza dos materiais impressos que via à sua volta. O que o distingue dos outros artistas das vanguardas é que, ao contrário destes, Tschichold escreveu e desenhou os seus livros para os praticantes do negócio da impressão e não para as elites artísticas (Berry 2007: 70).

As diferentes fases da carreira de Jan Tschichold não deixaram indiferentes os seus contemporâneos, como não deixaram os que se lhe seguiram. Alvin Lustig, o famoso designer americano[26], num ensaio, não publicado, sobre as virtudes da imprensa moderna, escrevia que «como todos os revolucionários, os designers modernos foram sempre um pouco inibidos ou mesmo defensivos. Agora que a batalha mostra sinais de ter sido ganha chegou o tempo de reexaminar a situação. Como sempre acontece nas revoluções, alguns inverteram-se completamente. Um homem como Tschichold, depois de desenvolver alguns dos princípios básicos da tipografia moderna, decidiu que estava errado e retrocedeu para uma espécie de conservadorismo estático que ultrapassa até os tradicionalistas», deixando entender que havia alguma falta de autenticidade nas ideias de Tschichold e que isso era uma característica peculiar dos artistas europeus (Heller e Cohen 2010).

Também Josef Müller-Brockmann, uma das figuras centrais do Movimento Tipográfico Internacional, ou 'modernismo suíço', numa conversa com Yvonne Schwemer-Scheddin publicada na revista *Eye*, afirmava que «todo o trabalho de design tem um carácter político. Pode ser socialmente orientado ou humanista ou conservador. O futurismo italiano era belicoso, mas isso não tem nada a ver com a tipografia moderna. O cartaz de El Lissitzky's *Atinja os Brancos com a Cunha Vermelha*

---

[26] Alvin Lustig (1915-1955); <www.alvinlustig.com>

não era tipografia moderna, mas design com formas geométricas. A Nova Tipografia de Jan Tschichold, pelo contrário, era poética, transparente e aberta, nada despótica ou tirânica. Nunca compreendi porque é que Tschichold voltou aos tipos centrados, a menos que fosse velhice – todos ficamos mais moles, mais conservadores, quando envelhecemos». Quando confrontado com a afirmação de Yvonne Schwemer--Scheddin de que Tschichold havia rejeitado o elemento fascista dissimulado na forma, Müller-Brockmann responde que a simetria e o eixo central é que caracterizam a arquitectura fascista e que o modernismo e a democracia rejeitam o eixo (Schwemer-Scheddin 1995).

Na inspirada introdução ao volume que reúne alguns dos ensaios de Tschichold sobre o design dos livros, intitulado *The Form of the Book*, Robert Bringhurst[27] destaca duas palavras que aparecem repetidamente nesse conjunto de ensaios: *Harmonie* e *Takt*. A palavra alemã *Takt*, muitas vezes traduzida erradamente por tacto, tem conotações musicais e significa medida, ritmo, tempo, no sentido musical. Quando Tschichold fala de «margens perfeitamente harmónicas» ou de «páginas de ante--rosto no mesmo tom que a página de texto» ou quando diz que o verdadeiro design dos livros «é uma questão apenas de *Takt*», talvez seja bom lembrar que o autor destas frases nasceu e foi criado à sombra da *Johanniskirche* de Bach. Estas analogias musicais não são maneiras de adoçicar as frases nem são banalidades; elas estão profundamente enraizadas no seu ofício (Bringhurst 1991: xii).

A grande lição de Jan Tschichold e o que faz dele uma figura central da história da tipografia e do design dos livros, é a coexistência dos dois momentos fundamentais das suas vida e obra, que procurei aqui descrever e que Bringhurst sintetiza ao dizer que Tschichold «como Stravinsky, depois de criar a sua reputação inicial como um rebelde, entrou numa longa e produtiva fase neoclássica».

---

[27] Robert Bringhurst (Los Angeles, 1946) é poeta, tipógrafo e autor. Escreveu *The Elements of Typographic Style* – um livro de referência nos estudos de tipografia. Vive em Vancouver, no Canadá.

> *The first word of the first line is* the *critical word of that particular body of text. Let it start flush, at least.*
> W. A. DWIGGINS

— **W. A. DWIGGINS** A expressão 'graphic designer' surgiu pela primeira vez em 22 de Agosto de 1922, num artigo intitulado *A New Kind of Printing Calls for New Design*, publicado no jornal *The Boston Evening Transcript*.[28] O autor do artigo designava assim a sua própria actividade, que envolvia a concepção e execução de projectos gráficos sem intervenção na produção e na impressão e fazia-o para se distinguir de outros praticantes das artes gráficas, tipográficas, da impressão e da publicidade.

William Addison Dwiggins nasceu a 19 de Junho de 1880, em Martinsville, Ohio, e foi designer tipográfico, calígrafo, ilustrador e designer de livros. Foi como ilustrador e artista comercial que alcançou notoriedade e a ousadia que manifestou na sua obra como designer tipográfico e de livros não é, decerto, estranha ao seu passado de trabalho na publicidade.

A designação de designer gráfico foi um separar de águas nos anais da comunicação visual porque, sem que Dwiggins o adivinhasse, o termo marcava um afastamento do especialista para o generalista sob uma mesma rubrica inclusiva. Mais importante do que isso, sugere uma maior vocação do que a classificação, entretanto fora de moda, de artista comercial (Heller 1991: 108).

Dwiggins representa, na opinião de Robin Kinross (2004: 60), a mais interessante aplicação dos valores tradicionais às tarefas recém-definidas pelas condições modernas. Mais novo do que Frederic Goudy[29]

---

[28] Esse texto foi reeditado como Apêndice B em Thomson, Ellen Mazur 1997 *The Origins of Graphic Design in America 1870-1920*, Yale University Press: 184-9
[29] Frederic Goudy (1865-1947) foi um extraordinário designer de tipos, tipógrafo, editor e professor americano. Goudy desenhou 116 fontes e publicou 59 obras literárias. A sua vida e obra são exaustivamente tratadas no estudo crítico de D. J. R. Bruckner, *Frederic Goudy*, editado em Nova Iorque por *Documents of American Design* e *Harry N. Abrams, Inc., Publishers*, em 1990.

e Bruce Rogers[30], a sua carreira inicial seguiu a de estes dois importantes nomes das artes gráficas americanas. Como eles, começou pelas artes comerciais, passando mais tarde a trabalhar – sob a influência das ideias do movimento *Arts & Crafts*[31] – mais directamente na impressão. Dwiggins estudou com Goudy na *Frank Holme School of Illustration*, em Chicago e ainda trabalhou com ele na sua *Village Press*. Ao contrário de Goudy e dos seus amigos e colegas, Bruce Rogers e D. B. Updike[32], cada um deles brilhante nas suas especialidades, Dwiggins assumiu uma atitude mais diversificada – uma diversidade renascentista, no dizer de Steven Heller. Para este autor (1991: 108), Dwiggins é um virtual elo perdido entre o movimento *Arts & Crafts* e o movimento moderno. O seu trabalho publicado e as suas conferências davam voz à ideia de que uma aproximação sistemática ao design dependia de regras e elementos combinados – a sintaxe e a semântica do design gráfico. Se na Europa esta abordagem já tinha sido institucionalizada nos *curricula* das novas escolas de design, nos Estados Unidos a profissão continuava a ser mais pragmática do que teórica. Em artigos, ensaios e livros como *Layout in Advertising* (1948), Dwiggins ajudava a ultrapassar essa falha, ligando as 'dicas' técnicas com questões mais vastas de estética e filosofia do design.

AUTOR Embora *Layout in Advertising* seja o seu único livro teórico de fôlego, Dwiggins foi um prolífico escritor, com uma obra de pequenos e frequentemente bem humorados textos, que incluem escritos sobre design e tipografia, contos e peças de teatro de marionetas – de cuja construção também se ocupava. Algumas destas peças foram escritas sob o pseudónimo de Hermann Püterschein, o seu *alter-ego* no mundo das marionetas. Em 1919, publicou *Extracts from An Investigation into the Physical Properties of Books as They Are at Present Published, undertaken by the Society of Calligraphers*[33], uma divertida paródia sobre a qualidade dos livros americanos, que provava que «todos os livros da actualidade são mal feitos». O gráfico com que iniciava o texto era explicativo do tom e do conteúdo (fig. 4). A brochura foi editada na

---

[30] Bruce Rogers (1870–1957) foi um dos mais celebrados designers de livros do século XX. Rogers desenhou mais de 500 livros e criou os tipos *Montaigne* e *Centaur*, nomeados a partir dos livros onde foram pela primeira vez usados. Uma das suas maiores influências era o trabalho do impressor quinhentista Nicholas Jenson.
[31] O movimento *Arts & Crafts* foi um movimento artístico surgido, em Inglaterra, na década de 60 do século XIX, liderado pelo artista e escritor William Morris (1834–1896) e inspirado pela obra do filósofo John Ruskin (1819–1900).
[32] Daniel Berkeley Updike (1860-1941), impressor e historiador da tipografia americano.
[33] Dwiggins, W. A. e Siegfried, L. B. 1919 *Extracts from An Investigation into the Physical Properties of Books as They Are at Present Published, undertaken by the Society of Calligraphers*, Boston.

forma de relatório de uma comissão de inquérito, pela *Society of Calligraphers*, de que era fundador, secretário e único membro.

Um outro texto de Dwiggins, igualmente bem humorado, e que revela o seu empenho num novo entendimento da profissão num tempo marcado por grandes transformações, é *A Technique for Dealing with Artists*, editado em 1941. Também neste caso, Dwiggins é o designer e o autor do texto. O pequeno ensaio consiste essencialmente no enunciado de 39 propostas para ensinar os empresários a trabalhar com artistas: o que é um artista? que valor tem? como escolher um artista? como fazer o artista interessar-se pelo projecto? como motivá-lo? como pagar-lhe, etc.

Em 1940, Dwiggins edita uma versão alargada de uma carta escrita a 21 de Julho de 1937, dirigida a um amigo que queria saber como desenhava os seus tipos. O amigo, referido no texto, era Rudolph Ruzicka[34] e o ensaio em forma de carta, editado para publicação, explica o seu processo de design de tipos e descreve as interacções entre Dwiggins e a organização de desenvolvimento dos tipos na *Mergenthaler Linotype*. A personagem 'G', mencionada no texto era Chauncey H. Griffith, também designer de tipos, e o vice-presidente encarregado do desenvolvimento tipográfico na fundição. *WAD to RR: A Letter about Designing Type* é um extraordinário testemunho do seu talento como calígrafo.

Como referi atrás, *Layout in Advertising* é o seu texto mais acabado. O livro é um manual técnico que sumariza as lições de vinte anos de trabalho em publicidade e foi escrito e editado num momento em que este tipo de trabalho sofria modificações importantes, passando a depender mais da fotografia e da tipografia industrial, deixando pouco espaço para as competências manuais de Dwiggins, que opta pelo afastamento. O livro testemunha o seu completo empenhamento com as técnicas e os materiais da sua profissão, assim como a sua abordagem do design com os pés bem assentes na terra. Dwiggins estava interessado em questionar as teorias de psicologia barata a propósito de composição e boa proporção, para as quais a arte comercial se mostrava especialmente propensa. O que era bom era o que se podia demonstrar que funcionava bem nos abundantes exemplos que ilustravam o seu texto (Kinross 2004: 61).

Na questão, mais ampla, de uma filosofia do design e particularmente do modernismo, mostrava o mesmo pragmatismo: «O modernismo não

---

[34] Rudolph Ruzicka (1883–1978) foi consultor da Mergenthaler Linotype Company durante 50 anos. Considerado um extraordinário gravador quer em madeira, quer em metal e um talentoso e versátil artista e designer, foi recomendado a C. H. Griffith por W. A. Dwiggins (www.linotype.com/756/rudolphruzicka.html).

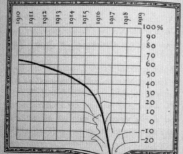

A chart showing the percentage of excellence in the physical properties of books published since 1910.

Transactions of the
Society of Calligraphers

IT may be said in introduction that the Society's Investigation into the Physical Properties of Books was undertaken by a special committee whose personnel insured that its consideration would be thorough and unbiassed.

The Committee began its labour by an examination of all books published in America since the year 1910. This examination forced upon the investigators the conclusion that "All Books of the present day are Badly Made." The conclusion was unanimous.

Working out from this basic fact in an effort to arrive at the reasons underlying the evil, the Committee held numerous sittings in consultation with men concerned with various branches of printing and publishing. From these sittings there developed a mass of information of an unusual and stimulating character.

The publishers have chosen from the Record of the examination a few examples, not because they are extraordinary but because they present typical points of view. They are transcribed verbatim. It will be obvious that in certain cases it has been no more than courteous to suppress the names of the persons assisting the investigation. For the sake of uniformity it has been deemed wise to follow this practice throughout.

é um sistema de design – é um estado de espírito. É uma reacção natural e saudável à *overdose* de tradicionalismo. (...) O actual modernismo é um estado de espírito que diz: vamos esquecer (em prol da experimentação) Aldus, Baskerville e William Morris e pegar nestes tipos e nestas máquinas e ver o que podemos fazer, de nosso, com eles. Agora. Os resultados gráficos deste estado de espírito são extraordinários, muitas vezes altamente estimulantes, algumas vezes deploráveis. O jogo vale o risco...» (1948: 193).

Na linha do que tinha enunciado no panfleto da *Society of Calligraphers,* Dwiggins iniciava, no final da década de 20, as suas experiências como designer de livros. Como vimos, não subscrevia a teoria das vanguardas, nem qualquer outra das que predominavam nas décadas de 20 e 30. Nunca foi dogmático acerca da rectidão ideológica da forma. Criticava as excentricidades dos designers modernos americanos – a quem chamava 'os rapazes da Bauhaus', como criticava a estreiteza mental dos tradicionalistas (Heller 2004: 207).

Dwiggins também não era, portanto, um acérrimo defensor da tradição, rejeitando a produção em massa, como Goudy, Updike e Rogers. Pelo contrário, não tinha razões para pensar que as novas tecnologias não produzissem trabalhos de qualidade.

DESIGNER DE LIVROS Dwiggins colocava uma grande ênfase na qualidade dos materiais e isso seria confirmado no seu trabalho de design de livros, em especial nas edições comerciais, que foram uma das suas principais preocupações. As condições certas para, no mais comum contexto comercial, experimentar as suas ideias, foram facultadas pela longa associação, de cerca de duas décadas, com Alfred A. Knopf[35], um editor com uma enorme abertura para as possibilidades do design.

A partir de 1924, Dwiggins desenhou integralmente, para a Knopf, 329 livros de ficção e não-ficção. Alfred A. Knopf escreveu que «Bill possibilitou-nos a produção de uma longa série de livros comerciais que em interesse e originalidade de design são incomparáveis» (Heller 2004: 208).

O design de livros de Dwiggins tinha duas características: o texto era sempre legível e as encadernações eram adornadas com a sua caligrafia e com ornamentos neo-Maias. Além disso, a sua marca ficou tam-

---

[35] Alfred Abraham Knopf Sr. (1892-1984), editor americano, fundou, em 1915, e foi presidente da prestigiada editora *Alfred A. Knopf, Inc.* À data da sua morte, os autores publicados pela *Knopf* tinham ganho 16 Prémios Nobel e 27 Prémios Pulitzer. Em 1966, a empresa integrou o grupo *Random House, Inc.*

bém inscrita nas suas inimitáveis páginas de rosto. As letras caligráficas nos títulos de Dwiggins eram um casamento entre a tipografia clássica e cursivos inventados e tornaram-se uma marca dos livros da *Knopf* e influência para muitos outros editores.

Dizia que todas as regras tipográficas começam na luta contra o tédio. Se tinha uma missão, essa era a melhoria dos padrões do design de livros, o que na realidade conseguiu. Muito do trabalho de Dwiggins continua relevante, não pela nostalgia mas pela invenção. Nos anos 50 do século passado, contudo, com o advento do estilo internacional e o sucesso do modernismo corporativo, Dwiggins foi praticamente ignorado. Os modernos, que tendiam a desprezar como grosseira arte comercial tudo o que precedera o design moderno, evitaram-no por ser folclórico, *arts-and-crafty* e fora de moda. Na verdade, Dwiggins desafiou a tradição e tentou reformar a velha escola sem a abolir (Heller 2004: 210) e trouxe para o design produzido industrialmente os valores do *Arts & Crafs*, reinventando a tipografia americana (Wild 2009: 85).

DESIGNER DE TIPOS A sua primeira incursão no design de tipos deu-se aos 49 anos, com o lançamento da família *Metro*, a primeira família de fontes em linha com as europeias sem serifa, *Futura*, *Erbar* e *Kabel*. Fruto de uma certa insatisfação que sentia em relação a estas fontes – que deixou expressa no livro *Layout in Advertising* –, os seus tipos eram menos mecânicos que os europeus e foram promovidos como sendo menos monótonos e mais legíveis (McGrew 1994). O que Dwiggins criticava eram os tipos sem serifas, geométricos e seguindo os ditames do modernismo, que começavam a substituir os tipos grotescos de alguns anos antes. Quando apelava, em *Layout in Advertising,* para que as fundições produzissem «um Gótico com bom desenho», estava a referir-se aos tipos sem serifas alemães do século XIX dos quais o *Akzidenz Grotesk*[36] é o melhor exemplo. Na América o padrão dos tipos 'góticos' são as famílias de grotescos sem serifas de Morris Fuller Benton, *Alternate Gothic* (1903), *Franklin Gothic* (1902), *Lightline Gothic* (1902) *Monotone Gothic* (1907) e *News Gothic* (1903). Todos estes tipos de Fuller Benton têm semelhanças com o alemão *Akzidenz Grotesk* (Connare 2000).

O desenho e lançamento da *Metro* davam resposta ao desafio de Harry L. Gage, da *Merganthaler Linotype Company* e marcavam o início de uma relação profissional que se prolongaria pelas décadas seguintes.

[36] «Tipo realista editado pela fundição Berthold, de Berlim, em 1898. É a ancestral imediata da *Franklin Gothic* (1903), de Morris Fuller Benton, e da *Helvetica*, editada pela fundição Haas em 1952» (Bringhurst 2005: 146).

Os primeiros tipos da família *Metro* lançados no mercado foram os *Metroblack #2*, de 1929 (#2 corresponderá à versão que a *Mergenthaler Linotype* terá colocado em produção). Com uma qualidade mais humanista do que os estilos geométricos em moda na Europa, Dwiggins desenhou o que acreditava ser uma não-serifada ideal para títulos e texto de publicidade. A *Mergenthaler Linotype* produziu mais três pesos da família *Metro* – *Metromedium #2*, *Metrolite #2*, e *Metrothin™ #2* – desenhadas sob a supervisão de Dwiggins[37].

O seus primeiros tipos para livros surgiram em 1935. *Electra* é um trabalho original, que Dwiggins dizia reflectir a moderna era das máquinas e ser «eléctrica, com as faíscas e os estalidos do metal em voo livre» (Shaw 1984: 26). As serifas finas na linha de base e as serifas de topo e terminais mais pesados retêm formas históricas. Para além da sua facilidade de leitura e do seu carácter distinto, os tipos da *Electra* distinguem-se pelo seu itálico. O *Electra Italic* não é um verdadeiro itálico mas um redondo inclinado. Mais próximo da convencional forma do itálico é o *Electra Cursive*, lançado em 1944. Nesta matéria, Dwiggins parece ter-se afastado da tradição e da sua própria formação caligráfica, no sentido de uma abordagem modernista, encontrando uma solução racional para um problema contemporâneo. Dwiggins terá decidido inclinar as letras, inspirado pelo artigo de Stanley Morison *Towards an Ideal Italic*, onde esta ideia era detalhadamente exposta (1926: 93-129). O *Electra Cursive* veio, anos depois, dar resposta à fraca aceitação do falso itálico.

Por último, referimos uma outra família de fontes de texto, que resulta do desafio lançado pela *Linotype*, nos finais dos anos 30, para que Dwiggins actualizasse a versão que possuíam da popular *Scotch Roman*.

Dwiggins estudou os tipos de Baskerville, Bodoni e Didot e produziu alguns testes misturando estes desenhos com os da *Scotch*, chegando à conclusão de que não era o caminho certo, na medida em que a *Linotype* queria um design moderno e único.

Caledonia era a antiga designação da Escócia e o nome ficou porque o projecto inicial era a renovação da *Scotch Roman*. De facto, Dwiggins baseou os seus desenhos nos tipos *Bulmer*, de William Martin[38], desenhados em 1792 e tidos como situados entre os de Baskerville e os dos Didot, ou seja, o híbrido que Dwiggins procurava (Lawson 1990: 331).

---

[37] <www.linotype.com/2410/metroseries.html>

[38] William Martin (1757–1830) desenhou as fontes Bulmer para a *Shakespeare Press*. William Martin e o seu irmão John trabalharam com John Baskerville, de quem receberam uma influência que é visível nos seus tipos.

Dwiggins desenhou muitas outras fontes, de que poderíamos destacar um conjunto de fontes experimentais desenvolvidas durante os 27 anos de relação com a Linotype: *Falcon, Arcadia, Charter e Stuyvesant*. No seu conjunto, estas fontes mostram os elementos essenciais da ideologia e da metodologia de Dwiggins inscritas na forma das letras e no desenho de tipos (Wardle 2000).

Interpretations of interpretations interpreted.
JAMES JOYCE

— **(D)ESCREVER OS SONS** Alguns dos autores, das ideias e das imagens que incluo neste sub-capítulo não aparecem nos compêndios da história do design gráfico e, no entanto, foram parte importante na construção recente desta disciplina.

As capas de discos foram, entre os anos 60 e o final do século XX, um privilegiado meio de difusão de novas e inovadoras ideias gráficas. Se hoje é praticamente impossível reconhecer uma etiqueta discográfica pelo seu design – com excepção de algumas editoras com nichos de mercado muito restrito – isso deriva, por um lado, de uma normalização e uma conformidade com as técnicas de marketing e, por outro, pelas garantias dadas aos artistas de controle sobre a sua imagem que se vulgarizaram nos contratos discográficos. Se em alguns casos estas estratégias conduziram a bons resultados de colaboração, na maioria o resultado conduziu a um aumento da mediocridade e da banalidade (Shaughnessy 1995).

A relação do design gráfico com as capas de discos começou por volta de 1940, com a primeira capa ilustrada para um disco de 78 rpm., desenhada por Alex Steinweiss, director de arte da *Columbia Records*. Foi ele que criou, no início dos anos 50, depois de desenhar centenas de embalagens, cartazes e catálogos para a *Columbia*, uma capa de cartolina para proteger e vender a verdadeira revolução da difusão da música que eram os *long-play* (LP) – introduzidos no mercado por esta editora em 1948 – e que, com isso, definiu a identidade visual da música gravada para as décadas seguintes.

Steinweiss nunca teve o reconhecimento que tiveram Paul Rand ou Lester Beall, considerados entre os introdutores do Modernismo americano, mas ele foi, como eles, um pioneiro na criação de marcas corporativas, ao dotar uma das maiores companhias gravadoras, como era a *Columbia Records*, com uma identidade distintiva (Heller 2010: 50).

Nas décadas de 50 e 60, as editoras de jazz *Blue Note* e *Impulse!* criaram identidades reconhecíveis e um estilo internacional que perdurou durante décadas e de que vemos, ainda hoje, frequentes manifestações de revivalismo. De forma semelhante, podemos reconhecer, através da imagem criada pelos designers dos anos 70, muita da música popular mais inovadora desse tempo.

Mais evidentes e, nestes casos, com inscrição na literatura crítica e histórica do design gráfico, podemos referir o trabalho produzido por Vaughan Oliver para a editora independente *4AD*, de Ivo Watts-Russell ou a colaboração de Peter Saville com Tony Wilson, da *Factory Records*, ambos com início nos anos 80.

Neste ponto, onde refiro esta parte importante da minha própria construção de uma ideia de design gráfico, não podia deixar de olhar para um caso exemplar de coerência, e também de sobrevivência, como é a editora fundada em Munique por Manfred Eicher, em 1969, a ECM – *Edition of Contemporary Music* – que depois de estabelecer a sua reputação com a gravação de músicos de jazz, iniciou, logo na década de 70, o alargamento do seu catálogo a músicos e compositores de música erudita contemporânea e depois, a partir de 1984, à música de todas as épocas[39].

Os exemplos que escolhi relacionam-se, como referi, com o meu percurso pessoal, mas representam também exemplos que nos servem para reflectir sobre o argumento da existência de uma criação autoral no contexto do design comercial.

REID MILES E ROBERT FLYNN Se houvesse uma definição para a imagem do jazz, ela integraria, com certeza, os pares de palavras 'blue note' e 'reid miles'. A etiqueta discográfica *Blue Note Records* foi fundada, em 1939, por Alfred Lion e Max Margulis, a quem se juntou, pouco tempo depois, Francis Wolff. A história que nos interessa aqui começou alguns anos depois, com a chegada de Reid Miles. Nascido em Chicago, em 1927, Miles tinha apenas 12 anos quando a *Blue Note* surgiu e, no início dos anos 50, foi para Nova Iorque trabalhar com John Hermansader[40] e para a revista *Esquire*.

---

[39] Ver <www.ecmrecords.com/About_ECM/History/index.php>
[40] John Hermansader (1915–2005), pintor e designer gráfico americano, foi um dos primeiros designers da *Blue Note*.

Hermansader foi um dos responsáveis pela ligação entre o pensamento modernista europeu inicial e o modernismo americano de meados do século XX. Depois de ter iniciado os seus estudos de design em Memphis, mudou-se para a *New Bauhaus* de Chicago, que tinha sido fundada pelo ex-professor da Bauhaus László Moholy-Nagy em 1937, reabrindo um ano depois como *Chicago School of Design* (Rossi 2011).

A *Blue Note* era um dos clientes de Hermansader e rapidamente o seu assistente Reid Miles chamou a atenção de Alfred Lion e Francis Wolff. O impacto do design inovador de Miles levou a que continuasse a desenhar e fotografar as quase 500 capas de discos da *Blue Note*, durante um período de cerca de 15 anos, entre os finais da década de 50 e inícios da de 60 (Adams 2002: 10).

Os benefícios para o jazz da bem sucedida introdução pela *Columbia Records* dos discos *long-play* foram imensos. Sem as restrições dos três minutos por cada lado do 78 rpm, o jazz podia ser gravado em tempo real, o que originou uma imediata expansão de etiquetas deste tipo de música (Callingham 2002: 16).

As preferências musicais de Reid Miles recaíam muito mais na música clássica do que no jazz, o que levou a que deixasse à responsabilidade de Alfred Lion a definição do tom e das intenções de cada álbum. As indicações que recebia sobre os discos eram, mais frequentemente, na forma de notas escritas do que tocadas.

Num artigo no primeiro número da revista *Eye*, em 1990, Robin Kinross, faz notar que no seu período mais maduro – entre 1955 e 1965 – a *Blue Note* representou um fenómeno coerente, no qual elementos distintos individualmente se combinavam para formar uma estrutura clara. Esta a forma como descreve uma faixa da *Blue Note*, registada no estúdio de Rudy van Gelder[41] em *Englewood Cliffs* ou uma típica capa da editora – fotografia de Wolff, design de Reid Miles – para concluir que, embora as capas da *Blue Note* se tenham tornado um epítome de estilo gráfico, não são mais do que a manifestação visível de um todo orgânico.

Podemos estabelecer um paralelo entre a música que mais caracteriza este período da *Blue Note*, o *hard bop*, e o design das suas capas. Embora sejam o produto de um indivíduo, são também fruto de algo mais abrangente, a cultura do design gráfico que se vinha desenvolvendo nos Estados Unidos e, sobretudo, em Nova Iorque. A abordagem de texto e

---

[41] Rudy Van Gelder (1924), engenheiro de som especializado em jazz, é considerado um dos melhores técnicos de sempre. Gravou a música de Miles Davis, Thelonious Monk, Joe Henderson, Wayne Shorter, John Coltrane e muitos outros. Trabalhou com outras empresas, mas o seu nome está intimamente ligado à *Blue Note*.

5 6 7

8 9 10

11 12

imagem inscreve-se no estilo comum – talvez 'clássico' – daquele tempo e daquele lugar. Funcionava no design de revistas, na publicidade, nas embalagens e em outras formas de design corporativo. Alimentava-se de uma viva cultura fotográfica e de um bom lote de fontes, disponível nas gráficas, especialmente as fontes americanas sem serifas, como a *Trade Gothic* ou a *News Gothic* (Kinross 1990).

O uso da fotografia, em geral de sua autoria ou de Francis Wolff, é uma das características distintivas de Reid Miles, em especial no equilíbrio com o texto e o espaço 'em branco' (figs 6, 7 e 8). O arranjo do texto, quase sempre sem serifas nestas capas, era claramente influenciado pelos princípios do design suíço, muito difundido na época. Noutras capas, o texto transformava-se em imagem, num uso muito criativo da tipografia que dominava todo o espaço. Nestes casos, Miles utilizava, muitas vezes, tipos serifados, como *Century Schoolbook* ou *Bodoni* (figs. 9 e 11). Os caracteres tipográficos ganhavam, noutros casos, a forma expressiva do título (figs. 10 e 12) em múltiplas e variadas composições.

Miles sabia como pôr a fotografia ao serviço do seu design e as estratégias para o conseguir podiam passar por reenquadramentos menos convencionais que pudessem captar o gosto do som do jazz. Na capa para *Cool Struttin'*, de Sonny Clark, o corte da fotografia centrado no movimento da mulher, prenunciava uma música com igual alma e ritmo (fig. 5). Compreendia bem a dinâmica entre a esfera da música e o mundo visual, percebendo quando devia deixar as fotografias falarem por si próprias e quando e como usar o texto para as realçar (Racic 2007).

Na opinião de Kinross (1990), o facto de Reid Miles não se envolver completamente no conteúdo dos discos, talvez possa ajudar a explicar o esplêndido sentido de certeza que têm muitas destas capas: o resultado de ir directo às mais simples e corajosas respostas, sem os problemas que trazem demasiadas possibilidades.

Em 1960, Creed Taylor lançava a *Impulse!* sob o lema *The New Wave of Jazz Is On Impulse!* Era uma etiqueta ousada e experimental que veio a tornar-se uma das mais influentes no jazz. A marca foi criada para ser uma entidade musical distinta, e também uma nova experiência visual. Um dos primeiros indícios desta postura foi a contratação de John Coltrane que gravou para a *Impulse!* mais de 20 álbuns com total liberdade criativa. Visualmente, a editora apostava na fotografia a cores, com retratos de corpo inteiro ou grandes planos da cara dos artistas e uma tipografia, em geral, sem serifas e com amplo uso dos contrastes de cor.

Taylor convidou para a direcção de design gráfico Robert Flynn, da *Viceroy*, uma agência de publicidade que desenhava a maioria das

13 14 15

16 17 18

capas para a *ABC/Paramount*, de que a *Impulse!* era subsidiária. Flynn manteve-se na editora mesmo depois da saída de Taylor, que ocorreu logo um ano depois.

O estilo de Flynn é a simplicidade em si mesmo. Sem pretensões de ser artístico, apenas óptimo design. Um design utilitário e eficaz e indicativo do tempo em que era produzido. Os álbuns desenhados por Flynn promoviam o artista e veiculavam a sua mensagem, sugerindo sempre a marca da *Impulse!*. O efeito era subtil e único para a época. A marca ficou conhecida pela produção de artistas de *free jazz* como Albert Ayler, Charles Mingus, Archie Shepp e o próprio Coltrane desta fase, embora tenha produzido também discos de outros músicos, como Coleman Hawkins ou Milt Jackson.

As capas de Flynn contribuíram, a par com as de Reid Miles, para o estabelecimento de uma forma de representar graficamente a música de jazz. Um dos exemplos mais notáveis é a capa de *Ascention*, de John Coltrane (fig. 16). O disco, com uma só faixa de música turbulenta, parecia não estar representado na clareza da capa. No entanto, todos os elementos do design – o retrato, a tipografia, o uso da cor e do espaço em branco – expressavam a ideia do trabalho de Coltrane, sempre interrogativo e exploratório. A capa comunicava imediatamente que aquela era uma música séria. Não era *pop*, não era clássica, não era apenas jazz, mas era alguma coisa mais (Walters 2009).

BARBARA WOJIRSCH E DIETER REHM São raros os casos em que o nome de uma etiqueta discográfica é a melhor maneira de definir a música que publica. Esse é talvez o caso da ECM. Falamos com mais facilidade de 'música da ecm' do que de jazz ou de música contemporânea quando falamos da música publicada por esta editora de Munique, fundada, em 1969, por Manfred Eicher.

No universo actual da música, mais do que no dos livros, é difícil reconhecer uma etiqueta pelas suas capas. Os casos como o de Reid Miles que, como vimos, dotou a *Blue Note* de uma identidade coesa e confiante, que se tornou mais famosa do que a música, criando um estilo internacional, não são comuns. Outros há, como veremos à frente, no *rock* e na *pop* dos anos 70, 80 e 90 que, de maneiras diferentes, criaram corpos de trabalho inovadores.

A ECM, *Edition of Contemporary Music,* é uma empresa cuja anatomia é muito simples de descrever, retratando tudo o que é. Na sua essência, é a visão do seu fundador o motor que a move (Geogievski 2010). Esta etiqueta independente mantém, há 45 anos, sob a direcção do seu criador, uma consistência difícil de igualar na produção de design gráfico para a indústria da música.

Desde cedo, definiu um nível de qualidade muito alto – som perfeito, óptima escolha de artistas e música inovadora, proclamada pelo seu impacto emocional e conteúdo musical. Pode dizer-se que a ECM mudou o mundo sonoro, mas não foi só a música que cativou o ouvinte, foi também o som, o espaço entre as notas e, definitivamente, o design das capas (Geogievski 2010).

O design da ECM inscreve-se, facilmente, na tradição do modernismo europeu. No entanto, a descrição mais comum de um design com tipografia sem serifas, minimalista, em ligação com fotografias de qualidade, a preto e branco, parece-nos curta para descrever o universo visual da ECM. Esta visão não descreve com exactidão o trabalho de Barbara Wojirsch, a principal responsável pelo design da ECM nos primeiros 25 anos e criadora do seu vocabulário visual.

É certo que muitas das admiráveis capas da ECM são estritamente fotográficas, mas o uso da fotografia não corresponde à norma da objectividade fotográfica que caracterizava o modernismo, pelo contrário, as capas da ECM são claras, mas no sentido que Eicher define como «um certo tipo de personalidade do nosso trabalho... alguma coisa que nos fala na imagem, normalmente coisas que são enigmáticas, ou secas, ou estranhas, negras ou frias, imagens que vão bem com a música» (Shaughnessy 1995).

O trabalho de Barbara Wojirsch foi muito além do uso da fotografia combinada com uma tipografia neutra e minimalista, que ela classifica como 'pureza' da tipografia e em que reconhece a influência de Jan Tschichold (Shaughnessy 1995). As suas letras desenhadas à mão deram o tom visual a muitos artistas, como é o caso do contrabaixista Dave Holland no disco *Extensions,* de 1990 (fig.28). Também não são negligenciáveis as influências, que deixou visíveis no seu trabalho, dos artistas plásticos americanos como Jasper Johns[42] – vejam-se os álbuns *Aftenland*, de Jan Garbareck, 1980 (fig. 19) e *All the Magic!*, de Lester Bowie, 1983 (fig. 20) – e Cy Twombly[43] – em *Rejoicing* de Pat Metheny, com Charlie Haden e Billy Higgins, de 1984 (fig. 21).

Outra face característica do seu trabalho é o uso de símbolos hieroglíficos ou rúnicos, como acontece, por exemplo, no disco de 1991,

---

[42] Jasper Johns, Jr (1930) é um pintor norte-americano e um dos pioneiros da *pop art* na América. O seu trabalho é muitas vezes descrito como neo-dadaísta, em oposição à pop art, onde é mais comummente situado devido ao seu uso de imagens e objectos da cultura popular.
[43] Edwin Parker "Cy" Twombly, Jr. (1928-2011) foi um pintor americano, conhecido pelos seus quadros de grande escala, caligráficos e livremente rabiscados.

The Cure, do trio de Keith Jarrett, com Gary Peacock e Jack Dejohnette (fig. 23).

Outro designer, Dieter Rehm, entrou para a ECM quando acabou os seus estudos de fotografia, em 1978. Como Eicher e Wojirsch, inspirava-se em especial na pintura. Por outro lado, confessava uma breve paixão pelo trabalho dos *Hipgnosis*, durante os anos 70. Rehm reconhece no design das capas de discos uma liberdade que não teria noutras áreas do design e vê o processo em três momentos: «temos uma imagem, que é um fragmento do mundo, depois o título que pode ter muitas associações e em terceiro lugar temos a música» (Shaughnessy 1995).

Tanto Barbara Wojirsch como Dieter Rehm reconhecem o contributo de Eicher no processo de design. Gozando de uma liberdade rara, livre de restrições comerciais, os três criaram um corpo de trabalho que, paradoxalmente, não se afasta muito das regras da identidade corporativa e da gestão de marcas, só que esta é mais gerada por convicção artística e uma visão pessoal do que por prioridades comerciais (Shaughnessy 1995). A liberdade que tinham na criação das capas não lhes dispensa, portanto, a constatação da influência omnipresente de Manfred Eicher na sua visualização do *ethos* da ECM (Shaughnessy 2010: 38).

A entrada de Dieter Rehm originou uma viragem da imagem da ECM no sentido da fotografia, uma tendência que se havia de acentuar com a saída de Barbara Wojirsch, em 1999. Nessa altura, a fotografia ganhava um tom mais naturalista, com menos uso do drama cinemático que o álbum de Gary Peacock, *Guamba*, de 1978, ainda exemplificava (fig. 24) (Shaughnessy 1995).

Num texto publicado em 2007, em *Horizons Touched*, Lars Müller, editor de dois livros sobre o design da ECM – *Sleeves of Desire: a cover story*, de 1996, e *Windfall Light: the visual language of ECM*, de 2010 – referia que a mais óbvia mudança ocorrida depois de 1997, foi a atitude da ECM para com a fotografia e a sua utilização nas capas. Segundo ele, até aos anos 90, os temas fotográficos eram frequentemente narrativos e representacionais, chegando mesmo a ilustrar o título do álbum, se bem que duma forma oblíqua. Dez anos depois, a fotografia resistia a fáceis interpretações e classificações. Em vez disso, eram objectos de arte fotográfica que revelavam o seu significado apenas depois de uma inspecção mais próxima, atraindo o observador para um enigmático labirinto de interpretações. Outras, faziam lembrar fotogramas de cinema – imagens 'inacabadas' que se relacionam com o que as precedeu

19 20 21

22 23 24

25 26 27

ou o que se lhes segue de imediato, e para o *continuum* do cinema, talvez o meio mais próximo da música (Müller 2007: 165-180).

Não será estranho à observação de Müller, o facto de a experiência da música ser, para Manfred Eicher, também cinematográfica. Isso é visível na sua confessa admiração por Ingmar Bergman, na sua fidelidade a realizadores como Jean-Luc Goddard (fig. 25) e Theo Angelopolous (fig. 26), mas também nas histórias que todas as capas contam (Grillo 2011). Não é por acaso que quando refere as ligações da arte com a música, uma das sua citações favoritas seja a de Gertrud Stein, «pensa nos teus ouvidos como olhos», o que ajuda a clarificar os propósitos artísticos da ECM.

O papel dos designers na ECM terá deixado de ser o que era, com Eicher mais envolvido no processo, o que tem levado, nos últimos anos, a uma utilização quase universal da fotografia. As finas linhas de tipografia transmitindo o mínimo de informação mantêm-se. Mantém-se a mesma sensação de calma, sem pressas, e a mesma imobilidade 'Tarkovskiana' permanece na maioria das imagens mas, como refere Shaughnessy, parece faltar o sentido de aventura de Barbara Wojirsch para evitar que a ECM derive para o anódino.

Como no cinema, a teoria do autor funciona melhor quando a visão do realizador é suportada por cúmplices brilhantes. Orson Wells precisou do seu director de fotografia Gregg Toland para fazer *Citizen Kane* brilhar de forma tão incandescente no firmamento do cinema. Olhando para as actuais capas da ECM, embora muitas tenham qualidade, parece faltar a Eicher o encontro com um outro Toland que siga Barbara Wojirsch e Dieter Rehm (2010: 38).

HIPGNOSIS, ROGER DEAN E PAUL WHITEHEAD O estúdio de design *Hipgnosis* foi fundado, em 1967, por Storm Thorgerson[44] e Aubrey Powell[45], que se associaram, mais tarde, a Peter Christopherson[46]. Ficaram sobretudo conhecidos pelas capas realizadas para os *Pink Floyd*, desde o seu terceiro álbum, *More* (fig. 28), a que se seguiram os registos *Ummagumma* e *Atom Heart Mother* (fig. 29). O seu trabalho caracterizava-se pelo uso de fotografias de paisagens e ambientes surrealistas, com influências, sobretudo, da obra de Magritte. Eram comuns os trocadilhos visuais, as imagens enigmáticas e as narrativas estranhas.

---

[44] Storm Thorgerson (1944-2013), <www.stormthorgerson.com>
[45] Aubrey "Po" Powell (1946) criou, em 1994, a *Hipgnosis Ltd.* e dedicou-se à realização de documentários e filmes corporativos.
[46] Peter Martin Christopherson (1955-2010), também conhecido por *Sleazy*, foi músico, realizador de vídeo, designer e fotógrafo. Foi um dos membros originais da banda *Throbbing Gristle*.

28 29 30

31 32 33

34 35 36

37 38 39

Storm Thorgerson realizava as imagens criando esculturas reais para cada um dos seus projectos. Tudo era montado e fotografado no local e num tamanho determinado pela ideia.

Aubrey Powell (2013) recorda o seu mentor no início do *Hipgnosis*, e as lições de perspectiva, composição, colagem e montagem, as técnicas da câmara escura e, mais importante de tudo, como usar a câmara fotográfica. Powell considera que se era dele a visão para construir uma empresa, a inteligência para criar uma 'casa de arte' era de Thorgerson.

Quando Peter Christopherson se juntou à equipa, em 1974, o estúdio já não tinha a mesma relevância. As capas dos *Hipgnosis* e o seu estilo estavam muito ligadas ao rock progressivo e a sua importância foi-se esbatendo com o estilo de música a que estava ligado. Contudo, aquele que foi talvez o seu trabalho mais conhecido, *The Dark Side of the Moon*, para os *Pink Floyd*, de 1973 (fig. 30), trouxe-lhes uma notoriedade que se reflectiu em contratos com muitas outras bandas, como os *Led Zeppelin* (fig. 31), os *Black Sabbath*, ou Peter Gabriel (fig. 33). A escolha da capa para *The Dark Side Of The Moon* exemplifica bem o relacionamento com a banda. Storm Thorgerson contava que perante sete estudos detalhados, elaborados no estúdio durante várias semanas, a banda decidiu em três minutos qual o seu preferido. Não eram precisas mais explicações sobre os outros projectos nem mesmo sobre como o prisma iria ser finalizado. O prisma de vidro relacionava-se com os espectáculos de luz dos *Floyd*, o seu contorno triangular era um símbolo de ambição e evocava as pirâmides, cósmicas e loucas em igual medida, e todas estas ideias se ligavam aos temas das letras. Não importava que o esboço que mostravam não tivesse cor, nem mesmo no espectro de luz, e que todo o design fosse apenas uma adaptação de um diagrama de um livro de física, para que parecesse apropriado[47].

A obra de Roger Dean tornou-se indissociável das capas dos *Yes*, realizadas no início da década de 70. Dean (1944) é um artista, designer, arquitecto e editor inglês, que gosta de ser considerado como pintor de paisagens. O seu trabalho para a indústria discográfica inclui outras bandas, como os *Gentle Giant* (fig. 35), mas são as paisagens fantásticas e misteriosas das capas dos *Yes* que melhor o definem. O seu primeiro trabalho com a banda foi para o álbum *Fragile*, de 1971 (fig. 34) e, desde aí, continuou a criar as imagens para o grupo até ao recente álbum *Fly From Here*, de 2011. Dean foi também o autor do logo da banda, que surgiu pela primeira vez no álbum *Close to the Edge*, de 1972, e que aqui se

---

[47] Ver <www.stormthorgerson.com>.

reproduz na capa de *Relayer* (fig. 36). Os *Yes* reconheceram rapidamente a ligação da sua música com a pintura de Roger Dean, o que justifica, com certeza, a longevidade desta relação.

Uma outra característica distintiva da obra de Dean é o uso da caligrafia. Tal como as suas imagens, as palavras ganham formas misteriosas que poderíamos situar entre a tradição da *Arte Nova* inglesa e escocesa e um mundo de ficção científica.

Tal como acontecia com os *Hipgnosis* e os *Pink Floyd* e Roger Dean com os *Yes*, também as capas do grupo *Genesis* desenhadas por Paul Whitehead procuravam reflectir as histórias e o ambiente da música. O rock progressivo foi muito caracterizado pelos *concept albuns*, os discos que contavam uma história, o que tornava esta música especialmente adequada a esta abordagem pictórica e narrativa.

Paul Whitehead, que ficou conhecido pelas capas dos *Genesis* e dos *Van Der Graaf Generator*, começou a trabalhar com os primeiros no seu segundo álbum, *Trespass*, de 1970 (fig. 37), a que se seguiram *Nursery Cryme*, de 1971 (fig. 38) e *Foxtrot*, de 1972 (fig. 39). Whitehead reconhece nestes três trabalhos as suas mais bem sucedidas colaborações que teve no trabalho com músicos. «Eles criavam a música e eu fazia quadros originais que reflectiam exactamente o conteúdo dos discos»[48]. A capa de *Trespass* evoca um ambiente medieval, nas imagens e no uso de formas góticas da tipografia, que poderíamos inscrever na mesma tradição britânica revivalista que esteve na origem de algumas obras do *Arts & Crafts* e da sua disseminação em Inglaterra, ou em Glasgow e Viena. Num contexto inteiramente diferente, esta música e as imagens que a acompanhavam evocavam épocas passadas e uma idealizada tradição celta.

Nas capas de *Nursery Cryme* e *Foxtrot*, as pinturas de Whitehead parodiavam a alta sociedade inglesa, de que eram originários os fundadores da banda, Peter Gabriel, Mike Rutherford e Tony Banks. *Nursery Cryme* representava um assustador retrato do jogo de *croquet*, exemplo do entretenimento aristocrático, enquanto a capa de *Foxtrot*, na mesma linha, mostrava uma caça à raposa. A capa incluía uma cena do disco anterior – o jogo de *croquet* – para estabelecer a continuidade que grupo e designer pretendiam acentuar.[49]

---

[48] *Paul Whitehead: The life & work of an artist*, disponível em <www.paulwhitehead.com/biography.aspx>.
[49] RockPop Gallery 2007 *Foxtrot, by Paul Whitehead*, 8 de Junho de 2007, disponível em <rockpopgallery.typepad.com/rockpop_gallery_news/2007/06/cover_story_fox.html>.

VAUGHAN OLIVER Falando na âmbito das conferências *Typo London 2012*, Vaughan Oliver afirmava que o seu trabalho não era arte, mas design gráfico, palavras e imagens, comunicação visual[50]. A frase de Oliver introduz um aspecto essencial do seu trabalho: a preocupação com o estabelecimento de uma ligação directa com a música que apresenta e ao serviço da qual se coloca. É essa a razão do seu interesse pelas capas dos discos, a colaboração com a música e os músicos. Para ele, o objectivo é que as capas sejam uma porta de entrada para aquilo que a música é, sem a tentar definir, mas criando uma disposição e uma atmosfera sugestivas. Cada design é conduzido pela música e começa sempre pela música, pela leitura das letras. Se não se liga com a música, não faz sentido (Anglade 2010).

Vaughan Oliver reclama para o seu trabalho uma grande cota de intuição e gosta de citar Robert Doisneau[51] que dizia que sugerir é criar e descrever é destruir. Embora não esteja certo da segunda parte da frase, Oliver não tem dúvidas acerca do valor da sugestão, de colocar alguma coisa à disposição das pessoas sem a descrever, deixando espaço para a interpretação (Grady 2012).

O nome de Vaughan Oliver está associado à criação da imagem de uma das mais originais etiquetas independentes da música pós-punk dos anos 80 e 90 do século XX, a *4AD*. Oliver e Ivo Watts-Russell, fundador da editora, deram à etiqueta e aos seus músicos uma identidade distinta de tudo o que se conhecia até à época. Esta colaboração levou Oliver a fundar dois estúdios: o *23 Envelope*, em colaboração com o fotógrafo Nigel Grierson e, depois de 1988, o *v23*, com o designer Chris Bigg, que manteve até 2008.

As marcas mais fortes do trabalho de Oliver são a originalidade e o eclectismo das suas opções tipográficas e a utilização de fotografias que evocavam o ambiente sombrio e misterioso que caracterizava a música da *4AD*. A fotografia é um elemento essencial e não é, por isso, indiferente a contribuição criativa de um conjunto de fotógrafos que inclui o seu sócio Nigel Grierson e também Simon Larbalestier, Kevin Westenberg e Marc Atkins.

Um bom exemplo é a capa de *Filigree & Shadow*, dos *This Mortal Coil*, onde a misteriosa fotografia de Nigel Grierson serve de suporte a uma inusitada combinação de estilos tipográficos (fig.41). O mesmo acontece em *Pod* das *The Breeders* (fig. 45), com uma fotografia em que o próprio

---

[50] <typotalks.com/london/blog/2012/10/20/vaughan-oliver-visceral-pleasures/#sthash.kondlYik.dpuf>
[51] Robert Doisneau (1912-1994), fotógrafo francês (www.robert-doisneau.com).

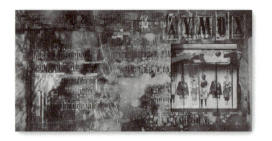

40 41

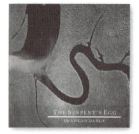

42 43 44

45 46

Oliver evoca uma dança de fertilidade masculina, realizada com uma longa exposição e assinada por Kevin Westenberg.

O uso de tipografia barroca ou neoclássica não deixa de lado uma atitude experimental em ruptura com as convenções. A mistura de estilos é frequente (figs. 41, 43, 45 e 46). Oliver indica como a sua fonte preferida uma *Bodoni* na versão *Poster Bold*, de cujo desenho se aproximou no logótipo da *4AD* (fig. 47).

47

Em *Down Coloful Hill*, dos *Red House Painters* – que Oliver considera uma das mais conseguidas tentativas de captar a atmosfera da música –, a fotografia de Simon Larbalestier aparece indicada por uma referência a uma grande cama num quarto pequeno que integra uma das letras. Um *ready-made*, diz Oliver[52].

A tipografia é frequentemente tratada como imagem, como acontece na capa do disco homónimo dos *Clan of Ximox* (fig. 40), com a lista das músicas esbatendo os limites entre a tipografia e a ilustração. As imagens do disco são de Terry Dowling, seu professor na *Newcastle-Upon-Tyne Polytechnic*, numa época em que, muito influenciado pela atitude autodidacta e alternativa da cultura punk – e não tanto pela sua estética –, Oliver literalmente detestava a tipografia, sobretudo por causa das regras e do jargão que lhe estavam associados.[53]

Algumas vezes, o envolvimento dos músicos ultrapassava a mera partilha de ideias e o conhecimento da música e das letras. Em *The Serpent's Egg* dos *Dead Can Dance* (fig. 44), Bendan Perry, um dos músicos da banda colaborou no desenho da capa e justifica a ligação da imagem com o título: «numa série de fotografias aéreas da Terra, se olharmos para ela como um organismo gigante – um macrocosmos – podemos ver que a força vital da natureza, a água, se desloca serpenteando. (…) Eu tive a visão desta serpente abraçando a Terra, como uma serpente em volta do ovo».[54]

A ligação à música era, muitas vezes, sugerida por interesses comuns. Na preparação de *Come on Pilgrim*, dos *Pixies*, Charles Thompson, líder da banda, referiu a obra de David Linch como influência e inspiração e Oliver reconheceu um terreno comum que estendeu ao trabalho de Simon Labalestier. A escolha estava feita. O processo era sobretudo do nível da intuição e das emoções.

---

[52] Ver ShortList.com 2013 *Vaughan Oliver's favourite 4AD album sleeves*, disponível em <www.shortlist.com/entertainment/music/vaughan-olivers-favourite-4ad-album-sleeves>.
[53] Ver FormFiftyFive.com 2012 <www.formfiftyfive.com/2012/10/typo-london-%E2%80%94-vaughan-oliver>.
[54] Ver Dead-Can-Dance.com <www.dead-can-dance.com/disco/dcd/serpents/serpents.htm>.

Oliver reconhece como influência mais longínqua, dos anos da adolescência, o trabalho de Roger Dean com os *Yes*, como uma forma de libertar a imaginação, ao mesmo tempo que se distancia das abordagens mais abstractas, sem uma ligação imediata com a música. Nesta matéria, considera o trabalho de Peter Saville na *Factory* (de que falarei adiante) como a antítese do que ele fazia. Para ele, o que Saville produzia era sobre ele mesmo e sobre a cultura popular do seu tempo e não sobre a música. Para ele, a embalagem tinha de se relacionar com o conteúdo. Só assim tinha solidez e garantia longevidade (Doran 2009).

A obra de Vaughan Oliver tem sido assunto de várias publicações de que se destaca *Vaughan Oliver: Visceral Pleasures* de Rick Poynor (2000), desenhado pelo próprio Oliver. Neste livro foi, pela primeira vez, ilustrada com detalhe a sua influência no design gráfico inglês dos anos 80, com destaque para o conjunto de capas produzidas para a etiqueta *4AD*.

Relembrando o debate sobre a autoria no design gráfico, este livro torna evidente como, nas circunstâncias correctas, é possível um alto nível de expressão autoral no contexto do design comercial.

PETER SAVILLE «Parecia que estávamos numa revolução, no nosso microcosmos de cultura de juventude, e que tínhamos que propor um modo de seguir em frente, por isso comecei a fazer a analogia com o princípio do modernismo – o *Quadrado Preto* de Malevitch, o construtivismo, o modernismo na Alemanha, o *De Stijl* na Holanda, Marinetti e os futuristas na Itália. Assim, quando me encontrei com Tony Wilson, com quem mais tarde iniciei a *Factory Records*, e lhe perguntei 'Posso fazer alguma coisa?' e ele disse 'Sim, vamos ter uma noite chamada *The Factory*, faz um cartaz', eu soube exactamente o que queria. Sabia que queria citar Tschichold, um dos pioneiros da tipografia moderna, um designer suíço» (Saville 2013).

Este depoimento de Peter Saville condensa dois aspectos essenciais do seu trabalho: a herança modernista e a apropriação pós-moderna da história da arte.

Peter Saville nasceu em Manchester, no mês de Outubro de 1955, e estudou design gráfico no *Manchester Polytechnic*. Como ele próprio confessa, criado no Norte de Inglaterra, os seus horizontes culturais eram muito limitados. A única informação visual interessante, de vanguarda, a que tinha acesso em meados dos anos 70, eram as capas dos discos (Saville 2013) . O encontro com Tony Wilson e a constituição da *Factory* abriam-lhe a possibilidade de fazer literalmente o que queria. Os músicos da *Factory* não tinham opinião sobre as capas, não chegavam a vê-las, muitas vezes, senão nos escaparates das lojas. O trabalho de Peter Saville distingue-se, assim, do padrão colaborativo ou de interpretação da música que revisitámos até aqui. As capas reflectem, mais do que a música, a interpretação que Saville fazia do tempo em que foram produzidas.

Em 2007, numa entrevista incluída no livro *How to Think Like a Great Graphic Designer* de Debbie Millman, Saville afirmava que existe um grande equívoco nesta era em que o design gráfico é visto como um meio de auto-expressão e que isso se deve, em parte, ao trabalho de pessoas como ele (Millman 2007: 78).

Saville reconhece que a sua experiência no design para a música não é transponível para a prática habitual do design gráfico, onde existe, em geral, um programa, um cliente e um prazo, premissas todas elas ausentes no universo da *Factory*.

As capas de Saville resultam, muitas vezes, de reapropriações de imagens do universo da arte ou do design de outras épocas. Na capa de *Closer*, dos Joy Division, desenhada em parceria com Martyn Atkins (fig. 47), surge uma fotografia de Bernard Pierre Wolff[55] de uma escultura de Demetrio Paernio para o túmulo da família Appiani, localizado no *Cimitero Monumentale di Staglieno*, em Génova. Para *Power, Corruption (&) Lies*, dos *New Order* (fig. 49), Saville utilizaria um pormenor de *Um Cesto de Rosas*, de Ignace-Henri-Théodore Fantin-Latour, pintado em 1890. O título do disco parecia-lhe maquiavélico e levou-o a procurar, na *National Gallery* de Londres, um retrato de um príncipe sombrio. Esta ideia era demasiado óbvia e deixou o museu com um conjunto de postais. As flores de Fantin-Latour, de um dos postais, haviam de lhe sugerir a forma como o poder, a corrupção e as mentiras se infiltram nas nossas vidas (Grundy 2011).

As apropriações de Saville ocorriam também ao nível da tipografia. Na capa para o último disco dos Pulp, *We Love Life*, de 2001, usava o contraste entre dois estilos tipográficos muito diferentes – letras florais, talhadas em madeira e uma fita plástica DYMO, um rotulador manual. Os tipos decorativos são de uma série de tipos em madeira da fundição Louis John Pouchée, do início do século XIX, reproduzidos em meados dos anos 90, a partir dos originais, por James Mosley, antigo bibliotecário da *St. Brides Library*, de Londres, e Ian Mortimer, da *I.M. Imprimit*, que desenhou e imprimiu uma edição limitada designada *Ornamented Types: Twenty-three alphabets from the foundry of Louis John Pouchée*.

---

[55] Bernard Pierre Wolff (1930-1985), fotógrafo francês.

47 48 49

50 51 52

53 54

Também no domínio da tipografia, a capa de *Substance*, dos Joy Division, utiliza uma tipografia experimental de Wim Crouwel[56], *New Alphabet*, tornada pública em Outubro de 1967. O alfabeto de Crouwel era um projecto pessoal, especulativo e inacabado, que pretendia questionar a adaptação das letras às limitações da tecnologia dos écrans de raios catódicos (Middendorp 2004: 120). Saville utiliza-o sem referência ao autor e descontextualizado do meio para o qual foi produzido. Os caracteres foram ligeiramente alterados, o que levou Crouwel a ironizar dizendo que «alguém pegou amavelmente nas letras e tornou-as mais legíveis, o que não era, obviamente, a ideia original» (Burgoyne 2007).

Como vimos, a época que Saville elegeu para estabelecer uma analogia com o momento que vivia em Manchester, foi o início do modernismo. O trabalho do futurista Fortunato Depero[57] foi utilizado nas capas de *Movement* e de *Procession*, dos *New Order*, ambas de 1981 (figs. 53 e 54). A primeira foi desenhada à imagem de um cartaz de Depero, de 1932, e a segunda utilizava um motivo da capa da revista *Dinamo Futurista*, de 1933.

Peter Saville é um nome incontornável do design gráfico e da cultura das últimas décadas do século XX, não só na indústria da música, mas também na moda e em projectos artísticos. O seu trabalho combina uma inquestionável elegância com uma notável capacidade de identificar as imagens que resumem o momento, os momentos da sua própria vida, na ausência de uma real identificação com a música.

A primeira exposição do *Design Museum* de Londres dedicada a um designer gráfico vivo foi *The Peter Saville Show*, realizada entre 23 de Maio e 14 de Setembro de 2003. No livro editado para essa ocasião, com o apropriado nome de *Designed by Peter Saville,* Paul Morley (2003: 56) fecha assim a sua lista de 16 afirmações:

«15 Cada peça de design de Peter Saville, que compõe a ideia do que ele está a desenhar, é na realidade uma parte da sua constante procura do que é realmente um designer gráfico. Cada projecto de Peter Saville é uma pergunta acerca do próprio projecto que fornece um tipo de resposta. Tudo em Peter Saville é uma solução particular para uma pergunta específica, que ele então torna numa nova questão, uma questão que tem a ver, normalmente, com ele mesmo e que tem um valor para ele mesmo, e para o mundo exterior.

16 *Peter Saville has always been designed by Peter Saville.*»

---

[56] Willem Hendrik "Wim" Crouwel (1928), designer gráfico holandês, foi um dos fundadores, em 1963, do estúdio *Total Design*.
[57] Fortunato Depero (1892–1960), artista futurista, publicou, em 1927, o seu *Depero Futurista*, uma compilação do seu trabalho, que é considerado um precursor dos livros de artista.

In short, [Coltrane's] tone is beautiful because it is functional.
In other words, it is always involved in saying something.
You can't separate the means that a man uses to say something
from what he ultimately says.
CECIL TAYLOR

II   TEMA E IMPROVISO

TEMA E IMPROVISO SURGEM AQUI como formas de caracterizar o conjunto dos acontecimentos que conduziram à formação do estúdio FBA., a estratégia fundadora da sua organização e também a prática interna dos seus primeiros anos de existência.

Uma das figuras mais relevantes para a nossa formação e o «primeiro designer gráfico e tipográfico profissional em Portugal» (Fior 2005: 249), Sebastião Rodrigues, falava do seu ofício que assim sintetizava:

«Vai para quarenta e três anos, que quase diariamente, talvez por atavismo, administro, organizo e desenho com a maior parcimónia os mais diversos símbolos, para os dispor da melhor maneira que sei em variadíssimos espaços; além da parcimónia, também utilizo a alegria, um certo olhar, o jogo, e sempre o espírito de serviço, tentando que a comunicação (que de comunicação se trata) tenha a mais limpa emissão e a mais clara recepção. O improviso, e até o imprevisto, está sempre, creio eu, presente naquilo que faço. E isso deve-se, fundamentalmente, ao amor que tenho pelo cinema e pelo jazz. No exercício das artes gráficas a rotina é fatal, porém na minha opinião, moderando as ambições e usando uma certa frieza, é possível ultrapassá-la, para com muito rigor obter qualidade razoável no desenho de um livro, de uma capa, de um título ou de um cartaz. Desígnios mais ambiciosos... 'acontecem'» (Rodrigues 1995:89).

O improviso e o imprevisto estiveram também – e estão muitas vezes – presentes naquilo que foi e é feito na FBA.. A fundação do estúdio afastou-se em múltiplos aspectos do que pode ser considerado um modelo canónico de criação de um estúdio de design. Resultou da iniciativa de duas pessoas sem formação em design, num ambiente pouco desenvolvido e pouco informado nesta área – quer no plano do ensino, quer no plano profissional – e sem quaisquer relações com a profissão, se considerarmos que alguma actividade desenvolvida até então tinha sido esporádica e de cariz muito amador. Aos dois promotores iniciais – um estudante de engenharia electrotécnica e um licenciado em biologia – juntaram-se, no momento de formalização da empresa, uma professora de design e um engenheiro civil. O quase total desconhecimento da prática profissional em Portugal foi assumido como princípio e fim da criação de uma estrutura e de um *modo de fazer* julgados como adequados aos meios disponíveis e ao mercado que se procurava alcançar. Quer isto dizer que a quase total ignorância do meio foi utilizada como uma vantagem, no sentido em que proporcionou uma procura e uma reflexão sobre as práticas que se apresentavam como mais desenvolvidas, nomeadamente no mundo anglo-saxónico. Esta procura de referências foi especialmente relevante no plano da organização do atelier, no estabelecimento de procedimentos de trabalho, na clarificação das relações contratuais com os colaboradores e, sobretudo, na criação de uma cultura de gestão de projecto. Não por acaso, o primeiro encargo remuneratório foi fixado com o responsável pela organização e pela gestão do atelier.

Falo de improviso, como Sebastião Rodrigues, com o sentido que na música é dado à improvisação. A improvisação como um perspicaz estado de prontidão, habilidades internalizadas e prática; como uma forma fortemente avaliada de agir (Alterhaug 2004) e não como uma medida de emergência.

Em torno do tema, o design gráfico, juntaram-se experiências anteriores de design de livros, de organização de exposições e de ligações a iniciativas culturais ocorridas, sobretudo, no âmbito da Academia de Coimbra.

Importa salientar destas experiências aquelas que terão tido maior influência na definição do tempo e do modo de criação do estúdio. A ocorrência em Coimbra, durante as décadas de 80 e 90 do século passado, de um conjunto de iniciativas culturais, dentro e fora da Academia, propiciavam o contacto com muito do que de melhor se produzia fora da cidade e do país. Aconteceu no teatro com a organização das –*Semanas Internacionais de Teatro Universitário* (SITU) e a edição da revista *Teatruniversitário,* pelo Teatro dos Estudantes da Universidade de Coimbra (TEUC), ou com a actividade de formação e pesquisa de novas linguagens nas artes performativas do Círculo de Iniciação Teatral da Academia de Coimbra (CITAC), nas artes plásticas com a actividade continuada de exposições e *performances* do Círculo de Artes Plásticas de Coimbra (CAPC), na música com a actividade de programação dos *Ciclos de Música Instrumental* e a edição da revista

Música em Si da Tuna Académica da Universidade de Coimbra (TAUC) ou as *Jornadas de Cultura Popular* do Grupo de Etnografia e Folclore da Academia de Coimbra (GEFAC). Aconteceu, de modo determinante para a história da **FBA.**, na Academia, com os *Encontros de Fotografia de Coimbra* (EFC) e, à margem dela, com a publicação da revista *Fenda* e a criação da editora que se lhe sucedeu. Os primeiros anos de actividade do estúdio concorrem também com a minha ligação ao Museu Antropológico da Universidade de Coimbra (MAUC) e reflectem as repercussões dessa experiência.

Este projecto comporta a criação de uma cultura de estúdio a que não foram estranhas as escolhas do espaço físico e da sua organização. Primeiro na incubadora de empresas do Instituto Pedro Nunes – Associação para a Inovação e Desenvolvimento em Ciência e Tecnologia (IPN) e, actualmente, no atelier situado na Avenida Emídio Navarro, criando espaços que reflectem opções e objectivos claros.

Procuro também entender como foi construído o perfil de clientes e de projectos do estúdio e como o estabelecimento de ligações por períodos de tempo alargados e a intervenção em diferentes áreas de projecto contribuíram para um melhor conhecimento dos clientes e das suas necessidades.

Um elemento importante na cultura do estúdio foi sempre o investimento de tempo e de trabalho no apoio a instituições ou grupos com actividades de âmbito social ou cultural. Todos os anos, na **FBA.**, é reservado algum tempo para o desenvolvimento de projectos *pro bono*, em causas sugeridas por qualquer dos elementos da equipa ou resultantes de pedidos concretos de ajuda. A intervenção no âmbito da responsabilidade social esteve presente também em projectos financiados, em que a singularidade dos programas e dos intervenientes motivaram abordagens de participação colectiva.

Por último, refiro uma actividade paralela ao trabalho quotidiano dos projectos, presente desde os primeiros anos, e que funciona como mais um elemento de reforço da coesão da equipa e da cultura da empresa. A edição de textos clássicos da história da tipografia, em edições comerciais em parceria com o Grupo Almedina, e a edição de outros textos que, de alguma forma, representam o estúdio ou as ideias dos seus membros, são o objecto do último ponto deste segundo capítulo.

A infância vive a realidade da única forma honesta, que é tomando-a como uma fantasia.
AGUSTINA BESSA-LUÍS

— **ANTES DE COMEÇAR**[1] A pergunta é de Alexandre Matos: «Pelas suas características só podia ter nascido em Coimbra»… «qual a probabilidade de, em outro sítio, um biólogo e um estudante de engenharia electrotécnica fundarem uma empresa de design gráfico?» (Simões 2012). A estória é improvável, mas terá sido dos cruzamentos de saberes e de vivências que Coimbra propiciava que nasceu este encontro. Esta era uma cidade universitária, pequena, com uma associação académica com secções culturais muito activas, e que era transversal à universidade (Simões 2012). Os passos que levaram ao nascimento da FBA., em 1998, foram dados neste contexto académico e começaram alguns anos antes – na década de 80 – quando o gosto de *pôr as letras umas atrás das outras* originou as primeiras capas de livros, por convite de Vasco Santos, editor da *Fenda*. Ou, já na década de 90, quando os dois principais protagonistas se encontraram no contexto de um festival internacional de fotografia. Ou ainda, quando a experiência de trabalho num museu antropológico oferecia a possibilidade de contacto com outras culturas e novas áreas do saber e de experimentar ideias que começavam a informar uma visão individual do design gráfico.

O trajecto foi feito fora do universo profissional do design português, com o design gráfico, sobretudo inglês e americano, a chegar e ser visto através dos livros e das revistas. «Nós não conhecíamos sequer *ateliers* nem designers. Já tinha a FBA. há seis anos quando entrei pela primeira vez num *atelier*. Não tínhamos conhecimento de escola.

[1] Curta peça de teatro de Almada Negreiros publicada em 1919 e vencedora nesse ano do *Prémio Francês* para o melhor texto infantil. Em *Antes de Começar* duas marionetas conversam e descobrem que se podem "mexer como as pessoas", ao mesmo tempo que se descobrem também a si próprias, momentos antes do início do espectáculo de que fazem parte.

1 2 3

4 5 6

7 8 9

Falhou-nos muita coisa, com certeza, mas também não tínhamos vícios» (Simões 2012).

O início da década de 80 foi marcado, em Coimbra, pelo primeiro de três projectos essenciais para o incremento da fotografia em Portugal nessa década: os *Encontros de Fotografia de Coimbra*, iniciados em 1980 como projecto do Centro de Estudos de Fotografia (CEF) da Associação Académica de Coimbra (AAC). Os outros, mais tardios, são os *Encontros de Imagem de Braga*, organizados pela Associação de Fotografia e Cinema de Braga, em 1987 e a *Bienal de Fotografia de Vila Franca de Xira*, de 1989 (Martinho 1999: 36).

Foi também em 1980 que no meio do teatro universitário, por iniciativa do TEUC, surge a revista *Teatruniversitário*. A este organismo cabia também a responsabilidade de organizar, deste 1978, a *Semana Internacional de Teatro Universitário* que bienalmente reunia em Coimbra o melhor do que se fazia no teatro universitário europeu. A SITU, que em 1986 adoptou a designação *Bienal Universitária de Coimbra* (BUC), teve um papel importante na utilização com fins artísticos de vários espaços da cidade, como o criptopórtico do Museu Nacional de Machado de Castro, o *foyer* do Teatro Académico de Gil Vicente ou o Centro Norton de Matos. Esta utilização de espaços fora da Academia viria, aliás, a ser também uma das marcas dos *Encontros de Fotografia*, com a montagem das exposições em monumentos, espaços industriais abandonados ou hotéis por toda a cidade.

Outros dos organismos autónomos da AAC que integram este conjunto de acções culturais à margem da cultura institucional da Direcção-Geral, enformada pelos poderes políticos fortemente influentes (Silva 2012: 87), são o CITAC e o CAPC. Foi no espaço do Teatro-Estúdio do CITAC que surgiu uma das maiores realizações da época, o *Multi/ /Ecos*, apresentado em 1979, e que apresentava propostas multidisciplinares que englobavam vídeo, artes performativas, texto visual e música electroacústica (Silva 2012: 91). Este projecto haveria de ser o modelo para o ciclo *Projectos & Progestos/Tendências Polémicas nas Linguagens Artísticas Contemporâneas*, coordenado por António Barros e Rui Órfão, iniciado em 1981. «Do teatro experimental às artes plásticas, da música minimalista à dança, passando pela pesquisa literária, arte-performance, vídeo-arte, música experimental e um novo conceito de museu e de comunicação audiovisual fizeram deste espaço um lugar de alternativa» (Silva 2012: 91).

Interessa-me aqui tentar perceber o ambiente que, no que ao design gráfico disse respeito, este movimento cultural produziu. Na verdade,

10 11

12 13 14

estes novos formatos culturais, com o envolvimento dos estudantes, tiveram uma tradução no ambiente gráfico que caracterizou este início da década de oitenta em Coimbra e se prolongou pela década de noventa. Na ausência de ensino formal na área do design, todos os materiais gráficos produzidos para estes eventos resultavam de colaborações de sócios dos respectivos organismos autónomos ou secções da AAC, outros estudantes da Universidade ou de convites a artistas plásticos. Os mesmos designers, quase todos amadores e estudantes da universidade, colaboravam nos diversos eventos e publicações. Um bom exemplo são as capas da revista *Teatruniversitário* de que destacamos os números 3 e 4-5 (figs. 4 e 5), da autoria de Vasco Santos – estudante de Medicina e de Psicologia, fundador e editor da Fenda – também autor do cartaz da III SITU (fig. 10), o número 6 (fig. 6), de Manuel Miranda – estudante de Letras – autor do cartaz dos primeiros *Encontros de Fotografia* (fig. 2) e da capa da Fenda 3-4 (fig.13), e os números 7-8 e 12 (figs. 7 e 8), assinados por Delfim Sardo – estudante de Direito e de Letras – que assinou também a capa da Fenda 5 (fig. 14), o cartaz da IV SITU (fig. 11) e os cartazes da BUC. Exemplo dos esporádicos convites a artistas são a capa da *Teatruniversitário* n.º 10, de Cristina Reis (fig. 9), e o cartaz das *IV Jornadas de Cultura Popular*, da autoria de João Vieira (fig. 1).

No âmbito destas publicações, não poderia deixar de referir a revista *Música em Si*, editada pela Tuna dos Estudantes da Universidade de Coimbra, onde tive uma das minhas primeiras incursões neste grupo restrito de designers, com a capa para o número 2-3 (fig. 3) e ainda a respectiva direcção gráfica, partilhada com João Vilhena e António Barros.

À margem da Academia destacava-se o colectivo cultural que editava a revista *Fenda – Magazine Frenética*, que era então caracterizada desta forma no *Diário de Coimbra*: «Fenda não é uma revista heterogénea (...) porque não se tratando de uma revista porta-voz de nenhuma estética determinada ela não se institui nem como a apologia de qualquer convicção unilateral nem como o reduto de nenhuma polémica. Não pode ser definida como a voz de um movimento ou de uma escola. Ela é antes o lugar onde convergem as manifestações de um certo clima espiritual bem contemporâneo (...) a voz clara e definida da *new wave* que, neste país, é ainda tanto uma realidade que dá os seus primeiros passos como um desejo que não está disposto a deixar-se sufocar» (Silva 2009: 70).

A revista *Fenda* foi, neste contexto, graficamente inovadora pelo seu carácter experimental, alguma ingenuidade e uma atitude próxima da recuperação feita pelos movimentos estudantis das décadas de 60 e 70, especialmente em França, dos valores estéticos das vanguardas do início do século XX, em especial do Futurismo, do Dadaísmo e do Surrealismo. É significativa desta atitude a edição na editora *Fenda* de textos como *Da miséria no meio estudantil (t) de alguns meios para a prevenir*[2], libelo escrito por membros da Internacional Situacionista e estudantes de Estrasburgo em 1966 ou a edição de um número da revista *Pravda* – editada pela *Fenda* – inteiramente dedicado ao movimento Dada.[3]

Na Coimbra dos anos oitenta, a revista *Fenda* «representou uma profunda brecha no pensamento dos estudantes, pelo arrojo estético, pelo pensamento livre, pelos temas abordados, pela produção literária breve, a poesia e a reflexão sobre os discursos literário e plástico, por vezes com a colaboração de importantes intelectuais portugueses» (Silva 2009: 70). Com um colectivo que contava com participações fora da Academia e da cidade de Coimbra, conjugando várias gerações de intelectuais e artistas, a *Fenda* não deixou de ficar marcada pela participação dos mesmos designers que pontuaram nos eventos e nas publicações da Academia: Rui Órfão, com a capa e ilustrações da *Fenda* 2 (fig. 12), e os já referidos Manuel Miranda e Delfim Sardo.

A este ambiente, profundamente enraizado no contexto académico da década de oitenta de Coimbra, sucedeu-se a deslocação, em 1988, da *Fenda edições* para Lisboa, movimento que corresponde a um maior envolvimento com a editora, protagonizando uma profunda renovação gráfica – matéria do ponto FENDA (episódio 1), neste capítulo.

No ponto seguinte – ENCONTROS E FOTOGRAFIA – recordo a condição e o resultado da minha participação nos *Encontros de Fotografia*, já na década de noventa. Mesmo com um envolvimento que não teve a dimensão, nem a cumplicidade do que existiu e se mantém até hoje com a *Fenda*, os *Encontros de Fotografia de Coimbra* seriam, dentro e, sobretudo, fora deles, o local onde verdadeiramente a FBA. se encontrou pela primeira vez.

---

[2] *Da Miséria no Meio Estudantil Considerada nos seus Aspectos Económico, Político, Sexual e Especialmente Intelectual e de Alguns Meios para a Prevenir*, Libelo escrito por membros da Internacional Situacionista & estudantes da cidade de Estrasburgo no ano de 1966 & dado à estampa em língua portuguesa por Fenda, Edições, na cidade de Coimbra, ano de 1983.
[3] Pravda 2, Direcção e Organização de Júlio Henriques e Vasco Santos, Primavera de 1983.

Passara quarenta anos de binóculos assestados, a seguir as migrações das aves e a tomar estranhos apontamentos num caderno. A última vez que foi visto voava a meia altura em direcção ao sul.
JORGE DE SOUSA BRAGA

— **FENDA (episódio 1)** – Queres fazer a capa de um livro? – Mas eu não faço ideia de como se faz a capa de um livro. – Aprendes!…

Alguns dias depois, 'a Fenda' – Vasco Santos – aprovava a segunda proposta de capa para um novo livro de Jorge de Sousa Braga, *A Greve dos Controladores de Voo* (fig. 15).

Este episódio, passado num dos locais que marcava a intervenção cultural próxima dos Organismos Autónomos da AAC – o Café Tropical, na Praça da República – dará início a uma colaboração de 30 anos e a uma relação com o design de livros que, não tendo sido procurada, parecia aguardar o momento de se concretizar.

Como referirei mais à frente (no capítulo III), a editora *Fenda* foi, antes de o ser, uma revista publicada em Coimbra entre 1979 e 1982 sob a coordenação de Vasco Santos.

À data desta minha primeira colaboração, a *Fenda* levava aos prelos as suas primeiras edições em livro – este percurso tinha sido iniciado em 1980 com a edição de *Camões,* de Ezra Pound, e havia de manter-se até 1988, ano que constitui uma viragem importante no perfil da editora, que passa por uma renovação do catálogo e uma profunda renovação gráfica. O percurso não deixa de ser, muitas vezes, errático e exploratório, mas tornou-se com certeza a mais influente das razões para a minha ligação pessoal ao design gráfico e, em especial, ao design de livros. Não é negligenciável, como se compreenderá, que esta ligação primordial ao design dos livros tenha influenciado a minha visão de procura de clareza aliada a uma atitude de serviço ao texto.

O ano de 1988 é também, já o disse, a data da mudança de Vasco Santos e, consequentemente, da sede da editora, para Lisboa. Esta mudança não é acompanhada pela direcção gráfica que passa a ser inteiramente da minha responsabilidade a partir de Coimbra. A renovação gráfica será, no entanto, muito influenciada pela visão do editor e pelo programa de implantação da editora, com uma imagem mais amadurecida, desligada do contexto académico – ou das suas margens – que a tinha caracterizado até aí.

As referências gráficas são paradoxais. Se olhávamos com interesse e admiração para editoras como a *Fata Morgana*[4] ou a *Actes Sud*[5], para a elegância da *Mondadori*[6] ou a intervenção cívica e política da *Feltrinelli*[7], não conseguíamos ser indiferentes à inatingível qualidade dos livros da *Knopf*[8] ou ao luxo, certamente snobe e quase arrogante, das edições de Franco Maria Ricci[9] ou da *Siruela*[10].

NOVAS COLECÇÕES O novo ímpeto da editora estruturava-se em três linhas gráficas que tinham em comum uma clara referência à tipografia tradicional, ressaltando o uso de filetes, alinhamentos ao centro e fontes neoclássicas ou românticas.

O que procurávamos não era desenhar *pastiches* de 'livros antigos', mas antes integrar, trazendo à superfície numa nova imagem das capas, alguns dos aspectos que faziam parte da herança histórica da tipografia e do design de livros (figs. 16-18).

Não eram estranhas ao novo design da *Fenda* as lições do regresso à tradição de Jan Tschichold, na *Penguin* ou na *Insel-Verlag*, e de W. A. Dwiggins, na *Knopf* (ver capítulo I).

As influências eram, apesar de tudo, óbvias e assumidas, o processo era muito artesanal e mais intuitivo do que racional. Ainda assim, fundado numa experimentação feita nas oficinas gráficas, conjugando

---

[4] Editora francesa, fundada em 1966 por Bruno Roy, perto de Montpellier, publica ensaio literário e poesia, e também obras de bibliofilia (ilustradas por artistas e com baixas tiragens).
[5] Em 1977, o *Atelier de cartographie thématique et statistique* (Actes), fundado em 1969 por Hubert Nyssen e Jean-Philippe Gautier, decide diversificar a sua produção e dar início à edição de livros com a marca *Actes Sud*.
[6] O maior grupo editorial italiano, fundado, em 1907, por Arnoldo Mondadori.
[7] Editora fundada em 1954 por Giangiacomo Feltrinelli (Milão, 1926-Segrate, 1972), editor e activista político italiano. Feltrinelli foi também o criador, em 1970, dos GAP (Gruppi d'Azione Partigiana), uma das primeiras organizações armadas de esquerda dos chamados *anos de chumbo*.
[8] Editora nova-iorquina, fundada por Alfred A. Knopf, em 1915. Desde a sua fundação, a Knopf prestou especial atenção ao design e à tipografia contando ao longo da sua história com as colaborações de notáveis designers como William Addison Dwiggins, Bruce Rogers, Rudolf Ruzicka, Beatrice Warde ou, mais recentemente, Chip Kidd.
[9] A *Franco Maria Ricci editore* iniciou a sua actividade, em Parma, em 1963. O primeiro título da editora foi o fac-símile do *Manuale Tipografico di Giambattista Bodoni* (vide capítulo I).
[10] *Ediciones Siruela*, editora madrilena fundada em 1982 por Jacobo Fitz-James Stuart, Martinez de Irujo, conde de Siruela (Madrid, 1954), um projecto editorial que pretendia dar a conhecer, pela primeira vez em traduções modernas, as jóias esquecidas da literatura medieval europeia.

a composição em linotipo[11] com a reprodução fotomecânica das imagens e da tipografia nas capas.

Estes anos da editora foram, assim, um período de grande aprendizagem dos ofícios gráficos, feita em contacto directo com a composição manual, os linotipos, a foto-composição, a mesa de montagem e o laboratório fotográfico. Uma aprendizagem que se fez em paralelo com a utilização do *Apple Macintosh* e do *desktop publishing*, iniciada em 1986 e que muito beneficiou da anterior prática oficinal.

Sem os meios, sem o saber e sem a disponibilidade da qualidade de execução técnica de outras paragens, os livros da *Fenda* parecem, hoje, ter sido feitos sob o lema becketiano de tentar outra vez, errar outra vez, errar melhor[12]. Deixam transparecer um modo de fazer tacteado, a olhar para as revistas desenhadas e editadas por Franco Maria Ricci, onde descobrimos os tipos de Giambattista Bodoni. Fosse na belíssima FMR, auto-proclamada *a mais bela revista do mundo*, nos livros das colecções *La Biblioteca di Babele*, *La Biblioteca Blu* ou na exuberante *I Signi dell'Uomo*, a apropriação de Ricci ao património tipográfico de Bodoni foi certamente um exemplo para o projecto da nova *Fenda*. Inexplicavelmente ignorada, do meu ponto de vista, pela história e pela crítica dominantes – sobretudo de origem anglo-saxónica – a obra de Franco Maria Ricci foi muito importante para a minha própria formação de uma consciência do tempo tipográfico numa reapropriação contemporânea.

A nova vida da editora manteve o espírito exploratório que esteve na sua origem. Aprendíamos fazendo, com resultados qualitativamente muito diversos. O escrutínio era feito no meio editorial, mais do que no meio do design, do qual mantínhamos uma distância que, não sendo intencional, também não era desconfortável.

Até 2005, com a introdução das capas tipográficas da *colecção branca*, (ver capítulo III) a editora viveu um período de grande variação e dispersão estilística, com origem numa assumida e mesmo cultivada diversidade editorial, que se reflectia naturalmente no design das capas.

TIPOGRAFIA E ILUSTRAÇÃO Datam desse período as primeiras experiências exclusivamente tipográficas (figs. 18 e 19) ou caligráficas (fig. 20) e, também, uma produtiva colaboração com alguns artistas plásticos, na ilustração, em especial das capas, mas também do miolo

---

[11] A Linotype foi a primeira compositora de linhas de tipos com teclado e foi apresentada por Ottmar Mergenthaler (1854-1899) em 1886 (Meggs e Purvis 2009: 183).
[12] «No matter. Try again. Fail again. Fail better.» (Beckett 1996: 89).

 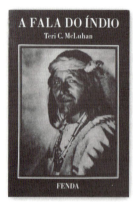 

15 16 17

18 19 20

 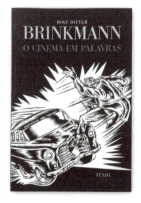 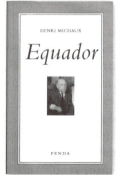

21 22 23

de alguns dos livros. Destaco os livros de formato de bolso da colecção *Fenda das Raparigas,* com ilustrações de Pedro Proença (fig. 21) e um dos romances da colecção *Títulos do Tesouro*, ilustrado por João Fonte Santa (fig. 22), como exemplo das relações mais duradouras e mais produtivas.

A qualidade tipográfica dos livros da Fenda incrementa-se com a contribuição de Mário Feliciano[13] que ensaiou uma versão preliminar de uma das suas fontes mais completas e famosas, a TEFFGeronimo[14], na composição do livro *O Doge*, do Arquiduque Alexis Von Gribskoff.[15]

A colaboração com Mário Feliciano introduziu um novo saber e um acrescido rigor na composição dos livros e na relação com as fontes tipográficas, em especial com algumas famílias especialmente adequadas ao uso em textos longos e, portanto, aos livros.

As capas reflectiam, mais uma vez, esse encontro com a tipografia tradicional, quer no uso das fontes, quer na diagramação, dominada pelo uso de duplos filetes e alinhamento ao centro (fig. 23).

ALMANAQUE TOPOGRÁFICO No período de 1999 a 2001, a Fenda publicou com regularidade sazonal, uma nova publicação, misto de catálogo e magazine, que retomava o formato físico da revista *Fenda*, editada em Coimbra. Em *Fenda, Almanaque Topográfico* (figs 28 a 30), publicação periódica, ensaiámos novamente uma atitude de clareza tipográfica, apoiada na utilização de fontes humanistas – com excepção do logótipo – e com recursos de impressão muito limitados, apenas duas cores e papéis de baixo custo. O design do *Almanaque* anunciava, de algum modo, uma orientação, que o modelo, mais tarde posto em prática em todas as capas da *colecção branca*, viria a assumir com outra consistência. Esta foi também, para mim, uma experiência nova no campo do design editorial, com materiais variados nas suas tipologia e dimensão e com velocidades de programação e produção diferentes das do design de livros.

---

[13] <www.felicianotypefoundry.com>
[14] <www.teff.nl/fonts/geronimo>
[15] Segunda edição, revista e aumentada, Colecção *Fenda Luminosa*, 1998.

When people look at my pictures I want them to feel the way they do when they want to read a line of a poem twice.
ROBERT FRANK

— **ENCONTROS E FOTOGRAFIA** Os Encontros de Fotografia de Coimbra foram organizados pelo Centro de Estudos de Fotografia (CEF) pela primeira vez em 1980. Os responsáveis pela iniciativa foram os estudantes que dirigiam aquela secção cultural da Associação Académica de Coimbra, entre outros, António Miranda, Fernando Zeferino, José Higino e Manuel Miranda.

O CEF fora criado em 1974, como uma das secções da AAC, e em 1979 inaugurou a primeira galeria que, em Portugal, se dedicava exclusivamente à apresentação pública de fotografia. No ano seguinte deram início aos *Encontros de Fotografia* que, nos vinte anos subsequentes, marcaram a divulgação da fotografia em Portugal (Gaspar 2013: 30). Os organizadores dos *Encontros* diziam que era seu objectivo «dar a conhecer as tendências da fotografia contemporânea, saindo progressivamente do mundo fechado e limitado, da lógica do seu discurso e dos fins da fotografia tradicional, abrindo-se a uma experimentação fértil em soluções saídas da exploração livre de todas as possibilidades dos suportes» (Silva 2009: 128). A construção dos *Encontros* «inspirou-se», nas palavras de Manuel Miranda, nos *Rencontres d'Arles*, iniciados em 1970, e na revista *Afterimage – The Journal of Media Arts and Cultural Criticism* (Gaspar 2013: 49).

De facto, os *Encontros* trouxeram a Portugal, desde o início, de uma forma sistemática, um conjunto muito significativo de exposições estrangeiras e criaram um espaço ímpar no campo da fotografia em Portugal. Anualmente, Coimbra recebia a visita de artistas que eram já considerados como verdadeiros mitos da fotografia contemporânea como Robert Frank, Duane Michals, Manuel Alvarez Bravo, August Sander, Jacques-Henri Lartigue, Henri Cartier-Bresson, Herbert List,

Walker Evans, Ralph Eugene Meatyard, Max Pam, Joel-Peter Witkin ou Gabriele Basilico que apresentaram trabalhos sobretudo no âmbito das exposições temáticas ou individuais e, nalguns casos e em especial nas primeiras edições, também em acções de formação, concursos e *workshops*.

A participação dos fotógrafos portugueses foi também muito significativa e mostrava uma preocupação de revelar o trabalho de várias gerações. Pelos *Encontros* passaram as imagens de, entre muitos outros, Cunha Moraes, Carlos Relvas, Gérard Castello Lopes, Vitor Palla, Costa Martins, Sena da Silva, Paulo Nozolino, Jorge Molder, José Manuel Rodrigues, Daniel Blaufuks, Manuel Valente Alves, Inês Gonçalves, Luís Palma ou José Maçãs de Carvalho.

Se destaco aqui estes nomes, é porque este é um dos aspectos mais importantes do meu contacto com os *Encontros*. Muito mais do que o trabalho produzido, importante foi o contacto com tamanha densidade e diversidade de artistas e, em especial, a responsabilidade de lidar com as imagens de fotógrafos que admirava antes, na distância das publicações. A aprendizagem nos *Encontros* foi sendo feita olhando para as imagens, percebendo como se encadeavam nas sequências que são as exposições e os catálogos, e foi feita, sobretudo, através do privilégio de *tocar* os originais de Robert Frank ou de Gabrielle Basilico.

O que João Miguel Fernandes Jorge (2006: 17) referia para a fotografia, quando escreveu «têm sido os Encontros um lugar de intensa aprendizagem. […] Do desafio que a imediata visão da arte dos outros representa, se terá construído em diálogo e em subterrânea empatia/oposição uma boa parte da nossa fotografia mais recente», poderia aplicar-se, no meu caso, ao imenso desafio que era, à época, trabalhar com tal excelência de imagens e de equipas. Neste ponto, considero, sobretudo, os curadores e os arquitectos responsáveis pelo desenho das exposições. Foram importantes para o percurso feito, no primeiro caso, Maria Tereza Siza e, no segundo, Eduardo Souto de Moura, João Mendes Ribeiro e José António Bandeirinha.

PRIMEIROS O primeiro contacto profissional com os *Encontros de Fotografia* aconteceu na sua 13.ª edição que decorreu entre os dias 13 e 28 de Novembro de 1993. O contexto era de mudança de conceito estratégico: os *Encontros* assumiam o seu papel como estrutura de produção e de difusão de exposições, com a construção de projectos específicos da sua própria iniciativa, por oposição às exposições itinerantes, de acolhimento, que dominaram os primeiros anos, ou a organização de grandes exposições retrospectivas de fotógrafos importantes ou de colecções de relevo nacional e internacional (Gaspar 2013: 48). Estes modelos não desapareceram completamente dos programas dos *Encontros* mas o desdobrável que acompanhava a edição de 1993 assumia «uma viragem qualitativa na filosofia de trabalho, diluindo a perspectiva formalista sobre a Fotografia e a sua História, para privilegiar a sua interacção com os aspectos sociais, políticos, económicos e culturais».

A tónica era colocada numa renovada fotografia centrada na natureza e na paisagem e disso dava nota a exposição central *Jardins do Paraíso*, na Galeria de Exposições Temporárias do Museu Antropológico. A exposição, produzida pelo CEF e comissariada por Albano da Silva Pereira e Gabriel Bauret, reuniu as obras de 16 fotógrafos: Robert Frank, Lewis Baltz, Emmet Gowin, Mark Klett, Ruth Thorne-Thomsen, Chris Killip, John Davies, Hamish Fulton, Boyd Webb, Luigi Ghirri, Gabriele Basilico, Mimmo Jodice, Hiroshi Sugimoto, Humberto Rivas, Gilbert Fastenaekens e Jorge Molder.

Para Alexandre Pomar (1994), a propósito da sua remontagem no Centro Cultural de Belém no ano seguinte, a exposição era «não só a oportunidade de apresentação de alguns grandes fotógrafos pouco divulgados como a demonstração de uma situação actual de reconsideração da paisagem, iluminada por uma nova atenção à degradação dos ambientes físicos e sociais».

A instalação fez-se segundo projecto de Eduardo Souto de Moura. Embora não tendo participado directamente nesta exposição, ela teve um papel muito importante na minha aprendizagem neste domínio. O contacto com comissários e arquitecto e, sobretudo, e em primeira mão, com os trabalhos expostos abria um leque de possibilidades pouco habitual no quotidiano de Coimbra.

A minha participação directa deu-se nas exposições *No Trilho dos Cavalos de Ferro*, na Casa Municipal da Cultura, com fotografias dos álbuns editados por Emílio Biel sobre as linhas de caminho de ferro da Beira Alta, do Minho e do Douro, e *Vale do Mondego*, apresentada em Montemor-o-Velho, na Igreja da Misericórdia, com fotografias de Debbie Fleming Caffery, José Afonso Furtado e Albano da Silva Pereira. Em ambas, tive a responsabilidade de desenhar os catálogos a par com a imagem geral dessa edição dos *Encontros*.

Esta colaboração havia de repetir-se no ano seguinte, na 14.ª edição, realizada entre 12 e 27 de Novembro. Esta edição anunciava um «projecto de levantamento que implica a paisagem, as populações, os traços da Natureza, dos homens e das máquinas. Também as relações materiais e simbólicas que ainda reúnem as comunidades no espaço mítico onde se confundem o sagrado e o profano. Rituais de permanência e tradição que o tempo implacavelmente altera de sentido» (Gaspar 2013 Anexo 1: xvii).

Coube-me a responsabilidade de desenhar o catálogo da exposição central, *Itinerários de Fronteira*. O catálogo inicia-se com três textos, de Jorge Gaspar, Adília Alarcão e José António Bandeirinha e, tal como acontecia na exposição, organiza-se em vários itinerários: *Coimbra*, com trabalhos de Humberto Rivas, Luis Palma, Bernard Plossu, George Krause e Frédéric Bellay; *Caminhos*, com fotografias de Luis Asín, Max Pam e Pierre Devin; *Fronteira de Montanha*, com Pierre Devin, Jean Pierre Bonfort e George Krause; *Fronteira da Terra*, por Nuno Cera e Álvaro Rosendo; *Fronteira do Tempo*, nos trabalhos de Luis Asín, John Davies, José Manuel Rodrigues e José Maçãs de Carvalho; *Fronteira do Litoral*, fotografada por Albano da Silva Pereira, Luís Palma, Frédéric Bellay, Bruno Sequeira, Leitão Marques e Pierre Devin.

Nesta edição, respondia também pelo design do catálogo da exposição *Finisterra*, com fotografias do geógrafo Orlando Ribeiro, realizadas entre 1947 e 1976, e textos de M. Tereza Siza, Jorge Gaspar e Suzanne Daveau.

Estas primeiras tentativas de colaboração com os *Encontros de Fotografia* terminaram no fim desta edição. O fascínio de trabalhar com uma excelente equipa e o contacto com obras maiores da fotografia contemporânea esmorecia perante a deficiente organização e os frustrantes resultados, originados pelo incumprimento dos prazos, a impossibilidade de controlo de qualidade ou a ausência de acompanhamento da produção gráfica.

As razões do desconforto que sentia com o rumo dos *Encontros* revia-as no artigo de Alexandre Pomar na *Revista* do jornal *Expresso* de 19 de Novembro de 1994: «A exposição *Itinerários de Fronteira*, com o conjunto de mostras paralelas 'tendo como tema englobante o território das Beiras', apresentaria 'a primeira contribuição sistemática, em imagens, para um debate sobre o país finissecular'. É prometer demais e condicionar expectativas que os *Encontros* não podem, e certamente não devem cumprir».

«O que se observa, para lá do interesse de alguns portfólios e de umas quantas fotografias isoladas – o que, apesar de tudo, já é bastante… –, é um trabalho de colagem e de amálgama que tira partido de um capital acumulado em anteriores passagens de fotógrafos por Coimbra, de relações de boa vontade e de restos de projectos esboçados noutras edições, completado com a encomenda de mais alguns itinerários recentes, que certamente não contaram com tempo necessário para a realização prévia de *repérages* e a conceptualização dos projectos.

A publicação de um álbum cartonado, que eleva o nível das publicações dos *Encontros*, mas sem atingir um nível excelente de impressão, dá, entretanto, conta das contradições do projecto».

REGRESSO E BALANÇO A participação nas anteriores edições dos *Encontros* deixaram algo mais e mais importante – assim o ditou o tempo – do que o desconforto e a desilusão. As relações de trabalho com Tereza Siza e Alexandre Matos continuaram para além dos eventos de Coimbra e a experiência na exposição *Alfândega Nova*, de que falarei mais à frente, trouxeram-me de volta aos *Encontros de Fotografia* na edição de 1996. A pequena participação, com o catálogo da exposição *Céu e Inferno*, de Joel Peter Witkin, foi motivada também pela possibilidade de uma nova colaboração com João Mendes Ribeiro, responsável pela montagem nas celas do Pátio da Inquisição. A experiência não atenuou as reservas quanto aos processos de trabalho e aos resultados que conseguíamos atingir e ditou um novo afastamento dos *Encontros*.

Foi já no quadro da **FBA.** – recém formada – que surgiu um novo convite para assumir a direcção gráfica do evento. Preparava-se a 18.ª edição, que decorreria entre os dias 7 e 29 de Novembro de 1998.

A exposição central, *Paisagens do Quotidiano*, comissariada por Albano da Silva Pereira, com peças do *Fond National d'Art Contemporain* de Paris, mostrava no Museu Antropológico o trabalho de Alain Fleisher, Claire Chevrier, Emmanuel Pinard, Florence Paradeis, Frédéric Bellay, Jean-Luc Moulène, Josef Koudelka, Marc Pataut, Marin Kasimir, Stéphane Couturier, Valérie Juve, Joel Bartolomeo, John Davies, Andreas Gursky, Hanna Starkey, Nick Waplington, Gabriele Basilico, Massimo Vitali, Bogdan Konopka, Johannes Backes, António Júlio Duarte e Fernanda Fragateiro. Ficou a nosso cargo o catálogo desta exposição (fig. 32) e a imagem geral dos *Encontros*.

Nesse ano, realizámos ainda um pequeno livro que acompanhava a instalação que François Méchain montou no Mosteiro de Celas, *Choupal*, um projecto de fotografia e escultura encomendado pelos *Encontros*.

O facto de o convite ser feito e ter sido aceite pela **FBA.** não facilitou as relações com a direcção dos *Encontros*. Diria mesmo que as tornou mais conflituosas e difíceis de gerir. Uma maior eficiência dos designers punha em evidência a desorganização dos *Encontros* e, embora os esforços das equipas de ambos os lados tenham conseguido um dos melhores resultados do conjunto destas colaborações, a ruptura era previsível e tornou-se inevitável. Para a **FBA.**, a dar os primeiros passos, a expe-

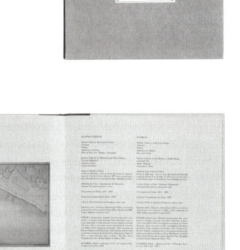

riência ajudou a clarificar o que havia de se tornar uma marca do estúdio: o design é sempre um trabalho de colaboração e empatia.

ALFÂNDEGA NOVA «A proposta de trabalho e levantamento, apresentada a seis fotógrafos de renome internacional, reconhecidos como capazes de recriar a história dos espaços da civilização através dos seus vestígios materiais, propunha – apontava – para valores e interpretações de carácter sociológico e antropológico, lidos através dos vestígios ou das inculcações que marcaram o edifício e o espaço que o envolve» (Siza 1995: 11).

Promovida pelo Museu dos Transportes e Comunicações, em Fevereiro de 1995, esta exposição e o álbum que a acompanhava serviam ao Museu para iniciar um espólio que representasse a memória multifacetada do edifício da Alfândega Nova do Porto e do seu espaço envolvente. A exposição era comissariada por Maria Tereza Siza, assistida por Alexandre Matos, a arquitectura era de Eduardo Souto de Moura e meu o design gráfico. Uma equipa, que se havia constituído nos *Encontros de Fotografia*, migrava para um novo contexto.

Interessam-me aqui as condições em que me associei a este projecto e as consequências que ele teve na formação da FBA. O convite de Tereza Siza resultava do conhecimento e, podemos dizer, da amizade, surgida durante os *Encontros*. O projecto era aliciante, os meios apetecíveis, a liberdade criativa estava assegurada e a parceria só poderia ser enriquecedora.

O programa previa a criação de um catálogo em dois volumes (e duas edições, cartonada e brochada) (figs. 24-26). O primeiro era sobre a arquitectura e a história do edifício e o segundo era o reflexo da exposição de fotografia. Na edição cartonada os dois livros ficaram juntos numa caixa que evocava os arquivos da Alfândega. Materiais raros, que poucos projectos poderão igualar, eram disponibilizados pelos seis fotógrafos convidados: Gabriele Basilico, Paul den Hollander, Debbie Fleming Caffery, José Manuel Rodrigues, Humberto Rivas e Jorge Molder. A instalação da exposição fazia jus à subtil e inteligente competência de Eduardo Souto de Moura.

A minha pouca experiência em empresas desta envergadura seria superada pela escrupulosa direcção de Maria Tereza Siza e pelo apoio diário, em todas as frentes, do futuro sócio e gestor da FBA., Alexandre Matos.

Se os *Encontros* nos tinham reunido, foi na produção de *Alfândega Nova: o Sítio e o Signo* que, definitivamente, a parceria que levará à FBA. foi posta à prova.

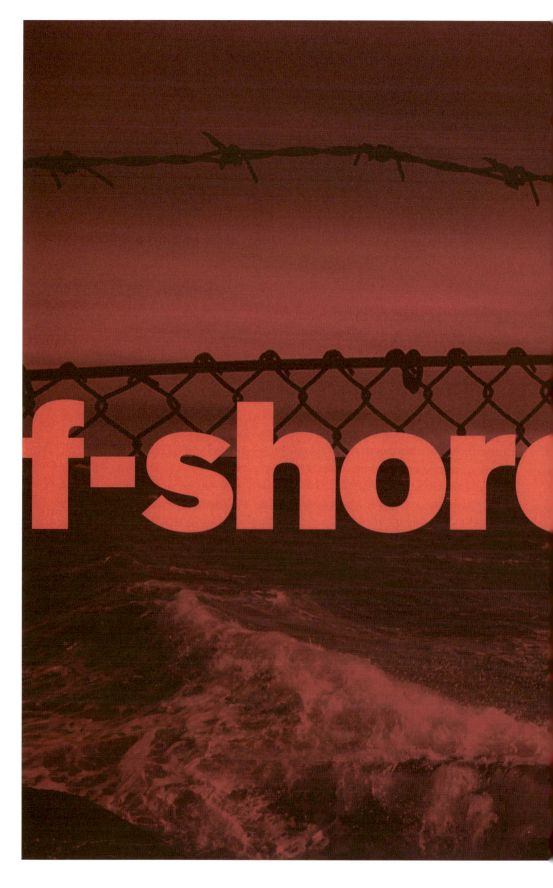

Of course it is not a thing, but things are not things either.
BRUNO LATOUR

— **FRAGILE** No período que mediou entre os anos 1998 e 2006, a actividade de director criativo da **FBA.** foi partilhada com a de designer das exposições do Museu Antropológico da Universidade de Coimbra. Já lá estava desde 1989. Sob a direcção de Nuno Porto, o MAUC desenvolveu, neste período, a ideia de 'instalação etnográfica' como resultado de uma prática de investigação sobre as colecções em que os programas partiam, ou se centravam, na utilização dos objectos para tratar temas contemporâneos.

A noção de instalação, proveniente da prática artística, parecia servir melhor para nomear o resultado de preocupações mais próximas desta prática, como «comentar – num sítio e num tempo particulares – uma questão de cada vez, valorizando o espaço de novas questões em detrimento das respostas possíveis». Esta opção deixava de fora a ideia de 'exposição' e, com ela, o exercício baseado «numa narrativa fechada que fornece respostas às perguntas que ela própria permite» (Porto 2006).

Outra ideia inicial desta série de 'instalações' – defendida por Nuno Porto no capítulo que dedica a este assunto em *Exhibition Experiments*, organizado por Sharon Macdonald e Paul Basu (2007: 175-6) – é a ideia de que uma exposição etnográfica deve ser concebida como uma prática experimental da antropologia contemporânea. Este argumento apoia-se em dois movimentos: primeiro, sugerindo que as práticas disciplinares que sustentam os textos antropológicos são, em larga medida, as mesmas que são usadas na realização de uma exposição etnográfica e depois, tornando explícito o facto de que os instrumentos específicos da construção do conhecimento antropológico são também cruciais no processo de elaboração de uma exposição.

Estas «experiências em práticas antropológicas contemporâneas», denominadas por Porto como *instalações etnográficas,* traduzem, para Anthony Shelton, uma prática curatorial informada por uma sensibilidade reflexiva que, enquanto parte integral da produção das exposições, sustenta as pressuposições curatoriais que lhe são endémicas. O resultado é uma museologia politicamente comprometida, mas que revela com honestidade as intenções que lhe estão subjacentes (2008: 209). Uma museologia crítica, com uma atitude de constante auto-reflexão e que apela à adopção de práticas mais experimentais, abertas e transparentes (2011: 30-41).

Neste ponto, procurarei descrever uma prática de proximidade entre o design e a curadoria, onde, em alguns casos, se tornou mesmo difícil estabelecer os limites entre cada uma das funções. Esta distinção imprecisa parece coincidir com a mesma imprecisão com que a museologia crítica, na acepção de Shelton, lida com a distinção entre museologia e museografia (2011: 34), a primeira como estudo dos museus e a segunda como configuração do conhecimento científico, técnico e administrativo.

Esta série de trabalhos funcionou também como confirmação do que Bruno Latour (1999) designou como experimentar enquanto processo transformador – para as pessoas e para os materiais envolvidos.

Experimentar significou, aqui, ir para além da mera exposição ou disseminação do que já existia, de conhecimentos pré-formulados. Experimentando novas práticas de expor, o MAUC funcionou mais como geração do que como reprodução de conhecimentos e experiências. Esta série de cinco exposições/instalações contribuíram também, do lado do design, para essa aprendizagem de um processo em que, mais do que uma resposta a um programa, o projecto é ele também simultaneamente produtor de conteúdo e produtor de sentido.

ANGOLA A PRETO E BRANCO: FOTOGRAFIA E CIÊNCIA NO MUSEU DO DUNDO 1940-1970[16] A exposição construiu-se a partir do acervo do arquivo fotográfico da Companhia de Diamantes de Angola (DIAMANG).

Este arquivo fotográfico reflecte sobretudo a actividade do Museu do Dundo, estabelecido pela *Diamang* em 1936 como repositório da cultura material local.

---

[16] Investigação, Nuno Porto; supervisão científica, Nélia Dias e Manuel Laranjeira; consultoria científica, Mary Bouquet; concepção da instalação, Nuno Porto e José António Bandeirinha (arquitectura); design gráfico, João Bicker; fotografia, Agostiniano de Oliveira e José Pedro (fotógrafos da Diamang); impressões novas, Paulo Mora.

O título da exposição «remete para uma forma de representação visual, a fotografia, cuja massificação enquanto objecto de consumo cultural na sociedade contemporânea, designadamente na sua associação com a imprensa escrita, acompanhou o crescimento da *Diamang*» (Porto 1999: 2).

Estas fotografias terão sido concebidas com o objectivo de mostrar as actividades da companhia, servindo uma política de propaganda, mas também com a finalidade de produzir saber sobre as populações da Lunda. Neste sentido, a contemplação não era o destino destas imagens, nem no momento da sua produção, nem nesta exposição, onde era sublinhada «a forma como as imagens fotográficas produzem conhecimento e têm efeitos de controle e de domesticação» (Dias 1999: xi-xii). Nesta exposição, o olhar do visitante era muito condicionado pelos dispositivos cenográficos e de suporte utilizados. Como refere Nélia Dias no seu texto de introdução ao livro que acompanhava a exposição, o objectivo não era «transportar» mentalmente os visitantes para o Museu do Dundo, nem revelar uma reconstituição das suas salas. O objectivo era conseguir que a visita se transformasse num exercício reflexivo (1999: xiii), para o qual contribuíam as diferentes abordagens físicas ao objecto fotográfico.

Os problemas colocados à concepção e montagem da exposição são enunciados e explicados na última secção do livro/catálogo, *Na Galeria* (Porto 1999: 137). No ponto 2. – *a imagem da exposição* – são apresentados os três núcleos expositivos: a fotografia como modo de representação, a fotografia e o museu e a fotografia e a ciência. A cada um destes núcleos correspondia um modo diferente de expor as imagens, também elas de diferentes formatos e distantes da noção mais comum de «exposição de fotografia». Mostravam-se as duas faces da fotografia do Arquivo, mostravam-se as fotografias inscritas nos documentos da companhia, os Relatórios, mostravam-se as fotografias na sua forma reproduzida em diferentes publicações. «Para confrontar o verso com o reverso, era inevitável recorrer às transparências e aos espelhos. (…) A brilhante e reflexiva cumplicidade entre o vidro e os diamantes é um tanto ou quanto espúria, mas é bem-vinda enquanto pano de fundo e justifica a luz própria de alguns expositores» (Bandeirinha 1999: ix).

Os dispositivos cénicos tomaram a forma de câmaras clara e escura no núcleo da fotografia, mesas-arquivo no núcleo do museu, parede de luz que iluminava o espaço como a ciência ilumina o real, no núcleo da ciência.

O projecto gráfico submeteu-se, disciplinadamente, à clara intenção de classificar, ordenar e hierarquizar, que eram da natureza dos materiais expostos e também das opções dos projectos curatorial e cenográfico.

ANGOLA A PRETO E BRANCO

Fotografia e Ciência no Museu do Dundo 1940-1970 — Mai-Dez 1999

Museu Antropológico da Universidade de Coimbra
Museu de História Natural - Faculdade de Ciências e Tecnologia

Galeria de Exposições Temporárias

A organização da informação foi atingida pela divisão geométrica e disciplinada do espaço, evocando *os arquivos, as entradas, as classificações e as hierarquias*. Além do *preto e branco* das fotografias e do título da exposição, o projecto limitava o uso da cor à cor da terra, que era usada na exposição no núcleo da Aldeia do Museu.

A imagem escolhida pelo comissário como identificação da exposição (fig. 27) «objectifica a diferença nas relações entre 'colonos' e 'colonizados', sobrepondo-a a um momento de trabalho científico, a recolha no campo» . Esta escolha revela a relação entre a situação social e os saberes e é também um comentário ao potencial da fotografia, porque retrata a única mulher ligada ao trabalho de investigação no museu e que, aqui, o representa (Porto 1999: 145).

BABÁ-BABU:HISTÓRIAS DE UM BERÇO[17] Esta era uma exposição limite em várias dimensões do trabalho do MAUC. À extrema exiguidade do orçamento e à necessidade de retomar a actividade depois de dois anos de obras de renovação da galeria, acrescentámos a auto-imposição de expor um único objecto. Acresce ainda a vontade de voltar a atrair a população escolar sem fazer uma exposição que fosse exclusivamente dirigida às crianças (Porto 2007: 187).

O objecto escolhido foi um berço fabricado em Goa nos finais do século XIX e que, em 2004, completava cem anos nas reservas do museu. «Este artefacto materializa as relações historicamente entretecidas entre Portugal e uma parte do seu extinto Império, e fá-lo com a evocação da humanidade de agentes concretos dessa relação materializada nas funções do objecto em questão: um berço encomendado para a filha de um oficial destacado em Goa» (Porto 2005: 4).

A riqueza dos elementos decorativos do berço, organizava a exposição, tendo por objecto central, num primeiro plano, o berço, e literalmente num segundo plano de observação e leitura um conjunto de narrativas da cultura indiana radicadas na tradição religiosa hindu. A montagem reforçava a delicadeza do berço enquanto objecto esteticamente complexo, montado sobre um estrado negro que actuava por contraste com as cores brilhantes do objecto. O estrado e a iluminação localizada distanciavam-no – no tempo, no espaço e na representação cultural – criando-lhe um quadro de referência a um contexto específico (Porto 2005: 5).

---

[17] Investigação, textos e concepção da instalação, Maria do Rosário Martins e Maria Arminda Miranda; documentação, Maria Augusta Rocha; conservação preventiva, Ludovina Todo-Bom; classificação e catalogação, Maria do Rosário Martins e Carmina Silva; design, João Bicker; fotografia, José Menezes.

Nas costas do estrado negro, uma sala profusamente iluminada revelava as molduras do berço numa ampliação de 1 para 10, permitindo a contemplação das imagens que as decoram, bem como a sua interpretação, nomeadamente por acção do Serviço Educativo do MAUC.

Se o berço era claramente apresentado como um objecto de arte no primeiro olhar, ele era depois dissecado como fonte de conhecimento da cultura Hindu. Do ponto de vista espacial esta oposição era reforçada pela distância ao objecto, claramente protegido no seu pedestal cuidadosamente iluminado, uma moldura que o eleva do espaço comum[18]. Do outro lado, a proximidade às histórias que conta nas faixas decoradas – ampliadas, acessíveis, muito iluminadas.

SEM REDE: RUY DUARTE DE CARVALHO, TRAJECTOS E DERIVAS[19]

Sem Família
nem etnia
sem fiança
nem finança
sem peso até
que dê
para perder
o pé
todo este
circo é feito
sem rede

Queda, portanto, não.
Sem rede,
só.

---

[18] Derrida descreveu a moldura na arte ocidental como uma forma aparentemente desvinculada da obra mas necessária para marcar a sua diferença na vida quotidiana. As molduras e os pedestais elevam a obra, elevando-a do domínio do ordinário. A obra depende delas para obter *status* e visibilidade (Lupton 2010: 153).

[19] Conservação (colecções do MAUC), Maria do Rosário Martins; conservação preventiva Ludovina Todo-Bom; classificação e catalogação (colecções do MAUC), Maria do Rosário Martins e Carmina Silva; serviço educativo, Maria Arminda Miranda; documentação, Maria Augusta Rocha; concepção da instalação e montagem, Nuno Porto e João Bicker com Luís Quintais; selecção de materiais, Ana Rita Amaral, João Bicker, Luís Quintais, Nuno Porto e Rute Magalhães; design gráfico, João Bicker; fotografia, Ruy Duarte de Carvalho (fotografias de campo, anos 90) e Rute Magalhães (fotografias de campo; fotografias de plateau, anos 70 e 80); voz, Ruy Duarte de Carvalho.

Este poema do antropólogo, poeta, escritor e realizador Ruy Duarte de Carvalho (1997), colocado no painel de entrada, servia de guia de leitura desta instalação sobre a sua obra. Se podia ser lido como uma referência ao trabalho do antropólogo no campo, também o podia ser como comentário ao trabalho do próprio Ruy Duarte de Carvalho, centrado e inspirado pelo modo de vida Kuvale, seja explicando as especificidades deste povo nómada de pastores, seja comentando a Angola contemporânea ou o mundo e a vida em geral (Porto 2007: 189).

Realizada com um orçamento extremamente reduzido, a instalação fazia uso dos recursos rudimentares como discurso expositivo, pela evocação do espaço aberto do deserto do sul de Angola, deixando vazio o espaço central da galeria ou deixando os objectos suspensos nas paredes, sem vitrinas, pelo facto dos Kuvale habitualmente pendurarem os seus haveres. A explicitação da falta de recursos era também uma forma de afirmação da equipa do museu.

Um momento particularmente descritivo das opções da instalação era a exposição das fotografias de campo ao longo de uma parede, retiradas directamente dos *dossiers* do antropólogo e suspensas por cabos de aço nas suas capas de plástico. «Não há legendas mas notas e *post-its* amarelos que reforçam a intimidade do olhar aproximado e reafirmam a sua autenticidade (...) o pensamento fotográfico organizado pelo etnógrafo» (Amaral 2006: 197).

Como referíamos atrás, também os objectos da colecção do MAUC estavam pendurados, em linha com a «estética Kuvale» (Porto 2007: 190). Havia a estranha possibilidade de serem tocados, o que ganhava um significado acrescido por serem na sua maioria adornos e obedecerem a uma lógica corporal.

Esta opção permitiu também a articulação com o projecto *As Mãos Também Vêem*, dirigido ao público invisual, que é tradicionalmente excluído pelo critério visualista que predomina sobre as exposições e instalações etnográficas ou artísticas. Eram ambos os conceitos desmontados no momento do toque — o de objecto de museu e do paradigma visual, sem qualquer esforço textual e/ou discursivo (Amaral 2006: 198).[20]

[20] Foi também editado um catálogo em Braille.

NÓMADAS[21] *Nómadas* expunha os objectos do MAUC que mais viajavam e que mais eram expostos fora do museu. E expunha-os como se num armazém, num hangar à espera de serem novamente embalados. Os expositores eram os caixotes em que haviam sido transportados.

A instalação respondia a um programa de expor os tesouros do MAUC, com a exposição de objectos de conhecimento, embaixadores da Universidade nas suas múltiplas viagens aos mais famosos museus do mundo.

A instalação não fornecia qualquer informação sobre os objectos expostos, reforçando a estranheza deste confronto com a beleza dos objectos e a aparente falta de cuidado da sua apresentação. A desorientação provocada no visitante era acentuada pela cuidadosa iluminação pontual.

O que se expunha verdadeiramente era a necessidade de dotar o museu de recursos correspondentes ao valor patrimonial e científico daqueles objectos.

O material gráfico procurava expressar o mesmo sentimento de desorientação ou, pelo menos, de ocultação da temática da exposição, embora antecedendo a experiência de distância ao objecto que a instalação confirmava.

Este tipo de experimentação teve sempre a intenção de ser perturbadora. Como referem Paul Basu e Sharon Macdonald (2007: 17), experimentar não é apenas uma questão de estilo ou de novas formas de apresentação, mas é, antes, um processo arriscado de juntar pessoas e coisas com a intenção de produzir diferenças que façam a diferença.

OFF-SHORE[22] *This is a powerful exhibition from a politically committed anthropology that is passionately engaged and is intended to solicit strong emotional responses, and even indignation over the erosion of Europe's liberal values.* Esta afirmação de Anthony Shelton (2008: 211) faz parte de um comentário à instalação *Off-shore*, patente no MAUC entre 6 de Março e 7 de Abril de 2006, a última das exposições da série que aqui revisitamos. Esta recensão de Shelton na revista *Museum Management*

---

[21] Conservação, Maria do Rosário Martins; conservação preventiva Ludovina Todo-Bom; classificação, Maria do Rosário Martins e Carmina Silva; serviço educativo, Maria Arminda Miranda; documentação, Maria Augusta Rocha; concepção da instalação e montagem, Nuno Porto e João Bicker; design gráfico, João Bicker.

[22] Conceito e montagem, Nuno Porto e João Bicker; design gráfico, João Bicker; classificação, Maria do Rosário Martins e Carmina Silva; conservação e restauro, Maria do Rosário Martins e Ludovina Mesquita; serviço educativo, Maria Arminda Miranda, Maria do Rosário Martins e Maria Augusta Rocha; colaboração de co-curadoria e montagem: Carlos Antunes, Désirée Pedro, Fernando Florêncio, Joana Monteiro, Leonor Bicker, Maria Bicker, Mário Rui Cunha e Susana Viegas.

and Curatorship, foi comentada por outros cinco investigadores[23], constituindo-se numa das possibilidades de debate a que estas exposições sempre aspiraram. Relativamente ignoradas no contexto local e nacional, esta série de *experiências de expor* despertou no contexto académico da museologia um interesse que muito as veio enriquecer.

Off-shore partiu de um confronto entre objectos actualmente no MAUC e as atitudes contemporâneas em relação aos descendentes dos produtores e utentes desses objectos.

Esta instalação ocupava uma das alas da Galeria de Exposições Temporárias do MAUC, dispondo numa linha longitudinal uma canoa, uma grande quantidade de resíduos recolhidos à beira-mar pintados de azul cobalto, uma 'gaiola' com objectos das colecções do museu e, no fundo da galeria, a imagem e o som, em contínuo, das ondas do mar a rebentar na praia (figs. 28-31). A acompanhar a longa faixa de despojos do mar, de um e de outro lado, um quadro apresentava, por ordem alfabética, para todos os países de África, o número de habitantes, a percentagem da população com um rendimento inferior a um euro por dia e os números da esperança de vida. Para alguns casos tinha ainda dados sobre os efeitos do vírus da sida. «O contexto de pobreza dos países africanos é fornecido numa primeira fase, sugerindo que talvez não haja, realmente, nada a perder, quando se nasce num país onde a esperança de vida é quase nada e a percentagem da população que vive com o equivalente a menos de um euro por dia é esmagadora. Deslocámos os objectos das colecções para uma etnografia da desigualdade em estado cru. Que é a principal razão para migrar, eventualmente embarcar, talvez naufragar» (Porto 2006). A crueldade dos números dispensava outra qualquer explicação.

Os objectos históricos da colecção do museu, protegidos/capturados pela cerca que os rodeava, foram agrupados em quatro temas numa classificação que se sobrepunha à classificação científica do museu e que se centrava numa selecção de atitudes perante os objectos que eram também atitudes perante os sujeitos: o *espanto* inicialmente suscitado pelos 'objectos de curiosidade' e que deu lugar à massiva recolha de armas que acompanhou a ocupação colonial; o *medo*, que foi acantonado em Ceuta, Melilla ou Lampedusa; a *suspeita*, inicialmente associada a práticas aparentemente irracionais, e o *abuso*, que é a forma

---

[23] Ken Arnold (Wellcome Trust, Londres, Reino Unido), Susan Berry (Royal Alberta Museum, Edmonton, Alberta, Canadá), Gwyneira Isaac (School of Human Evolution and Social Change, Arizona State University, Temple, AZ, EUA), Laura Piers (Pitt River Museum, Oxford, Reino Unido), Boris Wastiau (Musée d'Ethnographie de Genève, Suiça).

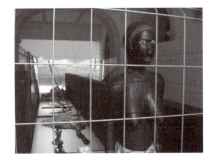 

28 29

30 31

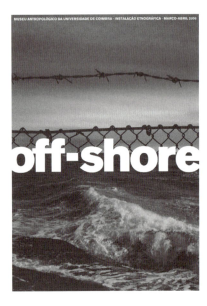

32

actual do trabalho ilegal ou, simplesmente, escravo, que é o acolhimento europeu reservado às populações *offshore*.

A imagem gráfica da exposição, porventura a mais abstracta desta série, sobrepunha a uma imagem do mar revolto, as marcas da interdição, da condição de ficar de fora, do arame farpado e da rede metálica. A neutralidade da tipografia procurava dar poder às imagens, intenção que era reproduzida no design gráfico do interior da instalação.

Again and again we are confronted with the reality – some might say the problem – of sharing our space with other living things, be they dogs, trees, fish or penguins.
JONATHAN SAFRAN FOER

— ESTÚDIO, ESPAÇO A escolha de um espaço de trabalho que se tornasse uma parte importante da imagem do estúdio foi tomada como um factor determinante para o reforço da identidade e coesão da equipa. Devia ser confortável e devia ser atraente, mas o que foi procurado, sobretudo, foi um espaço que reflectisse quotidianamente a cultura do estúdio. Esta ideia devia ser evidente para a equipa e para quem a visitava.

As opções recaíram sempre em espaços abertos, colectivos, que promovessem a interacção e o diálogo. A impressão geral devia ser a de um espaço amplo onde as pessoas trabalham juntas.

Se era importante o espaço interior, também a localização era um elemento muito importante. Não foi desprezada a acessibilidade, a facilidade de estacionamento para a equipa e para os clientes e a proximidade de serviços ou equipamentos úteis para o funcionamento do estúdio.

Um dos poucos designers importantes que teorizaram sobre o estúdio foi Otl Aicher. Com rigor doutrinário, Aicher deu-nos uma visão do seu escritório de design ideal. Para ele, a transparência era soberana: «A minha profissão requer que trabalhe com outras pessoas e portanto quero estar na mesma sala que eles. Toda a gente pode ver e ouvir o que estou a fazer. Esta é a única forma de produzir a correcta rede de trabalho e trabalhadores. Eu quero estar à vista deles e não ter que abrir e fechar portas para chegar até eles» (…) «com as excepções das casa de banho e da câmara escura não consigo pensar numa única sala que absolutamente tenha que estar separada» (1994: 138-9).

Mesmo que sem o carácter de reflexão teórica de Aicher, multiplicam-se os depoimentos e as opiniões sobre a importância do espaço na criatividade e no rendimento dos estúdios de design. Podemos com facilidade concluir que a tónica é colocada na abertura e na comunicação. Num inquérito levado a cabo por Carmen Sechrist (2013) acerca de espaços de trabalho criativo nos Estados Unidos, percebemos facilmente a preferência pela ausência de barreiras visuais e pela promoção da comunicação interdisciplinar, quando é o caso.

A discussão que fazemos sobre a importância do espaço para a criação de uma cultura do estúdio tem duas partes que correspondem a dois tempos no percurso da **FBA**. O primeiro que coincide com a formação do estúdio e acompanha o crescimento da equipa e um outro que corresponde aos últimos anos e se refere às actuais instalações. O primeiro, também ele em duas fases, sucede na incubadora de empresas do Instituto Pedro Nunes. O segundo momento acontece no actual espaço, no centro da cidade e especialmente adaptado para acolher uma equipa com um número de pessoas e de funções já, entretanto, estabilizadas.

Foi sempre claro para a direcção que o espaço de trabalho tinha e tem grande influência na criatividade. Nessa medida, procurou sempre lugares espaçosos, onde cada um tivesse o seu pequeno espaço, mas que ainda assim pudesse comunicar facilmente com todos os outros.

Os dois momentos que destacamos correspondem também a dois diferentes posicionamentos da empresa. O IPN foi o lugar da implantação e da criação de relações próximas e privilegiadas com outras empresas, clientes e fornecedores. A actual sede na Avenida Navarro é um local de maior exposição e abertura à comunidade.

INSTITUTO PEDRO NUNES A escolha da incubadora do IPN como local de estabelecimento do estúdio nos seus primeiros tempos de actividade resultou em ganhos de ordem vária. Desde logo, a possibilidade de encontrar um espaço arquitectónico de qualidade, dotado de infraestruturas e serviços que seriam dificilmente suportáveis por uma empresa no início de actividade – salas de reuniões, auditório, bar e restaurante – mas também o acesso facilitado a aconselhamento em matérias como a gestão, a fiscalidade, o marketing ou a qualidade.

Outra das vantagens daquele espaço, porventura a mais importante, era a possibilidade de estabelecer relações com as outras empresas instaladas, que resultaram na angariação de clientes à época muito importantes para **FBA.** como a Critical Software, a Crioestaminal, a Witt Software e o próprio Instituto Pedro Nunes. Num ambiente dominado por *spin-offs* da Universidade de Coimbra e outras *start-ups* de índole tecnológica – em geral com necessidades de design – foi possível acompanhar o crescimento dessas empresas, como prestadores de serviços ou como parceiros em projectos importantes, para clientes de uma escala dificilmente alcançável naquela fase de crescimento. Falamos da *National Aeronautics and Space Administration* (NASA), da *European Space Agency* (ESA), da *Vodafone* ou da *Soporcel*, entre outras.

Durante os primeiros meses, a **FBA.** ocupava uma sala de 50 m² onde acomodava três designers, um gestor do estúdio e uma auxiliar administrativa. A organização deste primeiro espaço tinha já a orientação que veio a manter-se em todos os locais que ocupou. Os postos de trabalho foram orientados para o centro da sala, com os designers organizados numa *ilha*, com partilha de alguns recursos tecnológicos: scanners, telefones, etc. Numa bancada próxima organizavam-se a impressora de grande formato e uma mesa de montagem. O espaço era dividido por um conjunto de estantes com livros e revistas, que reservava visualmente a *ilha* dos designers de quem entrava na sala, mantendo, contudo, alguma transparência.

Numa segunda fase, com o alargamento da equipa, foi ocupada a sala adjacente, com as mesmas dimensões e configuração.

A existência de duas salas não correspondeu a uma divisão aritmética das pessoas, antes a uma divisão por sectores de actividade. O número de designers tinha duplicado e agora ocupavam a nova sala com a mesma organização em ilha, no centro da sala. O espaço permitiu a multiplicação de bancadas de trabalho, montagens, maquetes e fotografia.

A sala inicial manteve as funções de gestão de projecto e comercial e foram-lhe acrescentadas uma zona de reuniões e uma pequena biblioteca. Este incremento do espaço permitiu também o alargamento da equipa administrativa que passou a contar com uma gestora financeira.

Um aspecto importante na organização destes espaços, quer na primeira, quer na segunda fase, era a libertação das paredes de qualquer tipo de mobiliário acima dos 80 cm a partir do chão, altura que era ocupada pelas infraestruturas de rede, *internet*, telefones e alimentação eléctrica. As paredes livres acima dessa medida, possibilitavam a existência de grandes painéis onde se afixavam materiais dos projectos em curso.

A existência destas áreas para colocar ideias e maquetes, ajudava a promover a interacção entre os membros da equipa e a boa disposição que resulta de estar rodeado de interessantes peças de design (Sechrist 2013).

O estúdio era, assim, visto como um local de trabalho em grupo, em equipa, que promovia o acesso imediato ao trabalho de cada um dos membros e a facilidade de partilha de conhecimentos.

A forma como se organizou espacialmente a liderança do estúdio traduz bem aquela que foi, desde o início, a estratégia estabelecida. A gestão do estúdio e a direcção criativa ocupavam diferentes espaços, como ocupavam diferentes competências na organização da empresa, completando-se sem concorrer. Cedo percebemos que ser designer e ser gestor de design são naturezas diferentes. Mesmo antes de atingir uma dimensão em que este aspecto se torna crucial, a direcção criativa foi libertada das funções de gestão que ficaram entregues a um gestor do estúdio com as qualidades psicológicas para lidar com a sensibilidade de semi-artistas, como são os designers (Bos 2009: 8).

AVENIDA EMÍDIO NAVARRO, 91 No seu depoimento para o livro *Studio Culture: The secret life of the design studio* (Brook e Shaughnessy 2009: 84-5), Erik Spiekermann respondia à pergunta que lhe era colocada sobre a localização do atelier, com a afirmação de que é importante estar no centro da cidade. Depois da fase de implantação e estabilização da equipa, vivida no IPN, essa era, também para nós, uma certeza.

O espaço da Avenida Navarro conjuga a localização no centro da cidade, com o privilégio de estar de frente, a sul, para o Parque Manuel Braga e o rio Mondego e de ter nas costas, a norte, a mata do Jardim Botânico da Universidade de Coimbra (fig. 42).

Na opinião de Adrian Shaughnessy (2009: 12), o estúdio é uma combinação de três coisas: o espaço físico, as pessoas que ocupam esse espaço e o trabalho que elas produzem. O espaço físico são as instalações, a localização, o mobiliário, o seu equipamento, e a forma como o espaço é projectado; as pessoas são todos, dos líderes aos estagiários; e o trabalho são os produtos criados pelo estúdio. Um bom estúdio tem de ter o equilíbrio certo entre estes três elementos.

Com uma localização privilegiada, estas instalações precisavam de um projecto de remodelação adequado às novas funções. A tarefa foi entregue ao *Atelier do Corvo*, dos arquitectos Carlos Antunes e Désirée Pedro, parceiros em múltiplos projectos de exposições e de sinalética. O programa contemplava algumas directrizes que resultavam da experiência anterior, no IPN: espaço aberto, reservando alguma privacidade à direcção criativa e à gestão do estúdio, separação entre os designers, a gestão administrativa e a sala de reuniões e biblioteca, criação de áreas de arquivo, estúdio fotográfico, área de construção de maquetes e infraestruturas tecnológicas (servidores e arquivo informático).

As instalações distribuem-se num piso principal ao nível da rua, um piso em mezanino e uma cave.

A existência de uma cave, ampla, com a excepção de uma pequena sala, permitiu a instalação dos arquivos físico e informático (instalado na pequena sala juntamente com os servidores), do estúdio fotográfico e de toda a zona de montagens e construção de maquetes (figs. 39-41).

No piso de entrada, foram instalados os postos de trabalho da gestão do atelier, de projectos e administrativa e financeira, bem como a biblioteca e a sala de reuniões (figs. 36-38). Situam-se neste piso as instalações sanitárias e um espaço de mini-cozinha.

Reservado aos designers ficou o mezanino (figs. 33-35), ocupado por seis postos de trabalho para designers, um posto para a direcção criativa, uma pequena mesa de reuniões internas e um espaço de impressão e pequenas montagens. Os dois pisos principais (de entrada e mezanino) foram dotados de dois grandes quadros negros para desenvolvimento e troca de ideias.

A segmentação do espaço em três áreas em cada um dos pisos principais, através do uso de estantes, teve como objectivo conciliar a privacidade dos postos individuais com alguma transparência espacial.

Tal como acontecia nas anteriores instalações, todos os postos de trabalho de design estão orientados para o centro da sala, permitindo melhores comunicação e interacção.

A actual equipa é composta por um gestor do estúdio – um dos sócios da empresa – uma gestora administrativa e financeira, um engenheiro informático e gestor de projectos e um designer, também gestor de projectos, uma equipa permanente de seis designers e um director de arte, também sócio, a quem se junta, sazonalmente, um estagiário, por regra de uma instituição de ensino estrangeira. Os designers são licenciados por diversas instituições de ensino portuguesas, criando uma cultura de interacção e troca de conhecimentos que se tem revelado bastante produtiva. Têm, por isso, formações diversificadas, o que permite dar resposta a programas multidisciplinares, que constituem cada vez mais o quotidiano do estúdio.

O TRABALHO O trabalho desenvolvido no estúdio tem sofrido profundas mutações nos anos da sua actividade, em especial numa evidente mudança de tipologias com uma tendência para o crescimento das áreas digitais, o design para a *web*, os meios interactivos e os *motion graphics*. Esta é a matéria do próximo sub-capítulo.

33 34 35
36 37 38
39 40 41
42

– Why didn't you make it larger so that it would loom over the observer? – I was not making a monument.
– Then why didn't you make it smaller so that the observer could see over the top? – I was not making an object.
TONY SMITH, QUESTIONADO SOBRE A SUA OBRA «DIE», 1962

— **PROJECTOS 2000-2012** O trabalho produzido neste período compreende projectos desenvolvidos para cerca de uma centena de clientes, dos quais foram seleccionados sessenta, com um número de projectos igual ou superior a cinco, e que pode ser dividido em sete grandes áreas que correspondem a uma taxonomia comummente usada. Assim, os trabalhos foram classificados nas seguintes categorias: livros, capas, identidades, *new media*, exposições, sinalética e promoção.

A primeira tipologia – livros – corresponde aos projectos de design de livros cujo objecto foi integralmente desenhado na **FBA.** e agrupa indistintamente livros individuais e colecções. Distingue-se da segunda categoria – capas – cujos projectos se referem apenas ao desenho das capas dos livros, na forma de capas isoladas ou de desenho de colecções. O terceiro grupo reúne todos os projectos de identidade visual, independentemente da extensão do seu programa de design. A quarta categoria – *new media* – corresponde a um grupo diversificado de projectos que integra design de *websites*, dispositivos interactivos, interfaces para *software*, animação, *motion graphics* e vídeo. O grupo relativo às exposições junta os projectos de exposições e de museus, realizados com ou sem a participação de outras equipas, nomeadamente nas especialidades de design de equipamento e de arquitectura. O mesmo acontece com o sexto grupo – sinalética – em que são contabilizados todos os projectos realizados nesta área, integrados ou não em equipas de projecto mais vastas. Finalmente, a área designada como promoção é aquela que tem os contornos mais difusos e agrupa um conjunto de trabalhos impressos muito diversificado, desde as aplicações de programas de identidade em suportes de papelaria até anúncios de jornais ou outros materiais mais ou menos efémeros.

O apuramento do número e tipo de projectos foi feito a partir dos registos de gestão de projecto e dos documentos de facturação. Apesar da fiabilidade dos registos de gestão de projecto só ser efectiva a partir de 2003, consideram-se também os elementos que foi possível apurar desde o ano 2000, na medida em que este estudo não tem a ambição de traduzir com rigor quantitativo a actividade do atelier, mas antes fornecer um quadro de compreensão dessa actividade, sobretudo na distribuição das diferentes tipologias de projectos por ano e por clientes. Este exercício de quantificação tem apenas esse propósito e não pretende ser nem exacto, nem determinante na construção de uma imagem do estúdio. Muito menos é uma tentativa de expressar em números o trabalho desenvolvido, criando uma falsa ilusão de clareza ou de controle (Wieseltier 2013).

O objectivo deste exercício centra-se na tentativa de compreender os níveis de fidelização de clientes, de variabilidade no tempo do tipo de projectos por cliente e de concorrência de várias áreas num mesmo projecto.

Esta caracterização do âmbito de intervenção do estúdio servirá também para entender as nossas próprias motivações na escolha dos projectos e as eventuais pressões externas – de mercado ou de oportunidade – mas também internas – opcionais e assumidas pela direcção criativa e pela gestão na angariação dos projectos. A existência desta dinâmica de pressões externa e interna é um factor não negligenciável na constituição do universo de trabalhos que aqui retratamos. Se tornou possível a sustentação financeira do estúdio, foi também responsável pela criação da sua face visível, ou seja, do seu portfólio.

FACTURAÇÃO E VOLUME DE TRABALHO O primeiro exercício realizado no sentido da caracterização do trabalho do estúdio **FBA.**, assenta na confrontação da variação dos números relativos à facturação com a do número de projectos realizados ao longo dos anos.

As linhas A no gráfico 1. representam a variação do número de projectos por ano. Como referimos anteriormente, estes números correspondem aos elementos disponíveis nos documentos de gestão de projecto, sendo apenas aproximados os que se referem aos anos entre 2000 e 2002. As linhas B mostram a variação dos valores de facturação, desde o início de actividade do estúdio até 2012. O crescimento registado no número de projectos é fruto de um crescimento efectivo, mas também da progressiva melhoria nos processos de registo de gestão de projecto que foi sendo implementada e que se torna fiável a partir de 2003. São da mesma ordem as razões que nos impedem de apresentar os dados relativos aos primeiros anos de actividade (1998-1999).

Uma leitura rápida deste gráfico permite perceber a existência de um significativo crescimento da facturação até 2007 e uma sustentação dos valores atingidos nos anos que se seguem, com um ligeiro crescimento em 2010. Verificamos que esse crescimento se verifica também no número de projectos, embora de uma forma mais irregular. O número de projectos aumenta significativamente até 2006 e assinala uma descida em 2007, que se mantém, com a excepção de 2009, até 2012.

O que esta comparação parece indicar é que a diminuição do número de projectos foi acompanhada de um crescimento do seu valor individual no que à facturação diz respeito, ou seja, sendo os projectos em menor número, foram crescendo em complexidade ou em volume de trabalho. Esta observação parece sobretudo evidente entre 2004 e 2005, 2006 e 2007, 2009 e 2010 e nos últimos dois anos, em que um decréscimo acentuado no número de projectos não tem tradução na facturação do estúdio que, pelo contrário, regista crescimento.

Aquilo que a prática e a observação quotidiana do estúdio nos revelavam de uma forma empírica, e esta breve confrontação dos dados parece confirmar, é que o crescimento do estúdio se tem centrado numa maior capacidade de resolução de problemas, com maior complexidade, de maior dimensão e com a concorrência de diferentes áreas de actuação.

O gráfico 2 representa a distribuição dos projectos por área, entre 2000 e 2012. Este gráfico é, antes de mais, revelador da inconsistência dos dados dos primeiros anos – como havíamos referido atrás – facilmente reconhecível na ausência da categoria *capas* em 2000 e 2001, devida à ausência de registos deste tipo de projectos. Uma outra evidência revelada na leitura deste gráfico é o grande número de projectos classificados como *promoção*. Como foi atrás referido, esta categoria inclui um número muito diversificado de projectos, geralmente de pequena dimensão, o que aconselha a observação de alguma cautela na leitura destes dados.

No que à actividade do estúdio diz mais respeito, este gráfico – corroborando a leitura que fizemos do gráfico 1 – dá-nos a indicação de que a actividade do estúdio se tem progressivamente dirigido no sentido de um maior equilíbrio das áreas de actuação através do crescimento, sobretudo, das áreas de *new media* e *exposições*, projectos, em geral, caracterizados por maiores volumes de trabalho ou maior complexidade. Se excluirmos os anos cuja informação sabemos ser insuficiente, podemos facilmente constatar que, a par com o esmagador predomínio do design de capas de livros, as restantes áreas tendem para um equilíbrio

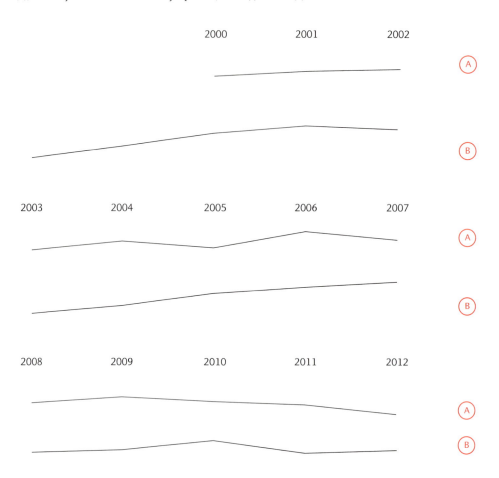

GRÁFICO 1. Comparação entre a variação no número de projectos por ano, entre 2000 e 2012 (A), e a variação dos valores de facturação por ano, entre 1998 e 2012 (B).

que se explica principalmente pelo crescimento das áreas que referimos – *new media* e *exposições*. É também muito claro o decréscimo do peso dos projectos classificados como *promoção,* em geral mais pequenos, quer do ponto de vista da sua complexidade, quer do volume de trabalho ou de negócio.

Para concluir, parece-nos, numa observação que queremos ilustrativa e sem ambição de rigor matemático, que a actividade do estúdio se revela relativamente estável no que respeita ao volume de trabalho e à sua realização financeira e que tem variado no sentido de um número menor de projectos, de maior complexidade e volume, e de um ligeiro aumento da facturação.

FIDELIZAÇÃO E RECIPROCIDADE Outro importante exercício sobre os dados referentes aos projectos realizados no período em análise é o da caracterização da relação com os clientes do estúdio. A busca e a manutenção de relações duradouras foi sempre um objectivo da gestão e da direcção criativa. Acreditando que estes factores seriam geradores de uma melhor percepção das necessidades dos clientes e de uma maior eficácia no desenho das soluções mais adequadas, a cultura do estúdio foi sendo apurada, nesta matéria, com a consciência de que o design se realiza através de acções partilhadas e da atenção ao discurso de quem o solicita. Se no início era credível a suposição de que uma relação de profissionalismo e rigor eram as condições suficientes para o estabelecimento de uma boa relação com qualquer cliente, cedo se percebeu que este é um trabalho de empatia, sem a qual é impossível, ou é muito difícil, atingir objectivos satisfatórios. Numa conferência do *American Institute of Graphic Arts* (AIGA), em Londres, Milton Glaser referia essa mesma descoberta de que todo o trabalho significativo e importante que havia feito tinha resultado de relações afectivas com os respectivos clientes. E não era de profissionalismo que falava mas de afectividade, de partilhar o mesmo terreno comum. Quando afirma que «só podemos trabalhar com pessoas de que gostamos» quer dizer exactamente que ou a nossa visão da vida é, de alguma forma, congruente com o cliente ou estamos perante uma luta amarga e sem esperança.

Poder-se-á dizer que poder escolher é um luxo que se alcança com dificuldade ou não se alcança de todo. A nossa ideia é que, pelo contrário, só podemos porque o fazemos (Cordeiro 2012: 34). Se esta era uma razão para dar importância à escolha dos clientes, era também justificação para o esforço colocado na manutenção de relações duradouras e de benefício mútuo.

GRÁFICO 2. Distribuição dos projectos por ano e por áreas.

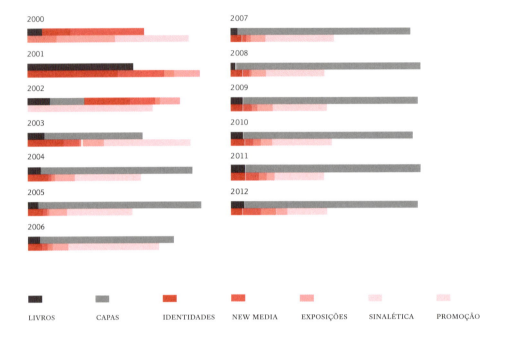

No elenco de premissas de avaliação do trabalho de designer — que diz poderem ser vistas como prosaicas ou mesmo deprimentes — Adrian Saughnessy (2005:145) refere três questões que podem ser colocadas no fim de cada trabalho: o cliente ficou satisfeito, o trabalho foi rentável, o projecto dará nas vistas?

Interessa-nos a primeira das questões colocadas por Saughnessy. Esta questão fundamental encerra, antes de mais, as questões da sobrevivência financeira do estúdio e da continuidade da relação com esse cliente, matéria que aqui detalhamos. A este ponto, acrescentamos, com Saughnessy, a recomendação e a referenciação do nosso trabalho a outros clientes. Se pela natureza do design estamos obrigados a fazer os nossos clientes felizes, satisfeitos, falhar este propósito é falhar como designers.

O que foi sempre defendido foi o estabelecimento de relações de confiança, baseadas num diálogo, em que através de múltiplas interacções se construía uma solução, de entre várias que eram testadas e que podiam ser modificadas. O que entendemos aqui por selecção de clientes relaciona-se com este ponto. Nem sempre, no percurso da **FBA.**, o resultado foi a satisfação do cliente. Casos houve em que o processo não se concluiu porque não foi possível encontrar um entendimento comum do problema. No entanto, se o diálogo for bem planeado e acompanhar o desenvolvimento da proposta, se existir uma boa comunicação e uma franca colaboração, o resultado tende a ser positivo (Scher 2011).

Falamos de fidelidade no sentido de constância, lealdade e veracidade, como falamos de reciprocidade como aquilo que marca uma troca equivalente entre duas entidades, grupos ou pessoas; de forma que essas trocas sejam profícuas para ambos, enriquecendo-as com elementos novos, sem que cada uma deixe de conservar a sua especificidade.

Registámos o comportamento de cada um dos clientes seleccionados relativamente à ocorrência de projectos por ano (gráfico 3) e parece-nos ser claro um padrão de fidelidade, sendo relativamente raros os clientes em que as ocorrências não têm alguma continuidade. Podemos concluir que o padrão não é de relações esporádicas e que, em especial com os clientes com maior volume de projectos, o estabelecimento de relações de continuidade ao longo de vários anos, sucessivos ou não, se verifica.

Quando avaliamos o perfil de cada cliente relativamente ao tipo de projectos levados a cabo segundo a classificação que adoptámos, é clara a variedade de áreas na quase totalidade dos casos, com excepção de clientes com actividade editorial em que as áreas de actuação da **FBA.** se limitam às tipologias *capas* e *livros*.

GRÁFICO 3. Comparação entre a variação no número de projectos por ano, entre 2000 e 2012 (A), e a variação dos valores de facturação por ano, entre 1998 e 2012 (B).

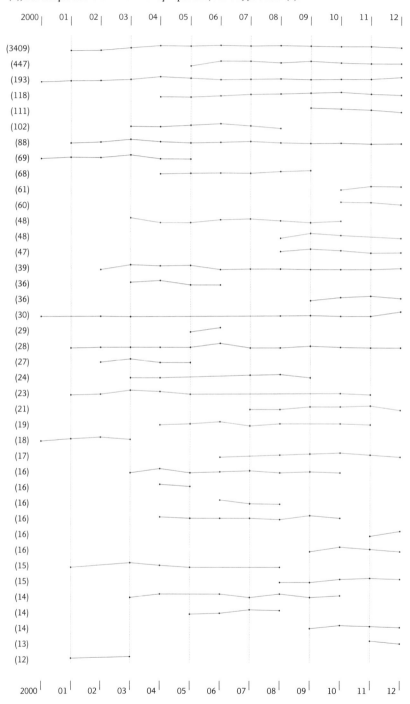

Tal como já havíamos referido antes, a categoria *promoção* introduz algum ruído na leitura dos gráficos pelo facto de se tratar, na maioria dos casos, de pequenos projectos, em grande quantidade, que tratados desta forma têm a mesma importância do que os outros.

O que nos interessa aqui é a verificação de algo que tínhamos empiricamente como adquirido e que se prende com um conhecimento acrescido do cliente e das suas particularidades, quando temos de lidar com programas de design mais variados e que envolvem mais do que uma das áreas de actuação. A prática de estabelecimento de relações duradouras completa-se com o alargamento dos programas de design. Conhecer melhor o cliente e conhecer as suas mais diversas necessidades de design contribui para o estabelecimento de um quadro de respostas mais eficaz.

O gráfico 4. apresenta-nos os dados que referimos atrás, com a distribuição das diferentes áreas por cliente, no conjunto dos anos de 2000 a 2012. A cada anel corresponde um ano e a cada segmento de um anel um cliente, marcado com as diferentes áreas de cor que correspondem, nesse ano, às áreas de projecto com actividade registada.

A primeira constatação é o domínio da área de promoção devido, como já verificámos, à contagem dos projectos independentemente do seu volume de horas de trabalho ou de recursos. A dominância desta área é potenciada pelo facto de, neste gráfico, ser dada a mesma relevância a todos os clientes.

O que nos interessa nesta representação é que ela torna perceptível a persistência de um padrão de grande variedade de projectos realizados no estúdio ao longo destes anos. O perfil do estúdio, quer na globalidade do trabalho, quer na relação com a maioria dos clientes, não parece ser caracterizado por um padrão de especialidade, pelo contrário, parece corresponder ao estabelecimento de relações caracterizadas por uma grande diversidade de projectos que procuram atender a uma também grande variedade de questões colocadas por diferentes programas de design.

GRÁFICO 4. Caracterização dos clientes por área. Distribuição percentual de áreas de projecto para cada cliente.

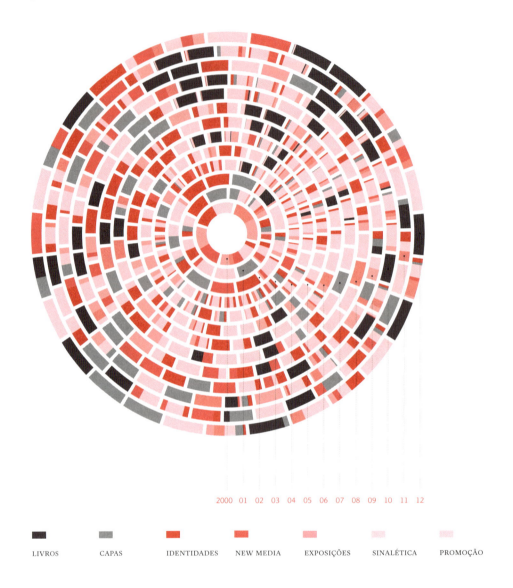

2000 01 02 03 04 05 06 07 08 09 10 11 12

LIVROS   CAPAS   IDENTIDADES   NEW MEDIA   EXPOSIÇÕES   SINALÉTICA   PROMOÇÃO

SOBRE A GESTÃO «Quando um estúdio atinge um certo tamanho – digamos que à volta de 10 a 15 pessoas – deixa de ser gerível sem um gestor[24] dedicado» (Shaughnessy 2009: 275).

Na **FBA.** pensou-se, desde o início, que os designers não deviam gerir, nem os gestores deviam projectar. Além disso, a gestão teve o primeiro cargo remunerado na empresa. A ideia de que só as maiores agências de design têm capacidade para suportar os serviços de gestão sempre nos pareceu ultrapassável, quando posta em confronto com a eventualidade de o estúdio ser gerido por designers. Os ganhos em eficiência, disponibilidade, criatividade e rentabilidade eram evidentes.

À pergunta *mas qual é exactamente o papel do gestor?* Adrian Shaughnessy (2009: 276) responde de uma forma simples: o gestor lida com todos os assuntos que não são design, deixando os designers livres para o design.

Cedo se percebeu que o gestor do estúdio tinha de ter competências de produção e de gestão de projecto, competências de comunicação e uma implacável eficiência apoiada numa visão de 360 graus. As suas funções incluiriam a organização de uma agenda de trabalhos, a orçamentação, a elaboração de relatórios de rentabilidade, a contratação de serviços e a manutenção de registos seguros de telefonemas, e-mails, etc.

Isto significa uma enorme responsabilidade a que tem de corresponder um poder de decisão que está normalmente associado ao designer *chefe/dono/quem dá nome ao estúdio*. A repartição do poder e da responsabilidade foi muito claramente definida na **FBA.** desde o início: a direcção criativa acarreta a responsabilidade dos resultados criativos dos projectos e da sua boa concretização, enquanto a gestão assegura os meios para a sua execução e a sua rentabilidade. Nenhuma das partes interfere na decisão da outra. A isto corresponde o poder de decisão sobre cada uma das áreas. Os processos podem ser discutidos e depois implementados; não são postos em causa no quotidiano do estúdio.

Adrian Saughnessy (2009: 277) interroga-se sobre a avaliação do sucesso ou do falhanço dos gestores. E responde: «o primeiro sinal visível de sucesso deve ser que os designers estão livres para fazer o que os designers fazem melhor: design. Em segundo lugar, apesar do aumento da folha de salários, devemos notar que a rentabilidade aumenta».

---

[24] *Studio manager.*

Again the greatest use of a human was to be useful. Not to consume, not to watch, but to do something for someone else that improved their life, even for a few minutes.
DAVE EGGERS

— **RESPONSABILIDADE SOCIAL** Encarando o design como ferramenta de intervenção social, todos os anos na FBA. se reserva algum tempo para o trabalho *pro bono*. «Não é uma coisa matemática, depende muito dos nossos recursos na altura, mas já fizemos projectos de identidade e materiais de comunicação para eventos culturais, associações de familiares de pessoas com doença mental, apoio a vítimas de crime, inclusão social e outros»[25].

Embora seja o mais comum, design *pro bono* não significa necessariamente que o trabalho não é pago. Essa é percepção mais comum, mas se atendermos à sua tradução literal vemos que significa *para o bem* e corresponde à forma abreviada de *pro bono publico*, ou seja, *para o bem público*. A verdade é que, em geral, corresponde a trabalho que os profissionais oferecem total ou parcialmente, o que favorece a confusão.

Interessa-nos começar por clarificar este aspecto e outro, não menos importante, que diz respeito à importância que o trabalho *pro bono* tem para cada um dos membros da equipa e para a empresa. *Pro bono* é usado frequentemente fora de contexto e sem grande precisão. De facto, o design *pro bono* é uma das maneiras através da qual podemos ter mais influência nas comunidades local ou nacional. E essa influência não é de menosprezar. O trabalho *pro bono*, mesmo não sendo sustentável dedicar-lhe senão uma pequena parcela de tempo, não é um conjunto de trabalhos problemáticos e não pagos, mas oportunidades para pormos as nossas competências ao serviço de causas públicas e, nesse sentido, de nós próprios, designers (Cary 2014).

---

[25] Alexandre Matos em entrevista no *Notícias Magazine* (Pago 2013: 26-27).

Os trabalhos *pro bono* são também, na **FBA.**, uma forma de reforçar a cultura do estúdio. Todos os elementos da equipa podem propor projectos deste tipo, tenham ou não interesses ou uma relação pessoal com eles. Muitos destes projectos surgem na forma de pedidos de apoio de instituições de solidariedade social, culturais e mesmo de empresas ou outras entidades, clientes habituais do estúdio, em contextos ou situações específicas.

Isto não significa que este tipo de projectos não esteja sujeito a regras, pelo contrário. Para além da avaliação dos benefícios inerentes à realização do projecto do ponto de vista do interesse público, não deixa de ser avaliado o impacto que têm na empresa. Referímo-nos ao impacto financeiro, traduzido no tempo que a equipa a eles dedica e ao impacto criativo, pois estes projectos têm um potencial de acesso a programas de design cuja recompensa ultrapassa a mera realização financeira e são, frequentemente, projectos desafiantes e com maior autonomia criativa.

Neste sub-capítulo enumero, primeiro, alguns dos projectos *pro bono* realizados nos últimos anos com custos inteiramente suportados pela **FBA.**, ou seja, sem qualquer recompensa financeira, e depois refiro com maior detalhe um projecto de carácter social e comunitário, financiado pela União Europeia.

PRO BONO «A recompensa do trabalho *pro bono* nem sempre é alcançada apenas no paraíso. O design *pro bono* não tem que seguir os rigores do marketing e da pesquisa e os trabalhos *pro bono* são em geral mais interessantes e desafiadores do que os trabalhos de rotina que são frequentemente dirigidos por estafadas tradições e preconceitos».[26]

Os projectos *pro bono* realizados na **FBA.** nos últimos anos espelham uma enorme variedade de destinatários que poderiam ser agrupados em associações de solidariedade social, associações culturais, eventos culturais ou científicos, programas de interesse público.

Devo destacar a título de exemplo e pela importância que tiveram para a confirmação de que esta é uma boa prática do estúdio, o livro *Olha*, com fotografias de Valter Vinagre, para a *Associação Portuguesa de Apoio à Vítima* (APAV), os programas de identidade e de eventos para o *Jazz ao Centro Clube* (JACC) ou para eventos científicos como a *Bridges 2011*, uma conferência internacional de matemática, música, arte, arquitectura e cultura.

[26] Paul Rand, citado Mr. Tharp em «Up Archive: Pro-bono or No-bono», *Speak-up*, 13 de Fevereiro de 2004 <www.underconsideration.com/speakup/archives/001827.html>, consultado a 15 de Abril de 2014.

Como referi antes, esta é uma actividade regular, não programada mas com regras, da qual o estúdio retira vantagens, sobretudo na confiança e no prazer com que a equipa se revê nestes trabalhos. A responsabilidade social do designer baseia-se no desejo de fazer parte da criação de um mundo melhor (Bernard 1997: 102) e não sendo a prática do design um discurso socialmente neutro, a sua dimensão social é um dado adquirido e não um tema especial (Howard 2011: 35-6).

Esta é, certamente, uma prática que terá continuidade na **FBA**.

MARKTH!NK – INVESTORS IN SPECIAL PEOPLE O projecto Markth!nk – *Investors in Special People* foi um projecto especial. Integrava uma parceria transnacional e foi financiado pelo programa *Equal*, uma iniciativa comunitária co-financiada pelo Fundo Social Europeu que se ocupava das medidas de prevenção e de combate ao desemprego. Em Portugal, tinha como área de intervenção os distritos de Coimbra e Aveiro e foi coordenado pelo Núcleo Regional do Centro da Associação Portuguesa de Paralisia Cerebral (NRC-APPC), que passou a denominar-se, em 2005, Associação de Paralisia Cerebral de Coimbra (APCC).

O principal objectivo do projecto era consciencializar e sensibilizar a população em geral para o pleno uso de cidadania e acesso ao emprego por parte das pessoas deficientes. Com este projecto procurava-se a promoção de uma mudança de atitudes, a adopção de posturas éticas e compromissos sociais, desenvolvendo a ideia de igualdade no campo da responsabilidade social. No final, o projecto visava a inserção no mercado de trabalho de um grupo específico de jovens deficientes (Monteiro e FBA 2004: 9).

O grupo-alvo era constituído por jovens com diferentes graus de deficiência, alunos de vários cursos de formação do NRC-APPC, em fase de ingresso no mercado de trabalho. O público-alvo era constituído por um grupo de empresários que acompanhavam o projecto, a generalidade dos empresários da área de acção e o público em geral.

O projecto de identidade visual foi considerado um projecto de natureza experimental de sucesso, com uma recomendação para a sua disseminação. Esta designação ficou a dever-se à sua relevância enquanto projecto de natureza experimental, aos resultados obtidos e ao alcance conseguido. O projecto e, sobretudo, o processo foram recomendados como um exemplo de boas práticas.

A capacidade de saber ouvir e colocar questões pertinentes, intrínsecas ao processo de design, apareciam, neste projecto, especialmente ajustadas. Era preciso compreender bem o que estava em causa e compreender bem a relação entre o conteúdo e a forma (Resnick 2003). A marca era importante para alcançar o público-alvo, mas era talvez ainda mais importante que fosse capaz de seduzir e conseguir a adesão do grupo-alvo.

Assim, surgiu como opção clara a inclusão do grupo-alvo no processo de design. A imagem devia reflectir a natureza do projecto e a solução estava enunciada de forma evidente no programa de design. A integração no mercado de trabalho e a integração na sociedade sugeriu a ideia da integração no projecto de identidade. Daqui resultou que todos os símbolos/pontos de interrogação usados nos diversos materiais gráficos foram concebidos pelo grupo de jovens com deficiência que integravam o grupo-alvo.

A identidade visual do projecto Markth!nk é constituída pela sua assinatura. Dela fazem parte o logótipo, que é a expressão tipográfica do nome do projecto e a designação oficial da missão (fig.43).

A inversão da letra 'i' para ponto de exclamação imprimiu à palavra que dava nome ao projecto um valor visual acrescentado, tornando a marca mais reconhecível. O ponto de exclamação funcionava também como um alerta à reflexão sobre a necessidade de criar condições de igualdade para as pessoas portadoras de deficiência. Esta inversão não comprometeu a sua leitura e deu origem a um símbolo que podia ser destacado da marca (figs. 44 e 45).

O processo teve início com a realização de alguns *workshops* onde uma designer da **FBA.**, com o apoio de uma psicóloga da instituição (NRC-APPC) e a coordenadora do projecto, explicou os conceitos básicos no processo e a metodologia encontrada. A fase seguinte compreendeu a realização de várias sessões de criação dos pontos de exclamação, acompanhadas pela designer. Dado o interesse e o envolvimento que esta acção despertou, o processo foi alargado às aulas de artes plásticas (EVT) da escola do 1.º Ciclo do Ensino Básico do NRC-APPC. Coordenadas pela respectiva professora, as crianças criaram também os seus pontos de exclamação. O movimento acabou por se alargar a todos os funcionários da instituição que não só tiveram conhecimento desta acção de integração dos jovens deficientes na criação da identidade do projecto, como foram actores eles mesmos desta acção, desenhando, também, os seus pontos de exclamação. A grande variedade dos desenhos permitiu uma multiplicidade de aplicações nos materiais de apoio, reforçando a ideia de igualdade na diferença.

A consistência e o reconhecimento da marca fazem-se por acção da tipografia e de um correcto e cuidadoso uso dos pontos de exclamação, especialmente no que diz respeito à sua adequação aos diferentes suportes.

As escolhas da tipografia recaíram sobre as fontes *Mrs Eaves*, desenhada por Zuzana Licko, um revivalismo dos tipos de John Baskerville (1706-1775) publicado pela *Emigre* em 1996 e, como tipografia complementar, *Akzidenz Grotesk*, desenhada por Günter Gerhard Lange para a *H. Berthold Typefoundry*, a partir de desenhos originais de 1896.

Na fase final do projecto foi produzida uma série de livros e manuais das várias disciplinas que concorreram para o sucesso do projecto, um dos quais sobre a responsabilidade social do design, assinado pela designer principal do projecto.

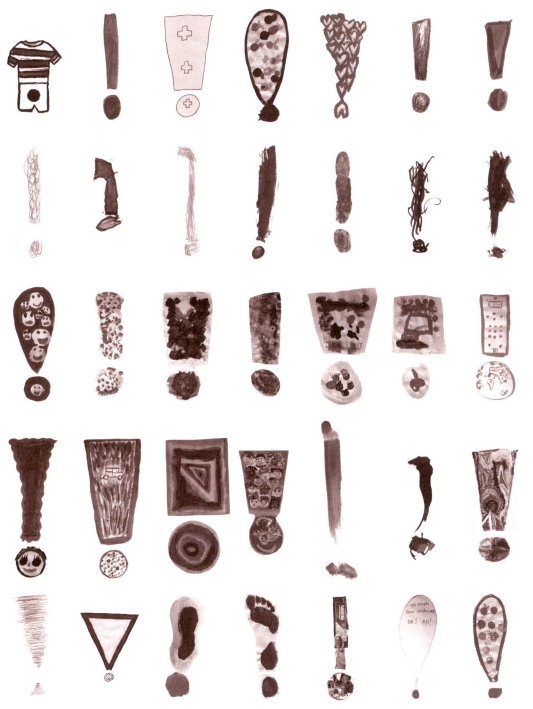

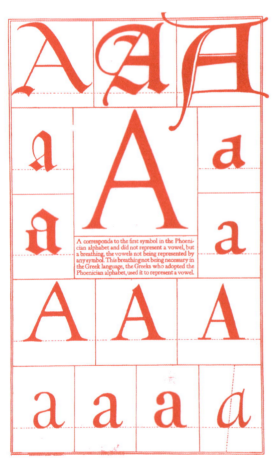
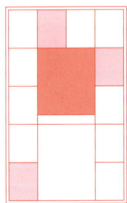

Music has seven letters, writing has twenty-six notes.
JOSEPH JOUBERT

— **EDIÇÕES** Os dados e os resultados da análise, apresentados atrás neste capítulo, mostram uma indiscutível ligação do estúdio à actividade editorial. O design de capas e livros não só representa uma importante área de negócio do estúdio, como se constitui, desde os primeiros anos, como um traço de identidade e elemento de coesão da equipa. Decorreu daqui que, desde cedo, surgisse a oportunidade da edição de alguns textos com que a equipa se identificava e que estavam ausentes do panorama editorial português. Também como forma de posicionamento cívico e profissional, foram editados com periodicidade incerta outros textos que, ou acompanharam exposições do trabalho do estúdio ou resultaram de colaborações ou apropriações de outros criadores que diziam, em certo momento, o que se pensava na **FBA.** do tempo que vivemos. Esta parcela do trabalho serviu sempre para reforçar a cooperação, a coesão e a criação de uma cultura do estúdio. Sobressai o interesse pela tipografia, materializado no dia-a-dia dos projectos e na escolha dos títulos editados.

No ponto seguinte apresentam-se brevemente as edições do âmbito da tipografia. Como pode ser facilmente avaliado, não houve outro critério de selecção que não o interesse particular por cada um dos livros. Autores que eram admirados, textos que de alguma forma foram inspiradores. A liberdade com que esta colecção se foi constituindo é fruto de uma relação privilegiada com o editor, uma das grandes conquistas deste projecto.

As outras edições são mais ocasionais. É um catálogo de uma exposição, um desdobrável para oferecer no início de um novo ano, uma colaboração com um outro criador, seja poeta ou fotógrafo. São sempre sinais da **FBA.**, formas de pensar, formas de projectar e de criar relações com os outros.

Graphic design is painting with typography.
PAUL RAND

— **TIPOGRAFIA** Na nota prévia ao *Manual* de Bodoni dizia que este é um espaço de interesse pelas letras e pelos livros, um espaço de estudo, de investigação, um espaço de paixão. Tem sido esse o projecto desta colecção de pequenos livros, desenhados e produzidos com cuidado, atenção aos pormenores, onde o formato de bolso se apresenta cartonado, com tela e sobrecapa. O acaso – o primeiro livro nasceu de um projecto de um simples cartão de Natal para oferecer aos clientes – transformou-se a par com o interesse particular pela tipografia e o design dos livros e por acção da afinidade com um cliente especial.

A FORMA DAS LETRAS[27] «A anatomia gráfica das letras expressa num registo quase poético, em páginas onde não falta a paternidade de cada fonte tipográfica. Um manual que também é um delicado livro-objecto» (Madaíl 2000: 27).

Este livro é, na verdade, um pequeno manual de anatomia tipográfica, pensado mais como um livro de fruição do que como um livro de estudo. Foi desenhado de acordo com uma grelha neoclássica inspirada no livro *The Alphabet*, escrito por Frederic W. Goudy em 1922. Como referíamos no pequeno texto introdutório, quisemos que fosse uma homenagem aos tipógrafos e designers de quem admiramos a obra exemplar e os desenhos dos tipos que idealizaram. Por esta razão, cada característica anatómica é ilustrada com um tipo de letra diferente, abrindo a possibilidade de lhe acrescentar duas pequenas notas: uma sobre a família tipográfica em exemplo e outra sobre o seu criador. Destinado, em primeiro lugar, a ser

[27] Ferrand, Maria e Bicker, João 2000 *A Forma das Letras. Um Manual de Anatomia Tipográfica*, Coimbra, Almedina.

oferecido aos clientes da **FBA.**, tornou-se objecto de distribuição comercial seguida de um relativo e inesperado sucesso de vendas.[28]

Este relativo sucesso de público e a ausência de bibliografia especializada em tipografia com tradução em português acrescentaram-lhe mesmo competências que de outra forma dificilmente teria: explicar a evolução das letras ou revelar a existência de uma anatomia tipográfica «que distingue os elementos de uma letra como se fosse um corpo (braço, perna, orelha)» (Mexia 2007).

Não excluímos, contudo, o contributo que o pequeno manual trouxe ao conhecimento público desta área do design enquanto se revelava um poderoso meio de divulgação do nosso interesse pela tipografia e pelo design de livros.

MANUAL TIPOGRÁFICO DE BODONI[29] *A chi legge* – ao leitor – é o título original do texto de introdução ao *Manuale Tipografico del Cavaliere Giambattista Bodoni* que, em 2001, publicámos mais uma vez em colaboração com a Almedina. A versão portuguesa do texto de Bodoni é o resultado de um exigente e delicado trabalho de interpretação e tradução da Professora Rita Marnoto que assina também um dos textos de introdução.

A publicação deste texto introdutório do *Manuale Tipografico* em português correspondeu, como é referido em *nota prévia*, «à satisfação de um desejo pessoal, fruto de uma admiração antiga pelo trabalho do grande tipógrafo, mas também à possibilidade de compreender e dar a conhecer em Portugal, um dos manifestos mais marcantes da história da tipografia» (Bicker 2001: 9).

Esta edição veio reforçar o propósito que enunciei na introdução: a consolidação no estúdio – nos planos das suas relações internas e externas – de um espaço de interesse pelas letras e pelos livros, um espaço de estudo, de investigação, um espaço de paixão. Se internamente se refinava uma cultura de estúdio focada no rigor tipográfico como imagem de marca, externamente eram reforçadas as relações com um dos principais clientes, estabelecendo uma parceria que é mais de promoção mútua do que dirigida ao mercado – mesmo esgotando, as edições desta colecção nunca teriam sustentabilidade financeira porque as tiragens não suportam o investimento que é feito na qualidade das edições.

Na sua apresentação, Rita Marnoto refere o «Vero amor delle lettere», «verdadeiro amor pelas letras», como a máxima que mais fielmente

---

[28] Este título está esgotado na editora desde 2008.
[29] Bicker, João 2001 *Manual Tipográfico de Giambattista Bodoni*, Coimbra, Almedina.

traduz a ideia-guia que norteou a monumental obra de Giambattista Bodoni.

«As páginas iniciais do célebre *Manuale tipografico* (...), emblematizam um percurso intelectual inteira e apaixonadamente consagrado à arte do livro. Recorde-se que a actividade de Bodoni tem por cenário um ambiente editorial muito agitado. A escassa circulação de capitais e o grande peso de estruturas centralizadas, de cariz estatal ou governativo, tolhia a necessária agilidade de um sistema de mercado. Numa Itália que ainda não se encontrava unificada, as regras de direitos de autor variavam de Estado para Estado, o que propiciava empreendimentos furtivos» (Marnoto 2001).

É este o contexto em que Bodoni, ao escrever a pensar no leitor – «A chi legge», «Ao leitor» – revela ter sido «*avant la lettre*, um fino intérprete dos mecanismos semióticos e pragmáticos que regem os circuitos editoriais. Sob o seu olhar, autor, público, gráfico, gravador, impressor e editor cruzam os seus saberes e as suas expectativas, no seio de uma complexa rede de intersecções que desconhece clivagens. Os caracteres e as imagens reproduzidos são, por si só, eloquentes, quer em virtude da sua excepcional perfeição, quer pela escolha e compilação das tipologias expostas. Mas o autor do *Manuale tipografico* visa um contacto mais próximo com o leitor, no sentido de enriquecer a esfera dos seus conhecimentos e de apurar o seu sentido estético, dele fazendo um requintado cúmplice. Por consequência, a rubrica "Ao leitor" de forma alguma tem um valor apendicial, no conjunto do livro. Palavra e imagem iluminam-se mutuamente» (Marnoto 2001).

Este não era o primeiro dos seus mostruários de tipos. Bodoni começou a imprimir em Outubro de 1768, ano em que chegou a Parma para assumir o cargo de director da *Stamperia Ducale*. Os tipos que usou haviam sido encomendados em Salluzo, em Turim, e sobretudo, a Pierre-Simon Fournier (ou Fournier, o Jovem), o mais célebre tipógrafo e fundidor de tipos francês do seu tempo. Influenciado por Fournier, desenhou tipos e ornamentos num estilo marcadamente francês e em 1771 publicou o primeiro dos seus mostruários de tipos, o *Saggio tipografico di fregi e maiuscole*, por ele talhados e fundidos, em cujo prefácio afirma que «os tipos são uma variante dos de Fournier... deixando ao juízo imparcial dos especialistas o exame da sua beleza e constante uniformidade» (Bicker 2001: 34-35).

O conhecimento dos caracteres exóticos que havia cultivado em Roma por influência do Cardeal Spinneli, perfeito da *Sacrae Congregationis de Fide*, em cuja imprensa – a *Stamperia di Propaganda Fide* – trabalhava como compositor e o interesse manifestado pelos literatos da época, levaram Bodoni a produzir, em 1774, o *Saggio di 20 caratteri orientali* e no ano seguinte, por ocasião das núpcias de Carlo Emanuele, Príncipe de Piemonte, com Maria Adelaide Clotilde, neta do Rei de França, o famoso *Epithalamia exoticis linguis reddita*. No prefácio desta obra, Bodoni afirma ter dado o seu melhor para «talhar, com toda a elegância e precisão de formas, os caracteres das mais estranhas línguas». Nesta obra monumental – com as dimensões de 50 por 35 centímetros – a tipografia funde-se, de forma admirável, com frisos e ornamentos.

Este é o tempo que Piero Trevisani (1963) classificou como um primeiro momento da obra de Bodoni, um período que poderemos considerar de imitação e que se prolongou até 1779. Num segundo período, de pesquisa e afirmação pessoal, surgiu o Bodoni liberto de influências, na procura do seu ideal de beleza. Centrando as suas preocupações na procura de novos caracteres e uma diferente construção da página, preocupava-se pouco com o texto, contrariava todas as normas, ignorava as exigências dos autores e ofendia mesmo as regras da ortografia.

É neste período que surge o *Manuale* de 1788, contendo 155 tipos romanos e itálicos e 29 tipos gregos. Neste trabalho, convivem os tipos inspirados por Fournier e muitos outros novos, alguns deles sob a influência das ideias e da obra de John Baskerville (Bicker 2001: 37-8).

Três anos depois, Bodoni obteve do Duque de Parma a autorização para criar uma oficina particular e inscrever nas suas edições *Parmae, Typis Bodonianis*. Teve também a oportunidade de publicar os grandes clássicos, satisfazendo o desejo do embaixador de Espanha em Roma. Publicou, em 1791, as obras de Horácio e, em 1793, as de Virgílio. Ao publicar os grandes clássicos, Bodoni adquiriu uma nova audiência: a de todo o Ocidente europeu, que passou a reconhecê-lo como o admirável tipógrafo e impressor que era (Bicker 2001: 40).

Depois de 1800 destaca-se na produção bodoniana a obra prima de elegância tipográfica que é a *Oratio Dominica*, de 1806. Publicada para celebrar a visita de Pio VII a Paris, por ocasião da coroação de Napoleão Bonaparte, consiste na tradução do *Pai Nosso* em 51 línguas asiáticas, 72 europeias, 12 africanas e 20 americanas, impressas em 250 caracteres diferentes. É o mais vasto catálogo de alfabetos e de caracteres tipográficos jamais publicado. É um livro único no mundo numa sucessão de caracteres de línguas praticamente desconhecidas na Europa da época.

Os últimos anos da sua vida – Bodoni morreu em 1813 – foram totalmente dedicados à produção do que seria o testemunho de toda uma vida dedicada ao aperfeiçoamento dos tipos, o *Manuale Tipografico* de 1818, que haveria de ser terminado e publicado postumamente pela viúva, Margherita Dall'Aglio, com a ajuda do encarregado de oficina, Luigi Orsi. Bodoni completou a primeira parte e o prefácio onde expôs os princípios da sua arte, o texto que editámos traduzido para português.

ENSAIO SOBRE TIPOGRAFIA[30] É certo que o convívio com os textos e os livros que nos fascinam sempre enriqueceu os projectos que acontecem na FBA., e é também certo que foi muitas vezes com a ajuda e o saber dos especialistas que nos acompanharam nesta tarefa, que fomos conseguindo atingir os objectivos a que nos propúnhamos. Como no *Manuale* de Bodoni, também neste *Ensaio* foi fundamental o trabalho de tradução e, muito especialmente, a dedicação e o envolvimento emprestados à revisão científica e à anotação do texto pela Professora Guilhermina Mota. Nesta edição concretiza-se a abertura a colaborações externas com a participação do designer e professor Luís Ferreira.

A primeira edição deste texto foi publicada em 1931 pela *Sheed & Ward*, com o título original *Printing & Piety*. A segunda edição, da mesma editora, saiu em 1936 e apresentava algumas importantes alterações e revisões ao texto inicial, feitas pelo próprio Gill, e a introdução de um novo capítulo, o último. Entre as alterações, é importante assinalar que, nessa nova edição, seria já usada a versão itálica do tipo *Joanna* nas legendas e cabeçalhos, produzida entretanto em 1931. Esta edição apresenta ainda, na versão original, uma introdução por Christopher Skelton, sobrinho de Gill. Em 1941 saiu uma terceira edição, fac-similada pela *J. M. Dent & Son* (co-proprietários da *Hague & Gill* desde 1936), que foi reeditada em 1953. Uma quinta edição, pela *Lund Humphries Publishers*, sairia em 1988 (Ferreira 2003: 17).

Arthur Eric Rowton Gill, nasceu a 22 de Fevereiro de 1882, em Brighton, e foi escultor, gravador e designer tipográfico. Gill iniciou a sua formação como designer de tipos com Edward Johnston[31] em 1902, na *Central School of Arts and Crafts*, em Londres.

As fontes tipográficas mais conhecidas de Eric Gill continuam a ser produzidas e estão disponíveis em versões digitais de várias 'fundições'. Destacamos as fontes *Perpetua*, *Gill Sans* e *Joanna*.

---

[30] Gill, Eric 2003 *Ensaio sobre Tipografia*, Coimbra, Almedina.
[31] Edward Johnston (1872–1944), mestre calígrafo do movimento *Arts and Crafts*, foi inspirado por William Morris e abandonou os estudos de medicina para se dedicar à vida de escriba. Os seus estudos das técnicas com pena e dos manuscritos antigos, bem como as suas actividades lectivas, fizeram dele uma influência maior na arte das letras (Meggs e Purvis 2012: 185). Johnston foi convidado, em 1916, para desenhar uma fonte original para o metropolitano de Londres.

An Essay on Typography é uma obra fundamental para o estudo da história da tipografia, bem como das reformas e ideias sobre o design de livros e o uso da tipografia. Não seria desconhecido de Gill o texto *First Principles of Typography*, de Stanley Morison[32], publicado pela primeira vez em 1930 no número 7 da revista *The Fleuron* (de que era editor), e editado 20 anos depois pela *Cambridge University Press*, onde se lê: «A tipografia poder-se-ia definir como o ofício de dispor destramente o material de impressão de acordo com um fim específico; de dispor os caracteres, distribuir o espaço e controlar o tipo, com o fim de conseguir a máxima compreensão do texto por parte do leitor. A tipografia é o meio eficaz para alcançar um fim essencialmente utilitário e só acidentalmente estético, uma vez que o desfrute do design muito poucas vezes é o objectivo principal do leitor. Portanto, toda a disposição do material de impressão, quaisquer que sejam as suas intenções, que se interponha entre o autor e o leitor, é errónea.» (...) «a tipografia de livros, deixando de parte o campo das edições muito limitadas, requer, e com razão, uma obediência quase absoluta à norma» (Morrison 1950: 5).

DO DESENHO DAS LETRAS[33] *Do desenho das letras* é a tradução da última parte do Livro Terceiro da obra de Albrecht Dürer *Underweysung der Messung*[34], tratado de geometria e perspectiva em quatro tomos, publicado em 1525. Este famoso artista do Renascimento, natural de Nuremberga, cidade onde nasceu em 1471 e faleceu em 1528, expoente máximo da pintura alemã da sua época, distinguiu-se em diversas áreas, como a gravação em cobre e em madeira, a pintura e a ilustração, mas também como matemático e teórico da arte (Mota 2013: 5).

O texto integra um conjunto de tratados teóricos elaborados por Dürer nos últimos anos de vida, com o propósito de divulgar todo o conhecimento que havia acumulado e que se alicerçava no saber colhido nos autores da Antiguidade Clássica, nas ideias dos artistas seus contemporâneos, sobretudo italianos, e no muito que aprendeu pela experiência ao exercitar o seu ofício (Mota 2013: 6). Para além do trabalho citado, escreveu também um texto sobre fortificações[35], e outro

---

[32] Stanley Morison (1889-1967) é apontado por alguns historiadores da tipografia como a fonte doutrinal dos 'novos tradicionalistas'. Nos anos 20 e 30 do século XX, Morison foi consultor tipográfico da *British Monotype Corporation*, onde dirigiu um programa de revitalização das fontes históricas (McVarish 2010: 285-307). Morrison foi responsável pelo redesign do jornal *The Times*, em 1932 e pela criação da *Times New Roman*.
[33] Dürer, Albrecht 2013 *Do Desenho das Letras*, Coimbra, Almedina.
[34] *Underweysung der messung mit dem zirckel und richtscheyt in Linien ebnen unnd gantz en corporen* (Instruções sobre a medição com compasso e régua em linhas, planos e corpos sólidos).
[35] *Etliche underricht, zu befestigung der Stett, Schloß und flecken* (Alguns ensinamentos sobre fortificação das cidades, castelos e lugares). Nuremberga, 1527.

sobre as proporções do corpo humano[36], pois as matérias que atraíam a sua curiosidade intelectual, como era timbre dos humanistas, abrangiam múltiplas áreas, como a matemática, a geografia, a arquitectura, a geometria e a fortificação (Mota 2013: 6).

O desenho das letras tem, no livro terceiro da obra *Underweysung der Messung*, um carácter subsidiário em relação à geometria e à arquitectura, o que não significa que Dürer se não interessasse pelo tema. O seu contacto com o mundo dos livros e da escrita aconteceu desde muito cedo, aos 15 anos, quando entrou para a oficina de Michael Wolgemut, na época o mais reputado pintor da sua cidade natal, onde se praticava em larga escala a xilografia, sobretudo destinada à ilustração de livros impressos. Ele próprio instalou uma oficina onde se dedicou inteiramente à xilografia e à arte do livro em 1495, quando regressou da sua primeira viagem a Itália. A atenção e o cuidado reservado às letras, contudo, não se manifestou apenas na tipografia, pois também as utilizou nas legendas que fazia nas suas pinturas e gravuras (Mota 2013: 7-8).

Dürer é, em grande medida, devedor dos mestres que o antecederam. Várias obras anteriores exibem já imagens gráficas idênticas às usadas por Dürer que, nas letras romanas, introduz apenas uma pequena inovação ao separar o esquema e o desenho final da letra, tornando mais visível uma coisa e outra. Na *Apresentação*, Guilhermina Mota (2013: 9) refere Felice Feliciano que, em 1463, escreve *Alphabetum romanum*, o *Alphabet* de Damiano da Moile e Fra Luca Pacioli, que em *De divina proportione*, texto elaborado em Milão entre 1496 e 1498 e publicado em Veneza em 1509, trata de proporções artísticas e matemáticas, mas contém um espaço destinado à composição das maiúsculas em caracteres romanos. Também em Veneza, em 1514, é dado ao prelo *Liber elementorum theorica et pratica [...] de modo scribendi fabricandique omnes litterarum species,* de Sigismundus de Fantis, obra pedagógica sobre tipografia e produção das letras que segue o mesmo modelo de execução.

Esta obra, e sobretudo o livro terceiro, é uma espécie de manual onde o que mais importa a Dürer é a clareza e não o recorte literário daí que esta tradução procure reflectir o vocabulário e a fraseologia do original, com o intuito de salvaguardar as características próprias do seu estilo e a substância histórica da obra. Trata-se de uma geometria aplicada aos problemas específicos com os quais os artesãos se confrontavam no labor quotidiano, quer fossem pintores, lavrantes, ourives ou marceneiros, se bem que seja muito mais do que um simples conjunto de fórmulas.

[36] *Vier bücher von menschlicher Proportion* (Quatro livros sobre as proporções do ser humano). Nuremberga, 1528.

Foi sobretudo este aspecto que nos motivou para a edição deste texto. Não sendo um texto sobre tipografia, no sentido em que hoje usamos o termo, com uma repercussão directa sobre o nosso trabalho ou do design contemporâneo, interessou-nos a motivação do autor para transmitir um saber da esfera do conhecimento erudito para a sua aplicação num contexto mais alargado das artes e dos ofícios. A motivação de Dürer foi no essencial promover um incremento na qualidade do desenho das letras em áreas onde reconhecia a ausência desse conhecimento. A dimensão da divulgação destes valores é, em paralelo com a consolidação de uma marca cultural do estúdio, a intenção desta colecção.

Embora com uma regularidade incerta, sem obrigações de periodicidade, a colecção não se esgotará, com certeza, nos títulos publicados até agora.

Mudar o sentido? Mudar sempre o sentido.
No lugar do perigo pôr o azul.
LUIS QUINTAIS

— **DISPERSOS** A actividade editorial da FBA. não se limita à colecção de tipografia. Com uma dimensão diferente, mais reduzida e com tiragens mais baixas, editou, desde os primeiros anos de actividade, textos seleccionados por revelarem, de alguma forma, um posicionamento perante a profissão e a sociedade ou que traduzissem uma aproximação cultural aos clientes e às pessoas que com o estúdio colaboravam quotidianamente.

As condições e os momentos em que ocorrem têm sido muito variados, desde a oferta a amigos e colaboradores por ocasião da entrada de um novo ano, até à extensão de eventos ou exposições sobre o trabalho do atelier. Não é desprezível, naturalmente, o papel de promoção do estúdio que estas pequenas publicações desempenham. Refiro aqui as mais significativas.

Esta prática teve início logo em 1999, com a edição de um excerto da *Peregrinação*, de Fernão Mendes Pinto. Ocorria a transferência da administração portuguesa do território de Macau para a China, pondo fim a cinco séculos de império e de colonialismo.

No texto, com o título *O Menino*, a conversa entre António de Faria e um menino que este encontra numa embarcação pareceu adequada para iluminar esse momento.

António de Faria, vendo um minino que também ali estava de doze até treze anos, muito alvo e bem assombrado, lhe preguntou donde vinha aquelu lanteá ou por que causa viera ali ter, cuja era e para onde ia. O qual lhe respondeu: Era do sem ventura de meu pai, a quem caiu em sorte triste e desaventurada tomardes-lhe vós outros em menos de ua hora o que ele ganhou em mais de trinta anos, o qual vinha de um lugar que se chama Cuamão, onde, a troco de prata, comprou toda essa fazenda que aí tendes, para a ir vender aos juncos de Sião que estão no porto de Comhai; e porque lhe faltava a água, quis sua triste fortuna que a viesse tomar aqui para vós lhe tomardes sua fazenda, sem nenhum temor da justiça do Céu. António de Faria lhe disse que não chorasse e o afagou quanto pôde, prometendo-lhe que o trataria como filho, porque nessa conta o tinha e o teria sempre, a que o moço, olhando para ele, respondeu com um sorriso, a modo de escárneo: Não cuides de mim, inda que me vejas minino, que sou tão parvo que possa cuidar de ti que, roubando-me meu pai, me hajas a mim de tratar como filho – e se és esse que dizes, eu te peço muito, muito, muito, por amor do teu Deus, que me deixes botar a nado a essa triste terra, onde fica quem me gerou, porque esse é o meu pai verdadeiro, com o qual quero antes morrer ali naquele mato, onde o vejo estar-me chorando, que viver entre gente tão má como vós outros sois.

No ano seguinte, o novo milénio inspirava o ensaio de uma outra vertente editorial que interessava cultivar: a colaboração do estúdio com criadores de outras áreas. O resultado foi a edição de *A Demonstração da Beleza*, com dois textos inéditos de Luis Quintais – *Frescos* e *Película* –, mais tarde publicados no livro *Duelo* (2004: 21-2).

Mais provocatório, dando nota de uma atitude inquieta e crítica, foi publicado, em 2004, *O Elogio dum Modo de Vida às Avessas*, de Karl Kraus (1874-1936). Este texto, originalmente editado em 1908, havia sido publicado em 1986, na revista *Pravda* #4 – *Fenda edições*– um número desta revista que é inteiramente dedicado a Kraus.

O texto, com um tom sarcástico e jocoso sobre a ordem e a desordem do mundo, foi paginado e ilustrado num pequeno caderno, de aspecto incompleto e cosido com linha.

Em 2005 surgiu a oportunidade de realizar uma exposição sobre o processo, sobre o tempo e sobre a prática do design. A prática do design na **FBA.**, naturalmente. Foi designada como *Design local* com o sentido de reconhecer o âmbito e os limites disciplinares daquele conjunto de trabalhos. Mas era também uma forma de os situar num determinado lugar, num universo de actuação delimitado e próximo, contíguo.

A publicação e a exposição reproduziam uma instalação dos materiais desenhados na **FBA.** até então, realizada num edifício histórico em remodelação, com o propósito de ser fotografada. Esta opção realçava o carácter de trabalho em curso e também a efemeridade de muito do trabalho de design gráfico. A instalação já não existia, senão na sua reprodução fotográfica, no momento em que era presente ao público. O propósito era também que exposição e catálogo mostrassem como se projecta em design, projectando.

A experiência de colaboração com outros criadores teve continuação em 2011 – numa iniciativa integrada na XIII Semana Cultural da

Universidade de Coimbra, sob o tema *A criação artística n[est]a cidade* – com o desafio da organização para programar uma exposição em parceria com a companhia de teatro *A Escola da Noite*. O resultado foi a instalação *Deve ser visível ou invisível, invisível, visível ou ambos: um ver e um não ver no olhar,* um título retirado de um poema de Wallace Stevens e que juntava na grande sala polivalente do *Teatro da Cerca de São Bernardo* os trabalhos de ilustração e figurinos de Ana Rosa Assunção e o design gráfico da FBA.. Os projectos de design eram apresentados em dois filmes projectados com doze metros de comprimento por três metros de altura, animados e sonorizados para aquela ocasião. Projectados nas duas paredes longitudinais, os filmes enquadravam os figurinos de Ana Rosa Assunção, colocados no centro da sala. A publicação, que ficou como memória, é um cartaz/desdobrável com uma descrição e imagens de doze projectos de figurinos e doze projectos de design gráfico. No texto de introdução referia-se que a exposição procurava mostrar «o que há de comum entre estas diferentes áreas do design, dos livros à ilustração, das exposições aos figurinos. A intenção de servir a visão do encenador no desenho de um figurino serve para descrever o que procuramos ao tentar iluminar um livro com o desenho de uma capa. (...) Encontrá--mo-nos nesta ideia de cultivar um modo de fazer, fazendo sempre coisas diferentes. Nesta ideia de vestir as ideias dos outros com o fato certo e que melhor os descreve».

A mais recente publicação em papel, produzida para oferecer, aconteceu no final de 2013. A partir de um fragmento do texto *A Nossa Necessidade de Consolo é Impossível de Satisfazer,* de Stig Dagerman, na versão portuguesa publicada pela Fenda pela primeira vez em 1989, foi desenhado um pequeno caderno de 16 páginas ilustrado com fragmentos de uma fotografia de Alexandre Matos. Desta vez, sinal dos tempos, havia também uma versão digital.[37] Os tempos da crise tinham a resposta lúcida de Dagerman: «Nem a vida é mensurável, nem viver é uma tarefa».

---

[37] Disponível em <www.fba.pt/comunicacao/postal2014/#>

As contradições e o conjunto de informações complexas
não podem ser visíveis. Não podem massacrar as pessoas.
Se o público tem a mínima percepção do esforço,
o meu trabalho não está bem feito. Falhou (...)
EDUARDO SOUTO DE MOURA

III   DESIGN LOCAL

DESIGN LOCAL FOI O CONCEITO USADO para nomear a primeira reflexão sobre o trabalho do estúdio FBA., materializada na exposição e na publicação com o mesmo nome, realizadas em 2005.

Local, no sentido de respeitante a um determinado lugar, que assume um universo de actuação restrito, mas *local* também no sentido de contiguidade ou vizinhança, um estado de estar próximo.

Esta designação exclui, por oposição, a ideia de que o estúdio desenvolvera, até aí, um trabalho classificável como global, quer do ponto de vista do seu âmbito geográfico, quer da sua caracterização tipológica ou estilística, embora me interesse a formulação de Manuel Aires Mateus a propósito da exposição *Weltliteratur*, de que estabelecemos uma relação com um lugar, com um tempo e com um lugar, assim numa «espécie de hipótese de ser local como a única hipótese de ser verdadeiramente global» (Caramelo 2008: 2).

No texto do catálogo *Design Local*, Nuno Porto (2005: 2) classifica – dando o mote a esta reflexão – o design gráfico como um trabalho de clarificação que «actua por pesquisa do acordo perfeito entre formas gráficas e ideias que elas servem e que, às vezes, só se tornam precisas quando transformadas em cartaz, no símbolo de uma empresa, ou na página impressa de um livro».

Esta classificação parece justificar uma prática assente no entendimento dos programas ou, mais frequentemente, daquilo que, não sendo explícito, eles encerram. A compreensão dos argumentos é parte fundamental para encontrar a solução acertada. Só conhecendo bem os problemas os conseguimos resolver.

Falava de um estado de estar próximo ou «de um terreno comum no universo das palavras» (Porto 2005: 2). Os trabalhos que seleccionei para este capítulo procuram, não só ser representativos de uma prática cultivada ao longo do período em análise mas, sobretudo, evidenciar como elemento dessa prática uma tónica na procura de soluções partilhadas. Partilhadas entre os elementos da equipa, partilhadas com parceiros de outras especialidades, partilhadas com os fornecedores, partilhadas com os clientes. Os mecanismos destas partilhas podem ser o trabalho sobre o programa, a explicitação da encomenda ou uma discussão sobre os resultados. Os trabalhos escolhidos revelam o envolvimento de parceiros e clientes, revelam algumas vezes a sua participação efectiva no resultado e revelam sempre a procura de soluções que esclarecem problemas, clarificam ideias.

Em todos os projectos seleccionados se começou por identificar a intenção, compreender a mensagem, descrever o destinatário imaginado, partilhar a identidade que os emissores faziam de si (Porto 2005: 2).

O processo envolveu, portanto, sempre o diálogo, a procura de interpretações, a contra-argumentação e a selecção. As soluções encontradas deixaram sempre de fora outras possibilidades. Ao designer coube escolher e trabalhar sobre a ideia escolhida e as ideias, como as formas, têm a sua própria história. Uma história que contempla, por vezes, soluções já pensadas por outros, noutros locais e noutros tempos, para problemas semelhantes. A pesquisa das formas, da tipografia, das imagens, é parte de um tempo longo que para ali converge e convoca a actualização de uma herança comum. É preciso estudar como foram tratados os problemas comparáveis, inventariar as soluções alcançadas. Na **FBA**. este «é um trabalho onde, frequentemente, é preciso ter a audácia de não inovar. Localizar, apenas, a solução que actua como deve ser» (Porto 2005: 2).

Isto não significa a aplicação de uma fórmula. Pelo contrário, cada um destes projectos teve momentos, locais, circunstâncias e actores que, sendo diferentes, solicitaram actuações e soluções diferentes. Se uns procuravam interpelar, no sentido que Gell (1998) atribui às obras de arte, suscitar a curiosidade e a inquirição, «transformando-se, a despropósito, num enigma a pedir que o resolvam» (Porto 2005: 3), outros procuraram, ao contrário, ser o que a crítica de design Alice Rawsthorn designou como *quietly good design*, um design que cumpre o seu papel sem chamar a atenção para si próprio (Shaughnessy 2008). Nalguns destes projectos — especialmente no que à tipografia diz respeito — essa discrição é intencional e sempre dirigida ao conforto do leitor.

PROJECTOS Esta selecção compreende quatro grupos. No primeiro, *Capas e livros*, são apresentados dois projectos de laboração estendida no tempo. A reformulação de toda a imagem de uma editora com uma história de cerca de quatro décadas, com um vasto e diversificado catálogo, e o design das capas e dos livros de uma nova colecção com títulos de autores, épocas e temáticas muito diversos.

Se no primeiro projecto se pretendia a criação de uma nova identidade reconhecível pela unidade de recursos e método, no segundo, a contenção de recursos gráficos servia uma diversidade de resultados que procurava espelhar a própria natureza da colecção.

O segundo grupo, *Identidade visual*, contempla dois projectos de natureza muito diferente: a reformulação da marca de uma editora e livrarias com uma existência de quase seis décadas e a criação de um sistema de identidade para um evento institucional, efémero, com um programa muito condicionado pelos seus objectivos políticos.

O primeiro foi um trabalho sobre a herança, silencioso e discreto e o segundo um exercício de interpretação de uma agenda política que exigia um grande poder de comunicação e uma dupla intenção de legibilidade e de apropriação pública.

Em *Museus e exposições*, os projectos reflectem uma natureza de trabalhos que se caracteriza pela cooperação do design gráfico com um conjunto de outras especialidades. Nos dois casos que seleccionámos – uma exposição individual num certame internacional e uma exposição temporária num museu de grandes dimensões – os projectos nasceram da colaboração com as equipas de museologia, de arquitectura e de design de equipamento. Num e noutro, o design gráfico das exposições fez parte e foi resultado da criação, também, de um programa de identidade. Nesse sentido, o esforço foi colocado na criação de uma continuidade gráfica que se ligasse à arquitectura e ajudasse a interpretar os materiais expostos.

Os projectos do quarto grupo, *«Mais» três projectos,* agregam, em cada um deles, as três tipologias anteriores. São também projectos que se distinguem pela qualidade dos programas e das equipas intervenientes e pelos resultados obtidos. Servem para evidenciar como uma estratégia de clarificação se potencia na diversidade dos suportes ou como, no trabalho do design gráfico, um projecto de identidade se reproduz numa exposição ou no interior de um livro.

Este grupo de três projectos serve também para representar uma recorrência do trabalho do estúdio, onde as diferentes tipologias se cruzam, frequentemente, no mesmo projecto ou para o mesmo cliente, com vantagens evidentes na compreensão dos problemas que os programas de design enunciam.

A confirmação desta hipótese, que formulámos no capítulo anterior, parece apontar para o estabelecimento de melhores relações, mais duradouras, com soluções transversais e, nesse sentido, mais inteligíveis, dos projectos de design.

Os quatro grupos que organizam estes trabalhos não espelham, como se pôde verificar no capítulo anterior, toda a actividade do estúdio. Mais do que isso, não correspondem às áreas que actualmente dominam a sua actividade. A selecção e escolhas feitas justificam-se, ainda assim, por terem sido, sob vários pontos de vista, áreas muito importantes durante os anos de afirmação da FBA. e por se perceber que definiram um método e uma organização que reflectem mais claramente as referências individuais e colectivas da equipa. Acresce ainda que, tendo sido, quase todos, sujeitos ao escrutínio de vários júris em concursos nacionais e internacionais, foram classificados como trabalhos de assinalável qualidade.

Os livros têm os mesmos inimigos que o homem: o fogo, a humidade, os bichos, o tempo e o próprio conteúdo.
PAUL VALÉRY

— CAPAS E LIVROS O design das capas e o dos livros são domínios especializados da tipografia e do design gráfico. No texto de 1958, *Graphic Arts and Book Design*, incluído na compilação *The Form of the Book* (1991: 8), Jan Tschichold refere o trabalho do designer de livros como essencialmente diferente do de um artista gráfico. Para Tschichold, este «procura constantemente novas formas de expressão, levado até ao extremo pelo seu desejo de ter *um estilo pessoal*». Ao contrário, o designer de livros tem de ser «o leal e delicado servidor da palavra impressa» e aqueles que «pensam em termos puramente visuais são inúteis como designers de livros».

No mesmo sentido, Richard Hendel (1998: 3) defende que o design de livros é diferente de todos os outros tipos de design gráfico. Para ele, «o verdadeiro trabalho de um designer de livros não é fazer as coisas parecerem bem, diferentes ou bonitas. É encontrar maneira de colocar uma letra ao pé da outra de maneira que as palavras do autor pareçam elevar-se da página (...) é feito para servir as palavras».

O termo 'designer de livros' é aqui usado por Richard Hendel (1998: 5) «para descrever o que se passa *dentro* do livro, não na capa do livro», o que introduz uma outra e necessária clarificação. Os assuntos que ocupam o designer de livros, enunciados por Jost Hochuli e Robin Kinross (1996: 32) são: o formato, a extensão, a tipografia (sendo que estes três se determinam parcialmente entre si), os materiais (papel e materiais de encadernação), a reprodução, a impressão e o acabamento. O designer de livros lida, assim, essencialmente com a tipografia e, nesta categoria, com as matérias que são parte do que chamamos macro-tipografia. Estes autores definem este termo – ou *layout* – como a definição do formato da página e do tamanho das colunas de texto e das ilustrações, assim como a sua colocação, a organização dos cabeçalhos e citações e de todos os outros elementos tipográficos.[1] Estas distinções não são tão transparentes na prática do design em Portugal. Embora possamos encontrar alguns designers que se dedicam exclusivamente aos livros, dificilmente poderemos admitir a existência de um número significativo de designers de livros de acordo com as acepções de Tschichold e Hendel ou de Hochuli e Kinross. Mais frequente é que aquilo a que chamamos design de livros se refira ao design das capas, sendo o interior do livro geralmente desvalorizado ou sujeito a uma normalização que se reproduz fora dos estúdios de design. Excluem-se desta prática os livros de arte, catálogos de exposições ou outro tipo de edições especiais. Também na **FBA.** estas actividades foram muitas vezes partilhadas pelos mesmos designers, apesar de existir algum nível de especialização na composição da equipa.

No âmbito desta reflexão sobre o trabalho da **FBA.**, importa, sobretudo, esta distinção entre o design de livros e o design das capas. Os dois casos aqui apresentados revelam diferentes abordagens, com origens nas condicionantes internas e externas ao projecto. Estas condicionantes são de ordem conceptual, internas, mas são também devidas às pressões externas do mercado e da gestão dos projectos que revelavam naturezas muito diversas.

No primeiro caso — a reformulação geral da imagem da *Edições 70* — o grande número de colecções e a diversidade de temas e públicos, com reflexo nas tiragens e no enquadramento financeiro, implicaram a adopção de diferentes estratégias. Se, nalguns casos, se justificava o investimento no design dos livros, a maioria das colecções teve uma intervenção apenas no design das capas, ficando o interior dos livros à responsabilidade da editora, com um contributo muito residual dos designers na definição de alguns princípios tipográficos.

O segundo caso objecto de reflexão — o design de uma colecção para a editora *Fenda*, com um catálogo, pela sua especificidade, menos sujeito às leis do mercado — tinha um programa muito mais flexível e os livros foram integralmente desenhados de acordo com os pressupostos do projecto, com um controlo exclusivo do designer.

Se no caso da Fenda podemos falar de design de livros para além do design das capas — mais visível —, o projecto das Edições 70 foi, sobretudo, um trabalho de design de capas.

---

[1] Tudo o que respeita à forma das letras, o espaço entre as letras e a palavra, o espaço entre palavras e a linha, o espaço entre linhas e a coluna, são matéria da micro-tipografia (Hochuli e Kinross 1996: 32).

O trabalho de design é, já o dissemos, um trabalho que se funda no estabelecimento de uma relação com um cliente, sendo que no caso dos livros este é um cliente expandido, extenso: o autor, o editor, a direcção de marketing, os livreiros e finalmente o leitor, uma agência distribuída. O cliente directo, que encomenda o trabalho, tem em conta custos de produção e um orçamento que está, frequentemente, definido antes do início do processo de design. Mas os clientes do designer são também, e não são menos importantes, aqueles entre os quais a comunicação tem de ser o mais clara possível: o autor e o leitor (Hendel 1998: 33).

Para tornar claro este ponto, importa voltar à distinção entre design de livros e design de capas. Em *Elementos do Estilo Tipográfico*, uma das obras de referência dos estudos de tipografia, Robert Bringhurst (2005: 16) faz notar que as formas das letras mudam continuamente mas, porque são vivas, diferem pouco entre si. Também os princípios da clareza tipográfica foram pouco alterados desde a segunda metade do século XV, época em que foram impressos os primeiros livros com tipos latinos.

Tomando por referência a afirmação de Walter Benjamin (2008: 361) num ensaio sobre Karl Kraus: «o estilo literário é o poder de mover-se livremente pelo comprimento e pela largura do pensamento linguístico sem deslizar para a banalidade», Bringhurst afirma que «estilo tipográfico, nesse sentido amplo e inteligente da palavra, não significa nenhum estilo em particular – meu estilo, seu estilo, neoclássico ou barroco –, mas o poder de mover-se livremente por todo o domínio da tipografia e de agir a cada passo de maneira graciosa e vital, sem ser banal. Nesse sentido, tem estilo a tipografia que pode andar por terrenos familiares sem cair em lugares-comuns, que responde a novas condições com soluções inovadoras e que não irrita o leitor com a sua própria originalidade, na busca vaidosa do aplauso» (2005: 25).

Por isso, é o design de livros um ofício com uma forte tradição e um corpo relativamente pequeno de regras aceites. De que outra forma poderíamos explicar que permaneçam actuais – também neste texto – as referências que usamos e que precedem as enormes mudanças introduzidas no último quartel do século XX pelos computadores *Macintosh* e as fontes *Post-Script*? O design dos livros está inextricavelmente ligado à dupla tradição de como lemos e de como achamos que os livros devem parecer. Os problemas a resolver são os mesmos que sempre tivemos. O que é importante não é a mecânica de fazer os *layouts* mas encontrar exactamente o design e os tipos certos para as palavras do autor (Hendel 1998: 6). É aqui que começam os livros, no conteúdo que é em si uma indicação do caminho que o designer vai tomar. É essencial compre-

ender de que trata o livro, pois «o design e o conteúdo devem andar de mãos dadas, como numa dança perfeita. Por vezes há demasiado design e pouco conteúdo, ou o contrário: é preciso encontrar o equilíbrio certo» (Mevis 2009: 89).

Também as capas devem ser alvo da influência dos conteúdos, da compreensão do que dizem os livros. Contudo, «enquanto o modernismo no design é frequentemente atribuído a desenvolvimentos técnicos, as capas dos livros são largamente um fenómeno social, um sintoma de grandes mudanças na estrutura do mundo no auge dos séculos XIX e XX – mudanças que são normalmente agrupadas sob o termo genérico de *modernismo*» (Powers 2001: 13).

Foi nesse período que surgiram as capas que pretendiam ser mais do que os sacos de papel de épocas anteriores e foram parte do acordar do negócio da edição para as novas oportunidades de comunicação oferecidas pelos carros motorizados, o cinema, os jornais baratos e, em poucos anos, a radiodifusão. Embora falemos de uma revolução da informação nos últimos dez anos do século XX, houve também uma de escala equivalente no seu início. Assim, o modernismo nas capas dos livros é uma matéria mais ampla do que um estilo visual da vanguarda – é um verdadeiro sintoma de modernidade como uma força imparável, com um grande número de formas. «Quase sempre a sobrecapa era a parte mais moderna do livro em termos visuais, já que no interior os estandardizados arranjos da página se mantinham conservadores, como têm sido, de facto, até aos dias de hoje» (Powers, 2001: 14).

Durante a primeira década de actividade do estúdio **FBA.**, o design de capas e de livros foi, inquestionavelmente, a área com maior número de projectos registados, como verificámos no segundo capítulo. Da vasta produção de capas e livros, importa destacar alguns projectos que, para além dos casos analisados com maior detalhe, trouxeram ao atelier uma notoriedade nacional e internacional, decorrente das distinções obtidas em concursos promovidos pelas instituições de referência no mundo do design de comunicação.

A colecção *Temas de Psicanálise* (fig. 1), um projecto de 2010, resultou de uma encomenda da Almedina, para o design de uma série de livros, edição em português de uma colecção sobre psicanálise escrita por profissionais mas com o público geral como destinatário. Foi pedida uma colecção de baixo custo de produção, mas com forte impacto visual que se distanciasse de outras edições da área. Intencionalmente diferentes dos livros de auto-ajuda, os livros desta colecção são, e aparentam ser, acessíveis a um público alargado, seja ele profissional ou não. Cada livro

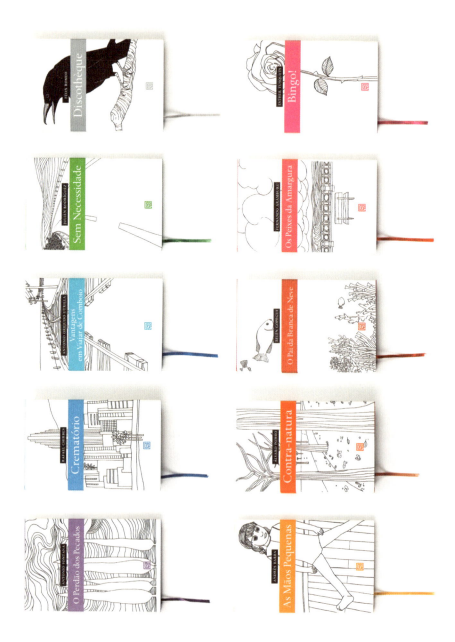

trata de um tema específico da psicanálise, explicitado com uma ilustração tipográfica. Todas as capas comunicam simbolicamente, com letras e caracteres mais do que com palavras, o que parecia adequado, considerando que se tratava de temas de psicanálise, um tipo de terapia onde a quase tudo se pode atribuir um valor simbólico.

Era também intenção do programa que o conjunto resultasse divertido e colorido aspirando a ser vendido como um conjunto que despertasse no público a vontade de coleccionar.

Este trabalho foi distinguido em dois prémios internacionais de design: nos *Red Dot Award*, em Essen, na Alemanha e nos *50 Books/50 Covers* do *American Institute of Graphic Arts* (AIGA), em Nova Iorque, nos Estados Unidos. Estas distinções resultaram em exposições em Nova Iorque, São Francisco e Singapura.

Numa análise sobre estes livros, Kristin Cullen (2012: 49) refere que a série de livros *Temas de Psicanálise* usa as fontes *Century Schoolbook* e *Scala Sans* nas lombadas e como estas fontes são usadas para distinguir os títulos dos autores com o auxílio de mudanças de tamanho e de caixa. A mesma autora destaca que «formas de letras, diacríticos e marcas de pontuação proporcionam significado e curiosidade» a estas capas e que os caracteres *Century Schoolbook* são elementos chave funcionando como gráficos personalizados que suportam os títulos dos livros.

O design dos livros *Minotauro* (fig. 2), uma chancela da Edições 70, também do grupo Almedina, respondeu a um programa substancialmente diferente. Tratava-se de um projecto editorial dedicado a livros de ficção estrangeira contemporânea. O público alvo era identificado como jovem, urbano, cosmopolita e curioso por culturas menos divulgadas.

Pretendia o editor que o resultado final fosse visualmente apelativo, mas simultaneamente distinto, capaz de transmitir graficamente o cuidado posto na selecção dos textos editados. Com menos limitações orçamentais do que era norma, foi possível produzir uma série de livros que se distinguem pelos materiais utilizados, com capa dura e papéis de qualidade, mas também pelo investimento no design das capas, que incluem ilustrações originais.

Para uma diferenciação do panorama gráfico editorial português, o aspecto aparentemente clássico acabou por ser a abordagem entendida como mais arrojada, fazendo desta colecção um objecto de qualidade, apreciado por quem gosta dos livros, para além de gostar de ler.

A série foi distinguida com um *Silver European Design Award*, em 2010, na categoria *Book Cover* e seleccionado entre os 50 livros dos AIGA *50 Books/50 Covers,* de 2009.

Também em resposta a uma encomenda da Almedina, surgiu, em 2011, a colecção *Ler Melhor* (fig. 3). Esta é uma colecção de guias de leitura destinados a estudantes de literatura do ensino secundário e universitário, para apoio à leitura das grandes obras da literatura portuguesa cujos autores são autênticos ícones da ficção e da poesia em Portugal.

Partindo desta ideia de ícones, a resposta ao programa de design foi literalmente 'dar a cara' dos autores originais aos livros, tornando as 'capas em caras', ou as 'caras em capas'. Como se em vez de uma colecção tivéssemos uma família de ilustres retratados, sempre de forma pictográfica. No verso das capas foram impressas fotografias ou gravuras que confirmam a identificação do retratado.

Sendo livros destinados a um público jovem, o recurso à ilustração surgiu de forma mais ou menos intuitiva, da mesma forma que parecia indicado representar estes ícones de forma simplificada em livros que são guias de apoio à leitura destes autores ou obras. Assim, fazia sentido utilizar imagens simplificadas para leituras também elas simplificadas. O exterior do livro era, assim, um reflexo do seu interior.

Também esta colecção foi premiada nos AIGA *50 Books/50 Covers*, e distinguida com a categoria de excelência em ilustração pela revista americana *Communication Arts* e publicada no seu anuário de ilustração editado em Maio de 2013. Foi ainda distinguida com um *Silver European Design Award*, também em 2013.

Um trabalho de natureza e dimensão muito diferentes foi o que resultou na sistematização de todas as colecções jurídicas da editora Almedina. No sentido de tornar visível a pertença a um mesmo conjunto de livros, com uma forte identidade editorial e constituído por um vasto número de colecções, foi realizado um trabalho de construção de uma grelha modular que fosse capaz de sustentar a enorme variação que daí resultava. Este projecto de identidade foi reforçado pela uniformização tipográfica, adoptando para todos os títulos editados a mesma fonte, a FTF *Grotzec Condensed*, de Mário Feliciano. As formas condensadas da *Grotzec*, proporcionavam uma economia de espaço que se revelava muito útil na resposta às exigências de títulos muito longos e ocorrência de múltiplos autores, frequentes neste tipo de livros. Este processo traduziu-se ainda numa enorme economia de recursos de design, permitindo uma autonomia da editora no design das capas até aí muito difícil de concretizar. Com os modelos perfeitamente parametrizados e normalizados, o processo de design foi transferido para a editora e a autoria das capas para o seu gabinete interno de design. Esta operação integrou acções de formação e um acompanhamento periódico dos resultados.

In a badly designed book, the letters mill and stand like starving horses in a field. In a book designed by rote, they sit like stale bread and mutton on the page. In a well-made book, where designer, compositor and printer have all done their jobs, no matter how many thousands of lines and pages, the letters are alive. They dance in their seats. Sometimes they rise and dance in the margins and aisles.
ROBERT BRINGHURST

— EDIÇÕES 70 O projecto de renovação da identidade e redesenho das colecções da editora *Edições 70* tinha um programa muito ambicioso e, nesse sentido, era uma boa oportunidade para reflectir sobre os temas da ruptura e da continuidade no design gráfico, quer ao nível do reconhecimento da marca, quer da imagem das colecções ou de cada um dos livros como elementos individuais dessas colecções. Este projecto, iniciado em Setembro de 2005, resultou da aquisição da editora por parte do Grupo Almedina e teve como ponto de partida uma reflexão sobre as estratégias a adoptar relativamente à imagem da editora, desde a simplificação do nome até à reorganização temática das colecções que compunham o seu vasto catálogo.

CONTEXTO A *Edições 70* nasceu, como o seu nome revela, no início da década de 70 do século passado, e foi sujeito e objecto das transformações políticas e sociais desse período. Depois de um período marcado pelas dificuldades impostas pela vigilância da Censura[2], pelas apreensões e pelas proibições de diversas obras, a editora encontrou uma nova dinâmica, a partir de 1974, com a implantação da liberdade política e da democracia. Esta dinâmica teve, a partir de 1978, especial relevo na definição da *Edições 70* como sendo especialmente vocacionada para a área das ciências sociais e humanas, com o lançamento de várias colecções que se vieram a tornar, como é assumido pela editora, uma sua «imagem de marca».[3] São dessa altura, entre outras, as colecções *O Lugar da História, Perspectivas do Homem, Arte & Comunicação, Biblioteca Básica de Filosofia* e *Textos Filosóficos*.

[2] Designada, nesta época, por *Serviços de Exame Prévio*.
[3] *Edições 70, Um breve historial*, <www.edicoes70.pt>, consultado a 28 de Janeiro de 2013.

Esta orientação manteve-se ao longo de cerca de quatro décadas, constituindo um vasto catálogo «do ensaio à historiografia, da investigação antropológica à divulgação do saber científico, da problemática actual na arquitectura e no urbanismo ao ensaio sobre arte, da música à filosofia até ao pensamento da antiguidade clássica, (...) um vasto repositório de títulos que, pelo rigor no seu tratamento, homogeneidade interdisciplinar e oportunidade temática» se apresentava como um caso exemplar na edição nacional.[4]

Era esta a editora e este o fundo editorial que viriam a ser objecto desta intervenção de reorganização e design.

O projecto de design teve início com um detalhado esclarecimento do programa e do âmbito da intervenção, que incluiu o conhecimento do catálogo, e do nível de renovação ou extinção de colecções previsto e também uma avaliação do impacto que, interna e externamente, esta renovação poderia provocar. Nesta fase do projecto, a equipa de design dialogou de uma forma privilegiada com a nova administração e com a sua direcção comercial, sem que, no entanto, deixasse de procurar entender os efeitos que este processo produzia na equipa que transitava da anterior administração.

Não são estranhos às opções tomadas neste projecto os casos de projectos de referência no universo da edição, como o da editora inglesa *Faber and Faber,* a partir dos anos 80 do século xx, ou o da intervenção de Rudolph de Harak na americana *McGraw Hill*, no início dos anos 60.

5

A *Faber and Faber* promoveu, entre 1981 e 1996, uma abrangente reforma que veio a tornar-se lendária. O trabalho foi realizado por um atelier externo – *Pentagram* – sob a direcção de John MacConnell. A editora ganhou uma nova marca, uma ligatura de um duplo f (fig. 5), e foram estabelecidas regras internas para dar um aspecto distinto aos diferentes tipos de livros (Powers 2001: 108). Uma das lições de John McConnell no projecto da *Faber* foi a percepção de que não se muda uma organização actuando fundamentalmente 'de fora' e que é preciso entrar e mudar a forma de ver as coisas (Knobel 2004: 46).

O caso da colecção de livros de poesia da *Faber and Faber*, desenhada por Justus Oehler em 2001 foi, sobretudo, revelador das qualidades da tipografia na comunicação de uma grande diversidade de assuntos, mantendo a coesão da colecção. A unidade foi conseguida com o uso de uma única família tipográfica – *Perpetua*, de Eric Gill – usada com o mesmo tamanho para títulos e autores, suportando mesmo, no conjunto da

---

[4] *Edições 70, Um breve historial*, <www.edicoes70.pt>, consultado a 28 de Janeiro de 2013.

colecção, uma grande variação de tamanhos dos textos e combinação de cores (Weidemann 2004: 112).

Os mais de 350 *McGraw-Hill Paperbacks* desenhados por Rudolph de Harak durante a década de 60 foram reveladores, sobretudo, de um rigoroso sistema compositivo, da redução da tipografia a uma única família – *Akzidenz Grotesk* – e do uso de imagens fortes que serviam como paralelo visual, 'objectivo', do tema sugerido pelo título (Drew e Sternberger 2005: 80).

MARCA A encomenda sugeria uma intervenção inicial no nome e no desenho da marca. Este era um ponto especialmente sensível no interior da organização. A marca inicial já tinha sido revista (fig. 6) e tinha um forte significado associado: a árvore dos livros. Era fácil perceber que o seu abandono se traduzia num sentimento de perda de identidade do conjunto de pessoas que transitavam da anterior administração e num impacto negativo, mais interno do que externo. Se a renovação da marca tinha implicações de âmbito comercial, era na imagem que a organização fazia dela mesma que a mudança se tornava mais difícil. A orientação encontrada para a marca estava, contudo, decidida e era anunciadora do tom de voz de todo o projecto. Se a tónica era posta na renovação, a dominante deste projecto era, com certeza, a criação de uma nova identidade visual, no sentido literal de reconhecimento da editora pelo aspecto dos seus produtos e no sentido da formulação mais comum de identidade corporativa, «a harmonia da imagem interna e externa de uma empresa» (Häusler 2008: 88-90).

6

A alteração do nome comercial da editora traduziu-se na redução a uma única palavra – *setenta* – representada pelo seu cardinal (fig. 7), assumindo assim como identidade a designação corrente, de uso quotidiano.

7

Pensar e organizar a imagem dos livros foi o passo seguinte deste movimento inicial.

TIPOGRAFIA A renovação necessária devia vir sempre acompanhada pelo entendimento da herança. Desde logo, a organização dos títulos nas colecções com um forte reconhecimento do público. Uma das estratégias iniciais, no sentido de reforçar a unidade e coesão do novo projecto para as colecções, foi a redução do número de famílias tipográficas usadas nas capas dos livros. Num primeiro momento, foram escolhidas as fontes *Plantin*, *New Caledonia* e *Akzidenz Grotesk*. Os tipos *Plantin*, com o nome do famoso impressor Christophe Plantin, foram talhados em 1913, pela Monotype, sob a direcção de F. H. Pierpont, a partir de desenhos de Robert Granjon (1513-1589). Esta origem e as características de excelente fonte de texto e um tom solene tornaram-na uma escolha que pareceu acertada para as colecções *Lugar da História* e *Biografias* (fig. 15). A grande maioria das colecções foram, no entanto, desenhadas com a fonte *New Caledonia*, especialmente as colecções de filosofia – *Biblioteca Básica de Filosofia, Biblioteca de Filosofia Contemporânea* (fig. 11), *Textos Filosóficos* (fig. 15) e *O Saber da Filosofia* (fig. 12) –, de estudos clássicos – *Clássicos Gregos e Latinos* (fig. 10) – ou de antropologia – *Perspectivas do Homem*. Esta fonte foi lançada pela *Linotype* em 1982 e resultou de um tipo desenhado por W. A. Dwiggins, em 1939, inicialmente com o nome *Cornelia* e finalmente *Caledonia*. É uma fonte de características neo--transicionais, de formas serenas e verticais e um tom simultaneamente fresco e clássico.[5]

Por último, a fonte *Akzidenz Grotesk* foi usada no redesenho das colecções *Arquitectura e Urbanismo* e *Arte & Comunicação* (figs. 4 e 8). Esta fonte, de que não se conhece o autor, foi publicada pela primeira vez pela fundição *Berthold*, em 1898. Nas décadas de 50 e 60 do século passado, a *Berthold* desenvolveu um projecto, sob a coordenação do seu director de arte, Günter Gerhard Lange, que se materializou num alargamento desta família tipográfica, mantendo todas as idiossincrasias dos tipos originais.[6]

Na opinião de Robert Bringhurst (2005: 146), esta fonte é um exemplo da ressonância dos movimentos artísticos dos séculos XIX e XX no mundo tipográfico. Uma dessas ressonâncias constituiu-se, na sua opinião, no realismo tipográfico de que a *Akzidenz Grotezk* é o melhor exemplo. É a mais famosa das fontes sem serifas surgidas nos finais do século XIX, directa antecessora das fontes mais características do Estilo Tipográfico Internacional, como a *Helvetica* e a *Univers*. A sua austeridade e sobriedade contribuem, ainda hoje, para uma directa identificação destas fontes com o mundo editorial das artes e da arquitectura.

COLECÇÕES 70 Ainda que o projecto envolvesse o design de novas colecções e algumas capas e livros extra-colecção, eram a reformulação das colecções existentes à época e a afirmação de uma nova imagem da editora que mais preocupavam a administração e, por conseguinte, a equipa de design.

---

[5] <www.linotype.com/1272/NewCaledonia-family.html>, consultado em Janeiro de 2013.
[6] <www.bertholdtypes.com/font/akzidenz-grotesk/proplus>, consultado em Janeiro de 2013.

COLECÇÕES RENOVADAS As colecções da editora possuíam, desde a sua fundação, uma forte identidade e um razoável reconhecimento público. Esta intervenção de renovação não se justificava senão pelo carácter datado da maioria dos projectos de design e, sobretudo, pelo efeito de degradação dessa imagem operado por intervenções avulsas e muitas vezes pouco qualificadas ocorridas em anos mais recentes.

Uma das estratégias unificadoras do novo design das colecções é do âmbito da tipografia. Mesmo utilizando diferentes famílias tipográficas, as capas passaram a exibir os conteúdos principais – títulos e autores – no mesmo corpo de letra, distinguidas as duas componentes pela mudança de cor ou da tonalidade da mesma cor. Vejam-se os exemplos das colecções *Arte & Comunicação*, na página seguinte (fig. 18), *Biblioteca 70* (fig. 14), *Biblioteca de Filosofia Contemporânea* (fig. 11) e *Textos Filosóficos* (fig. 9). Esta estratégia viria a ser adoptada também em novas colecções, como veremos.

Outra opção unificadora – nas colecções citadas – foi a eliminação das representações fotográficas ou pictóricas na capa. No caso da colecção *Arte & Comunicação* procedeu-se mesmo à inversão da prática habitual, passando a apresentação do livro para a capa e a imagem para a contracapa.[7] Esta inversão na apresentação dos conteúdos permitiu criar, como se pretendia, uma imagem mais clara e unificada da colecção.

Se a maioria das colecções se dirigem a um público especializado, casos há, no catálogo da 70, em que as colecções têm como objectivo divulgar textos que sejam mais acessíveis sem prejuízo da sua indiscutível seriedade e rigor. Embora sob um mesmo tecto, as capas da colecção *História Narrativa* incorporam o espírito de cada título de modo individual, e sem o desenho comum de uma série. Através da diversidade de soluções e abordagens, foi alargado o âmbito dos potenciais leitores, objectivo que decorria do programa desta colecção.

O processo de clarificação da imagem das colecções passou também, nalguns casos, pela permanência de algumas referências visuais. A *Biblioteca de Filosofia Contemporânea* é um desses casos. Das capas anteriores foi mantido o fundo branco e a abordagem exclusivamente tipográfica. De acordo com o novo modelo, procedeu-se a uma uniformização da tipografia, alinhada à esquerda, e à introdução de uma variação cromática nos nomes dos autores. Este processo de uniformização conduziu, noutros casos, a um desvio maior relativamente aos modelos anteriores, com vantagem para o reforço da identidade da editora.

[7] Utilizamos aqui a nomenclatura de uso corrente, embora o termo capa designe, mais correctamente, toda a superfície que envolve o livro, incluindo a lombada.

TERENCE MARNER
A REALIZAÇÃO CINEMATOGRÁFICA

UMBERTO ECO
A DEFINIÇÃO DA ARTE

CESARE MOLINARI
HISTÓRIA DO TEATRO

ANDRÉ MALRAUX
O MUSEU IMAGINÁRIO

HERBERT READ
EDUCAÇÃO PELA ARTE

BRUNO MUNARI
FANTASIA

BRUNO MUNARI
DAS COISAS NASCEM COISAS

WIM WENDERS
A LÓGICA DAS IMAGENS

Veja-se o caso da colecção *Textos Filosóficos* ou da *Biblioteca 70*, onde se mantêm os mesmos princípios tipográficos com uma maior diversidade cromática, no primeiro caso, e a introdução de um elemento simbólico que estabelece a ligação com o nome da colecção, no segundo. A imagem e ideia de um carimbo, que reproduz de modo informal o nome da colecção, num tipo de registo que é sinal de nova entrada numa biblioteca, é aqui usado também como sinal de aceitação e pertença.

Este vasto e complexo projecto de renovação implicou algumas mudanças mais profundas. O design demasiado datado de algumas colecções a isso conduziu. Destacamos neste ponto as colecções *O Saber da Filosofia* e *Clássicos Gregos e Latinos*. Na primeira, como nas outras colecções de filosofia, optou-se pela não inclusão de imagens. Em vez destas, as letras – símbolos do discurso –, cobrem integralmente a capa com dois níveis de leitura. No primeiro, o título e o autor, bem contrastados e legíveis, e no segundo, um padrão que repete o nome da colecção de forma mais discreta. De um fundo escurecido emergem todas as palavras, que – tal como na filosofia – podem tornar-se claras, luminosas ou brilhantes (fig. 12). Uma estratégia semelhante compôs a colecção de textos clássicos gregos e latinos, onde o padrão de palavras foi substituído pela representação de silhuetas de árvores, símbolos da vida, da fertilidade, da abundância, mas também da imortalidade e da verticalidade (fig. 10).

NOVAS COLECÇÕES Das trinta e três colecções da 70, oito foram criadas no âmbito desta renovação da editora. Das novas colecções referiremos aqui duas: a colecção *História e Sociedade*, um conjunto de obras que se inscreve num projecto amplo de ciências sociais e humanas, conciliando a publicação de obras clássicas com a de textos contemporâneos de ruptura, e a série de livros dedicados à vida de personagens históricas dos mais variados tempos e domínios, a colecção *Biografias*.

A primeira destas séries configura um projecto de design que actua pelo reconhecimento dos livros enquanto conjunto que se vai completando, regulado pelo ritmo das edições, privilegiando aspectos formais distintivos e facilmente reconhecíveis pela sua estranheza. Todos os elementos na capa, com excepção da marca da editora – autores, títulos, subtítulos, designação da colecção – se inscrevem em círculos concêntricos, criando uma imagem que unifica, mas também distingue, fruto da própria natureza e extensão dos conteúdos (fig. 13).

Esta é uma das poucas colecções que não se inscreve no programa tipográfico prescrito para a editora – exceptuando, naturalmente,

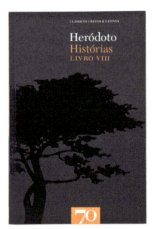
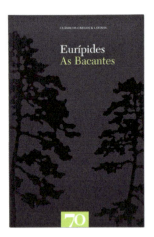

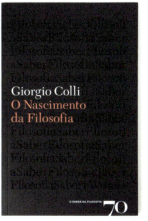

  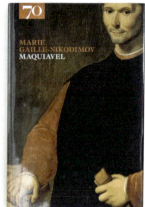

a colecção *História Narrativa*, cujo programa, atrás referido, sugeria objectivos específicos.

A tipografia utilizada, *Aachen Bold*, foi desenhada por Colin Brignall, em 1969, e tem características próprias das fontes egípcias, com serifas muito fortes e rectangulares e um desenho que lhe confere grande visibilidade em situações de espacejamento muito apertado. Não sendo uma fonte de texto, mais adequada para títulos e cartazes, aparecia como adequada para o uso numa composição mais formal e menos convencional do que a das restantes capas deste programa.

No segundo caso, a colecção *Biografias*, a opção, de uma forma quase imediata, foi tornar motivos principais das capas os retratos dos biografados. A ligação ao projecto geral de renovação das capas da editora foi feita, mais uma vez, pela tipografia: o mesmo dispositivo, conjugando o alinhamento à esquerda com o texto sempre do mesmo tamanho e as variações cromáticas para títulos e autores. A presença relativamente discreta da tipografia actua por contraste com o enquadramento das imagens, que, em planos muito próximos, sublinha a dimensão das personalidades de que tratam estes livros (fig. 15).

É suposto o design ser sobre outra coisa e não sobre nós mesmos; mas penso que a única maneira de ser bom e levar as pessoas a interessarem-se é ser também sobre nós.
PAUL SAHRE

— FENDA A série de capas tipográficas da editora *Fenda* teve início em 2005 com a publicação do livro *Um Guia para a Vida Moderna*, de Oscar Wilde e poder-se-ia dizer que foi iluminada pelas palavras de Wilde em duas das suas obras: «É duro ser-se seja o que for hoje em dia – a competição é tanta, e tão renhida!» (*A Importância de Se Chamar Ernesto*) e «Não há nada mais perigoso do que ser-se demasiado moderno. Corre-se o risco de rapidamente se ficar antiquado» (*Um Marido Ideal*) (Wilde 2005). No contexto da edição portuguesa da época, a opção por uma certa contenção de meios no design desta série surgiu como reacção a um crescente domínio da utilização da imagem fotográfica e como valorização do uso da tipografia na interpretação dos textos a publicar.

O projecto editorial da *Fenda* tinha completado o primeiro quarto de século e o momento parecia ser adequado, também simbolicamente, para esta operação de criação e estabilização de uma nova imagem dos livros.

PRIMAVERA DE 1979 A editora *Fenda* foi, antes de o ser realmente, a revista que se publicou em Coimbra, sob a coordenação de Vasco Santos, entre 1979 e 1982, com a designação de *Fenda, Magazine Frenética*, em seis números. Pelo meio, foram publicados os números *Fenda revisitada*, reedição corrigida do n.º 1, *Fenda não ela mesma-A* e *Fenda não ela mesma-B*. O sexto número, que anuncia o fecho da revista foi (in)apropriadamente nomeado *Fenda/Finda*. A edição da revista havia de estender-se por mais dois anos com as edições do número *hors-série Fenda (In)Finda*, em 1983, e *Fenda Funda*, *Play Fenda* e *Fenda 0*, em 1984.

O número inaugural abre com a frase de Barthes que se tornará o lema da revista e, de algum modo, da editora: «Nem a cultura nem a sua destruição são eróticas, apenas a fenda entre ambas se torna erótica» (1979: 1). Barthes servia de mote à afirmação de um discurso radical que, contudo, não se posicionava fora do campo discursivo do poder, mas que reclamava para si a necessidade de ser criativo. O enunciado de valores subscritos pelo colectivo da revista incluía, como pontos cardeais das suas referências, o marxismo, a psicanálise e a linguística, ressalvando, contudo, uma polissemia de sentidos, como condição angular de um modo de estar vivo (1979: 4-5).

Fenda era definida como:
«marca
ponto inicial
modo
energia-verbo
hidráulica
projecto
fenda não é solução, não tem solução
apenas um discurso sensual
esta sensibilidade
de não servir de objectiva
à vossa paz
ao vosso império»

A inscrição na *margem*, ou *à margem*, era reafirmada no artigo de abertura, do coordenador da revista, Vasco Santos, e na *Última Página*, onde a apresentação do projecto, das suas condições de produção e financiamento, servia também de convite à captação de vontades comuns, de leitores e de colaboradores.

NÃO ELA-MESMA, OS LIVROS FENDA

A editora e a correspondente designação *Fenda Edições* coexistiu com a revista e iniciou a sua actividade com a publicação, em forma de *plaquette*, do artigo *Camões*, publicado por Ezra Pound (1980) no seu primeiro livro em prosa: *The Spirit of Romance* (1910). Esta primeira edição, de Outubro de 1980, há-de ser revista e editada em livro em 2005, na série que é objecto deste estudo.

As primeiras colaborações com a *Fenda* datam de meados da década de 80 do século passado (vide capítulo II) e não são alheias à aprendizagem e ao gosto pelo design de livros que há-de vir a constituir-se como uma marca na fundação do estúdio FBA. Pelo contrário, este percurso, muitas vezes errático e exploratório, pelo design dos livros foi com certeza a mais influente das razões para a minha ligação pessoal ao design e para a construção daquela que é ainda a mais duradoura das relações de trabalho e de aprendizagem por que passei.

Não é negligenciável, como se compreende, o estabelecimento de uma relação de grande proximidade e partilha de vontades com o editor, sem as quais a série que aqui se apresenta não teria, com certeza, sido possível.

A opção pelas capas tipográficas teve também, para além das razões expostas atrás, um sentido de revisitar alguns dos modelos de referência dos livros e dos editores que mais influenciaram o percurso individual de Vasco Santos e a forma como ele o fez reflectir no meu trabalho. A isso se deve, com certeza, uma pouco habitual influência da cultura editorial francesa, visível neste trabalho e praticamente ausente no portfólio da FBA. Uma, porventura a primeira, das grandes referências de Vasco Santos, é a *Éditions Gallimard*, criada em 1911 por Gaston Gallimard, André Gide e Jean Schlumberger, dando continuidade à *Nouvelle Revue Française* (1909)[8] que, no dizer de Jason Godfrey (2012: 62), continua uma longa tradição em que «as capas dos livros eram quase todas puras composições tipográficas». Como diz, «estes eram os livros que não podíamos julgar pelas capas» . Esta tradição chega ao século XX, especialmente nas publicações de língua não-inglesa e o melhor exemplo é, porventura, «a colecção *Blanche* de clássicos da literatura francesa com umas capas que quase nada mudaram desde que foram lançadas pelo impressor Verbeke, de Bruges, em 1911: nome do autor a preto e título a vermelho, em *Didot*, centrado, sobre papel marfim, dentro de uma cercadura vermelha e preta» . A capa de *Pour que tu ne te perdes pas dans le quartier,* de 2014 (fig. 16), demonstra que 100 anos e 6500 títulos mais tarde, a colecção da Gallimard é intocável, como refere Godfrey (2012: 62). Ou as capas das *Éditions de Minuit*, onde os caracteres *Didot* aparecem agora no título com o mesmo azul do símbolo da editora e da cercadura, no autor e no editor em preto, impressos sobre cartolina branca.

16

A COLECÇÃO «BRANCA»

É assim que, depois de um período de grande variação e dispersão estilística no design das colecções e das capas individuais – que se estendeu até 2005 –, a opção pelas capas tipográficas de fundo branco haveria de corresponder também a um outro olhar e, designadamente, a um olhar para as capas tipográficas de tradição anglo-saxónica. «O distintivo uso

[8] <www.gallimard.fr/Footer/Ressources/La-maison-d-edition>, consultado a 26 de Abril de 2013.

da tipografia vermelha e preta sobre papel amarelo», prescritas para a *Gollancz* por Stanley Morrison a partir de 1928, as *Penguin* originais, desenhadas por Edward Young em 1935, as *Faber and Faber*, de Berthold Wolpe, entre 1940 e 1970, ou «as ecléticas escolhas de fontes de Alvin Lustig para a *Meridian* em 1950» (Godfrey, 2012: 62) são alguns exemplos que se juntaram a trabalhos contemporâneos desta nova colecção, como as primeiras séries *Great Ideas,* de David Pearson, para a *Penguin* ou as capas de Helen Yentus para a *Vintage Books*.

Como referíamos na introdução desta secção, o contexto editorial português da época e a vontade de marcar a passagem dos primeiros 25 anos da editora tiveram um papel determinante na criação desta colecção que correspondia, simultaneamente, a um redesenho integral do catálogo da editora, visto que as reedições eram integradas no novo modelo.

CAPAS

O conjunto de limitações auto-impostas ao desenho desta colecção pode resumir-se ao uso de apenas duas cores, o preto da «divina arte negra» e o vermelho – tradicionalmente a 'segunda' cor dos primeiros livros –, impressas sobre fundo branco com uma única família tipográfica. Esta auto-limitação teve como objectivo principal uma exploração da expressividade da tipografia. Por essa razão foi eleita a *Monotype Modern Extended*, uma fonte tipográfica mais para ser vista do que para ser lida. Este conjunto de livros haveria de cobrir uma grande diversidade de temas, com textos de diferentes épocas e estilos, uma característica da colecção que era previsível, mas desconhecida no momento da sua concepção. O modelo teria de se adaptar a essa variação e o design das capas procurou sempre o sentido de cada texto, recorrendo apenas ao tratamento tipográfico. O que motivou e incorporou o design não foi sempre da mesma natureza de razões, mas foi do texto, do conteúdo do livro ou das circunstâncias da sua escrita ou da sua edição que nasceram sempre as ideias que se materializam nestas capas. Quando incluímos as circunstâncias da edição, queremos dizer que foram também muitas vezes a motivação do editor e as razões das suas escolhas que suscitaram as soluções de design. Esta é uma colecção onde o editor teve uma papel activo na definição do programa, sem nunca apontar para soluções gráficas. A liberdade do designer foi, nestes livros, sempre maior quanto mais informação lhe era fornecida sobre os livros. Tratou-se sempre de compreender a razão de cada uma das opções editoriais, mais ou menos tangíveis, mas sempre partilhadas e fornecidas como elementos susceptíveis de tomarem corpo no design das capas.

Estas matérias são mais ou menos visíveis no resultado final. Umas mais imediatas, outras mais veladas e mesmo ocultas. Este foi também um jogo que, ao longo dos sete anos de publicação da colecção, se constituiu num desafio não explícito entre editor e designer. Se são fáceis de reconhecer as 'palavras em liberdade futuristas' de Marinetti no livro *Negreiros-Dantas/Coimbra Manifesto 1925*, de Rita Marnoto, ou a cumplicidade amorosa em *Fernanda*, de Ernesto Sampaio, outras capas há em que as motivações e as influências são mais difusas e, por vezes, mesmo improváveis ou inconscientes. Foi este o modo de tornar perceptível o programa destas capas. Nem sempre claras, quase nunca explicativas, revelam a natureza destas opções editoriais. Mesmo quando ambíguas ou quase impenetráveis, são reveladoras do seu programa.

LIVROS

O trabalho nesta colecção é também do domínio do design de livros, no sentido em que o definimos no início desta secção. Os livros não obedecem a um modelo rígido, embora sejam desenhados com os mesmos tipos e com subtis variações da uma mesma estrutura de página. A tipografia usada no interior dos livros, a FF *Celeste*, de Christopher Burke, possui, no dizer do seu autor, certos recursos que a tornam útil para alguns fins contemporâneos. As maiúsculas são mais baixas do que os ascendentes das letras da caixa-baixa e também não são muito mais pesadas do que estas, o que confere ao texto composto em *Celeste* uma textura muito regular. Esta impressão é acentuada pelo itálico, pouco cursivo, criando uma diferenciação em relação ao redondo, definitiva mas não estridente.[9]

A paginação adapta-se ao conteúdo do livro fazendo variar o tamanho do corpo e a entrelinha de acordo como o volume de texto. A forma e o tamanho da mancha de texto também variam de acordo com a natureza e a dimensão dos textos. A preocupação essencial é a correcta disponibilização do texto aos leitores com o maior conforto possível. Neste, como em muitos outros projectos da FBA., especialmente no design de livros, «a novidade não é necessariamente uma virtude. Se um projecto se destina a variar daquilo que é esperado, deve acrescentar algum nível de significado ao texto; de outro modo, é apenas uma desculpa inconsistente para a excentricidade» (Hendel 1998: 12).

---

[9] Christopher Burke,<www.hiberniatype.com/Celeste/celeste.html>, consultado a 28 de Dezembro de 2012.

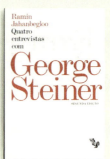

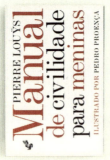

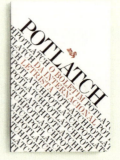

O indeciso e flexível da imaginação é sempre mais fascinante do que a nitidez do real.
VERGÍLIO FERREIRA

— IDENTIDADE VISUAL «Há tantas razões para desenhar um novo *logo* ou actualizar um antigo quantas as opiniões. A crença de que um novo ou actualizado design será algo de charmoso que transformará miraculosamente qualquer negócio não é incomum.

Muitas vezes um *logo* é redesenhado porque precisa de o ser – porque é feio, antiquado ou inapropriado. Mas, muitas vezes, é apenas para alimentar o ego de alguém, para satisfazer um CEO que não deseja ser relacionado com o passado ou muitas vezes porque é o que tem que ser feito» (Rand 1991).

No percurso da FBA., a criação e a renovação de identidades visuais teve sempre um papel determinante na reflexão sobre o papel do design. Porventura, tem sido a área de actuação do estúdio que melhor corporiza um posicionamento enquanto veículo de compreensão de um programa, um conjunto de aspirações e enquanto agente na formalização desses anseios.

Os dois projectos seleccionados nesta secção são representativos dos dois tipos mais frequentes de abordagem ao tema. O primeiro é um projecto com três momentos de renovação de identidade da editora e das livrarias *Almedina*. O segundo, o projecto de criação de um programa de identidade visual para a *Presidência Portuguesa do Conselho da União Europeia*, ocorrida em 2007. Se o primeiro era, por natureza, um projecto radicado na herança, a efemeridade do segundo concedia uma liberdade de actuação mais consonante com a novidade e a surpresa.

Estes dois projectos fazem, contudo, parte de uma longa e diversificada lista de diferentes criações, no âmbito e na forma de resolver uma mesma questão: como representar visualmente uma identidade, um conjunto de valores ou produtos?

SPIN-OFFS

Fruto da proximidade com um grande número de novas empresas, durante o período inicial de implantação do estúdio, ainda na incubadora de empresas do *Instituto Pedro Nunes*, esta foi uma das áreas privilegiadas, no que ao número de projectos diz respeito, mas também nas oportunidades que cedo surgiram de trabalhar com clientes de elevado potencial. Na sua maioria *spin-offs* da Universidade de Coimbra, de pendor tecnológico, estes clientes colocavam desafios inovadores e uma exigência que correspondia à elevada responsabilidade dos seus negócios. Entre estes casos, destacaremos a criação da identidade corporativa da *Critical Software* e da *Wit Software*, na área da engenharia de software, e da *Crioestaminal* e da *X-Prot*, na área da biotecnologia.

A *Critical Software*, uma empresa especializada no fornecimento de soluções, serviços e tecnologias seguras para sistemas críticos de informação, actualmente com escritórios em todo o mundo, começou como uma empresa focada em testes de *software*, usando uma técnica conhecida como injecção de falhas. O logótipo desenhado – o nome da empresa inscrito num rectângulo ao qual foi recortado um triângulo –, foi inspirado na referência visual causada pela expressão 'injecção de falhas', informação presente no programa de design. Esta abordagem directa ao programa respondia também ao anseio expresso de que a imagem não traduzisse a juventude da empresa mas que, pelo contrário, surgisse como uma imagem há muito estabelecida e consolidada (fig. 19).

O imaginário associado às tecnologias de informação – que são tecnologias que se caracterizam pela passagem de informação de um ponto a outro, sujeita a processamento e transformação –, é devedor das ciências exactas, das matrizes e de elementos modulares como o *pixel*. São exemplos disso os tipos de letra compostos por *pixels*, desenhados numa matriz com um número fixo de elementos, de forma a corresponderem à rede do écran. Este foi o universo em que se inscreveu a imagem da *Wit Software*, uma empresa que desenvolve aplicações e serviços para empresas de telecomunicações móveis, estações televisivas, bancos e outras. Neste trabalho, surge também a referência à imagem do circuito integrado, uma referência remota, mas ainda assim entendida como base da tecnologia utilizada no processamento da informação. *Wit* significa, no sentido original, uma percepção perspicaz das ligações entre coisas que se encontram aparentemente separadas. Para representar estas ideias, desenvolveu-se uma matriz fixa na qual se inserem a palavra *wit* e o símbolo. Este é composto por cinco pontos – tantos quantos os departamentos da *Wit Software* –, estabelecendo diferentes relações entre si. Estas ligações são flexíveis, adaptáveis às condições em que a marca se insere, e reflectem a mutabilidade, à imagem da evolução das tecnologias de informação actuais. O resultado é um sistema de símbolos, que mantém a sua unidade, partilhando a mesma matriz e os mesmos elementos base (fig. 20).

Para a criação do símbolo da *Crioestaminal*, uma empresa pioneira no isolamento e crio-preservação de células estaminais do sangue do cordão umbilical, foram consideradas várias ideias que, embora referentes a áreas distintas, participam num mesmo objectivo: a família e a relação de protecção de pais para filhos; a área científica – em concreto a recolha de células estaminais do cordão umbilical – e a área das tecnologias de ponta/ideia de futuro (conservação em azoto líquido para futura utilização). Estes conceitos podem ser subentendidos, respectivamente, numa figura humana estilizada que protege algo, num círculo retirado de uma oval e nas formas circulares que compõem o símbolo e o logótipo. O resultado visual conjuga estas três ideias numa forma simples (fig. 21).

A *X-Prot* é uma unidade de investigação e desenvolvimento em biologia molecular que produz proteínas recombinantes para a área da saúde. O símbolo que desenhámos toma como ponto de partida o carácter 'x' pois ele é a marca por excelência. O 'x' que todos sabem assinar, o 'x' da proteína variável obtida na equação deste processo bioquímico, o 'x' que dá nome aos raios nele utilizados, o 'x' sinal matemático que multiplica e cruza propriedades químicas e biológicas.

De traçado simultaneamente rigoroso e fluído, o desenho é como a ciência para ser frutuosa: exigente no cálculo e descontraída na imaginação. Nele se fundem conceitos vários e por isso o símbolo não conduz a uma interpretação nem imediata nem unívoca. Antes favorece leituras diversas: a troca de propriedades, a transferência de forças, o aspecto gráfico das proteínas (fig. 22).

MUSEUS E JARDIM

Os projectos de identidade para equipamentos culturais constituem desafios de outra ordem, mais institucionais, com a previsibilidade de uma vida mais longa, mais libertos da pressão do mercado.

«Uma identidade na sua forma mais básica é um nome. O nível seguinte é a maneira de o apresentar. Essa é que pode ser a parte inteligente: transmitir uma mensagem através de um nome» (Evamy 2012:62). O *Mosteiro de Santa Clara-a-Velha* (MSCV), construído no século XIII, esteve durante vários séculos parcialmente submerso pela água. O projecto de recuperação da ruína e de construção de um centro

23

interpretativo contemplava a criação de uma marca. Na ausência de um programa claro, esta marca foi desenvolvida a partir de uma composição tipográfica que evoca a história do antigo monumento e o facto de ter estado parcialmente submerso em água durante séculos (fig. 23). A marca foi distinguida com um *Red dot design award* em 2009.

24

Por ocasião do projecto de renovação arquitectónica e museológica do *Museu Nacional de Machado de Castro* (MNMC), procedeu-se a um redesenho da marca e à criação de uma marca comemorativa do centenário do museu. O programa de design sugeria a manutenção do símbolo do museu, uma estilização da *loggia* quinhentista. O redesenho da marca ficou circunscrito à substituição da tipografia (fig. 24). O reforço da identidade do Museu fez-se, assim, através da escolha de uma fonte tipográfica desenhada por Gerard Unger, em 1998, para a cidade de Roma e para o jubileu da Igreja Católica Romana, em 2000. Tal como o edifício do MNMC, a fonte *Capitolium* (1998), tem no seu desenho características romanas com dois mil anos de tradição e a herança do renascimento, na medida em que tem como base o trabalho do calígrafo italiano Giovan Francesco Cresci que, no século XVI, adaptou a tipografia utilizada pelos antigos romanos à sua própria era. A *Capitolium* não é, no entanto, um exercício revivalista, mas uma fonte moderna assente num desenho tradicional.

25

Para assinalar o centenário do MNMC foi tomada como solução a alteração temporária da marca existente, mantendo o seu reconhecimento. Numa economia gráfica de subtileza e respeito pelo desenho original foram mantidos os universos tipográfico e cromático. Através de uma muito ligeira manipulação de elementos e cores do símbolo acrescentou-se à sua leitura, além do elemento arquitectónico, também o número 100. No logótipo foi acrescentada a palavra centenário que fortalece a leitura do '100' no símbolo (fig. 25).

26

27

No caso do *Museu Nacional de Arte Antiga* (MNAA), o programa sugeria a criação de um novo logótipo. Assinalando um novo período da vida do MNAA, com uma nova dinâmica de gestão e de programação, a solução encontrada procurou aliar à solenidade devida ao maior museu nacional, uma forma dinâmica e variável, que designamos a seguir como *quinto elemento*.

A marca tem uma versão principal, constituída pelas iniciais do museu, que utiliza a fonte FTF Garda a que foi adicionado um ornamento que pode ser personalizado de acordo com o uso. Com uma marca dinâmica, o MNAA pode usufruir da sua vivacidade, mantendo a harmonia e uma forte identidade.

O *quinto elemento* é a forma dinâmica que se encontra entre os dois 'As' do logótipo. A sua forma pode variar e ajustar-se à temática das diferentes exposições e outras actividades (o ornamento pode ser inspirado num pormenor de uma determinada peça, por exemplo). A escolha do *quinto elemento* terá sempre em conta a manutenção da legibilidade e a harmonia da marca (figs. 26 e 27).

A marca desenhada para o *Jardim Botânico da Universidade de Coimbra* (JBUC) é constituída por um símbolo e um logótipo. O símbolo é, como chamado na psicologia, uma imagem ambígua, de percepção mutável, ou seja, um desenho de dupla leitura. Nele podemos ver, alternadamente, um nenúfar (*Vitória cruziana*), uma das plantas ex-libris do Jardim ou um coração, símbolo de vida e de saúde. Símbolo também do afecto que a cidade tem por este jardim. Um refúgio no centro da cidade, cúmplice de namoros, passeios, meditações e aulas de vária natureza. O seu desenho icónico garante uma muito eficaz reprodução em todas as dimensões e suportes.

28

O logótipo utiliza os tipos *Kunstuff*, desenhados por Henrik Kubel em 2004. Com serifas pronunciadas e contrastes bem proporcionados, estes tipos obtêm resultados de grande harmonia com o símbolo. Dois verdes bem vivos e contrastantes favorecem a leitura do desenho da planta e conferem à marca o 'tom' do ambiente orgânico que ela pretende representar (fig. 28).

COMEMORATIVAS

A encomenda de duas marcas para a *Faculdade de Letras da Universidade de Lisboa* (FLUL) ocorreu por ocasião das comemorações do seu centenário e, tal como no caso do MNMC, a estratégia utilizada comportou o desenho de uma nova marca institucional que preservou a herança no antigo símbolo desenhado por Raul Lino e lhe acrescentou a contemporaneidade de um novo logótipo e uma nova tipografia. A marca desenhada não descartou o antigo símbolo, antes recorreu a um novo elemento que lhe passou a fazer companhia. Criou-se assim uma nova insígnia tipográfica que conferiu ao conjunto formado pelas duas, um carácter mais contemporâneo. A nova marca agregava, assim, duas ideias: a ideia de antiguidade (que neste contexto é habitualmente sinónimo de herança de ensino de qualidade e confiança) e a ideia de contemporaneidade, mais gráfica – simultaneamente *pop* e minimalista (fig. 29).

29

Em específico para o ano do centenário e dado o seu carácter de celebração, pretendia-se que a solução proposta fosse colorida, lúdica, e comemorativa, permitindo o encontro entre os alunos, o corpo docente

30

e os funcionários. O nome da faculdade ditou a abordagem tipográfica. Uma combinação de diferentes tipos de letras e cores, que simbolizam os diversos cursos da Faculdade (fig. 30). Sobre este logótipo afirma Kristin Cullen (2012: 139): «métodos improvisados informam o design de alguns logótipos. Conexões entre letras e palavras indicam alinhamentos; baseiam-se na sua estrutura para atingir equilíbrio. Os logótipos são unidades compactas, independentes, com vigor estético que se revela forte. Uma mistura de tipos ecoa celebração e diversidade num logótipo que marca o centenário da Faculdade de Letras, Universidade de Lisboa, Portugal. O logótipo funciona em formatos grandes e pequenos. Os seus alinhamentos rectilíneos são adequados ao seu uso na fachada do edifício».

Um outro caso de marca comemorativa surgiu de uma encomenda da *Comissão Nacional para as Comemorações do Centenário da República*, que pretendia uma marca que representasse os valores desta forma de regime em que Portugal tem vivido desde 1910.

Partindo deste ponto, o acesso mais justo e generalizado à educação por parte de todos foi acarinhado como sendo o aspecto mais marcante desta vivência republicana, que veio possibilitar quase tudo o resto. O povo, antes analfabeto era, agora, representado por um alfabeto. Cada letra um indivíduo e o alfabeto a sociedade, organizada numa grelha – a República – que, se por um lado a regulava, por outro a possibilitava tanto individualmente como em grupo e a todos igualando.

As duas letras 'C' de Centenário e 'R' de República constroem-se nesta grelha, lado a lado, formando um 'balão de fala' símbolo do diálogo e da liberdade de expressão. As cores são as da bandeira e o tipo de letra *República* foi personalizado por Hugo d'Alte[10] para este fim (fig. 31).

31

Como refere Walter S. (2012: 18-9) «de uma vasta proposta de identidade visual para a qual a **FBA.** desenvolveu uma linguagem visual original, só o *logo* foi retido pelo cliente: facilmente aplicável a todos os suportes e com a intenção de deixar liberdade gráfica aos organizadores de cada evento ligado às comemorações. Esta escolha parece estranha, já que se trata de representar a unidade nacional através de uma campanha cultural, mas lógica e prática, para facilitar a integração de eventos satélites sob a mesma bandeira. Isto põe em evidência a consciência e o empenhamento destes designers. A concepção evoluiu de algo que constitui a qualidade de uma identidade visual, muito para além de um simples logo, o que é frequentemente incompreendido pelo

[10] <hugoalte.com>

cliente, os seus constrangimentos materiais, orçamentais ou simples limites conceptuais. Um assunto recorrente para os profissionais, na origem de frustrações, debates sem fim e outras discussões à volta da mesa. De qualquer forma, o conceito de comunicação e as visualizações são interessantes, uma linguagem tomada de empréstimo à educação, a principal área de desenvolvimento da política portuguesa de acordo com a **FBA.**, e aplicada sobretudo através da criação e do uso de um conjunto de letras originais» (fig. 32).

livraria
de Almedina

JOAQUIM MACHADO

ARCO DE ALMEDINA, 15
COIMBRA

*I've found you've got to look back at the
old things and see them in a new light.*
JOHN COLTRANE

— **EDITORA E LIVRARIAS ALMEDINA** A relação de trabalho entre a Almedina e a **FBA.** teve início antes mesmo da formalização do estúdio como empresa. Um dos primeiros desafios feito aos designers foi o redesenho da velha marca da editora e das livrarias *Almedina*. Remontando à fundação, não havia certezas sobre a identidade do seu autor e eram poucos os materiais que não revelavam uma muito grande deterioração do desenho original.

Fundada em 1955 por Joaquim Machado, a primeira livraria abriu, em Coimbra, frente ao famoso Arco de Almedina. Do local escolhido recebeu o nome e também a imagem que a havia de representar ao longo de quase cinco décadas. A entrada no negócio editorial foi facilitada pela proximidade do meio universitário e pela carência na edição de manuais académicos. A editora adoptou a mesma imagem de marca.

A evidência mais antiga do uso desta marca era de 1962 (fig. 34), impressa na capa de um livro. Sem informação da data, existia também uma capa de um caderno (fig. 33), onde se reconhecem alguns dos elementos da marca ou que a viriam a constituir. Refiro-me, naturalmente, ao Arco de Almedina, mas também à tipografia decorativa de influência gótica que reaparece de forma semelhante numa outra peça conservada na editora, uma zinco-gravura de data posterior a 1963, data de abertura da loja da Rua Ferreira Borges, a *NovAlmedina*, já ali referida.

LIVRARIA ALMEDINA
COIMBRA
1 9 6 2

Este poderia ser 'o estudo de caso' por excelência do trabalho da **FBA.**: pela extensão temporal – pouco frequente – de uma relação de exclusividade de um cliente com um mesmo estúdio de design e pela multiplicidade de áreas de intervenção, que foram do design de livros à intervenção no espaço físico das lojas, dos materiais de promoção ao desenho de produtos interactivos. A relação estabelecida com o Grupo Almedina permitiu o desenvolvimento de uma verdadeira imagem de marca da empresa, de uma forma constante, continuada e, por essas razões, dotada de grande coerência, quer no plano conceptual, quer nas suas aplicações e usos.

Com início no final da década de 90 do século passado, esta relação foi tendo reflexo em sucessivos redesenhos da marca, sempre sob o signo da manutenção do reconhecimento adquirido por parte dos clientes, mas também, e sobretudo, por parte dos autores, numa área do universo editorial académico, geralmente entendido como conservador.

PRIMEIRO MOMENTO

Foi neste entendimento que surgiu a primeira proposta de reformulação da marca Almedina, marcada pela procura de uma maior clareza do desenho, segundo uma abordagem de quase *invisibilidade* do design. Se, no entanto, a intenção programática era a adequação da marca a um novo tempo da empresa, marcado por um alargamento da sua área de intervenção e uma renovação da sua estrutura de gestão, aspectos havia que não poderiam ser ignorados. Era claramente prioritária a intervenção sobre a tipografia. Nessa medida, o subtil redesenho do símbolo – uma representação do Arco de Almedina sobre o perfil de um livro – foi acompanhado pela adopção de uma nova família tipográfica que seria adoptada como logótipo e também como tipografia institucional (fig. 35).

TIPOGRAFIA

A escolha recaiu sobre a fonte tipográfica *Electra*, desenhada por William Addison Dwiggins em 1935 e que, desde então, foi considerada uma boa fonte de texto, pela uniformidade do seu design e pela sua legibilidade[11]. Como outras das primeiras fontes de livro do século XX criadas nos Estados Unidos – a *Fairfield* de Rudolph Ruzicka, de 1940 ou a *Caledonia*, igualmente de Dwiggins, de 1938 – a *Electra* é uma variação criativa das formas neoclássicas e românticas. Isso faz com que estas fontes pareçam ser, retrospectivamente, importantes precursoras do design pós-moderno (Bringhurst 2005: 245).

Não foi indiferente a esta escolha a autoria da fonte. Como vimos no primeiro capítulo, Dwiggins, provavelmente mais conhecido por ter

---

[11] A expressão *legibilidade* é, aqui, usada para traduzir o termo inglês *readability*. O vocabulário tipográfico em língua inglesa, distingue *readability* de *legibility*. Numa explicação breve, a primeira refere-se à facilidade de ler textos extensos e está ligada ao arranjo dos tipos, enquanto a segunda diz respeito ao rápido reconhecimento dos tipos e está relacionada com o seu design.

criado o termo *graphic designer*, designação que usou para se referir a ele próprio, foi um dos mais influentes designers de livros dos anos 20 e 30 do século XX e um dos responsáveis pela renovação do interesse público pelo design de livros. Para além dos livros, distinguiu-se também no desenho de letras, na tipografia e na caligrafia. Dwiggins trabalhou essencialmente na *Alfred A. Knopf*, onde desenhou um total de 329 livros, 17 dos quais foram escolhidos como selecção do *American Institute of Graphic Arts*.[12] A ele se deve a reputação de excelência no design de livros da *Knopf*, onde praticou desenhos de página inovadores, acompanhados de uma ornamentação que combinava a sensibilidade das colagens cubistas com a elegância dos ornamentos tradicionais (Meggs e Purvis 2012: 337).

Como tipografia institucional complementar foi adoptada uma fonte sem serifas, a FF*Scala Sans*, desenhada por Martin Majoor em 1993. O desenho desta fonte ocorre três anos depois do lançamento da fonte FF*Scala*, uma fonte de texto. Majoor desenhou estas fontes seguindo a divisa 'duas fontes, um princípio formal': a versão com serifas e a versão sem serifas tinham a mesma origem, sendo a *sans* derivada da *serif*, princípio que designou por *Nexus Principle*, sendo *nexus* a palavra latina para ligação. Este princípio parecia fazer sentido na conjugação desta fonte com a tipografia institucional da Almedina, a *Electra* de Dwiggins, cuja complementaridade de formas era evidente. A FF*Scala* trazia ainda ao projecto muitas das qualidades do design de tipos holandês do século XX: a clareza, a simplicidade e uma abordagem inovadora mas historicamente consciente (Middendorp 2004: 248), qualidades que não eram estranhas ao programa desta renovação de identidade.

35

SEGUNDO MOMENTO

Por ocasião do cinquentenário da editora e livrarias Almedina, sete anos passados sobre a primeira renovação da marca, surgiu a oportunidade e a necessidade de um novo redesenho. A empresa tinha expandido o seu universo livreiro, com a abertura de novas livrarias em Lisboa, Porto, Braga, Funchal e S. Paulo, marcadas por uma nova imagem arquitectónica, um novo universo cromático e, necessariamente, uma nova intervenção gráfica.

Esta nova intervenção pautou-se pelos mesmos princípios da primeira e constituiu-se em mais um passo no sentido da simplificação das formas originais do símbolo, mantendo a mesma tipografia (fig. 36).

36

---

[12] <www.designishistory.com/1850/wa-dwiggins>, consultado a 30 de Março de 2013.

Este novo desenho correspondeu também a uma aproximação à imagem das novas livrarias, marcada pela arquitectura do atelier de Francisco e Manuel Aires Mateus, em que a superfície das lojas preexistentes é descontextualizada e não se constitui como limite espacial, mas apenas como possibilidade de intervenção. O interior das lojas é ocupado com espaços claros, arquétipos de construção (Aires Mateus 2002: 38) e o programa é cumprido em espaços diferentes com diferentes funções (figs. 37 e 40).

UM NOVO PROJECTO

Esta aproximação ao conceito de arquétipo, tipo primordial, protótipo ou, numa definição jungiana, uma imagem mental primitiva herdada dos mais remotos ancestrais e que se supõe presente no inconsciente colectivo, haveria de conduzir a um novo projecto de identidade, ainda não aplicado mas já completamente desenvolvido. Mais radical do que as intervenções anteriores, este novo projecto é induzido, como dissemos, pelos conceitos que presidiram às intervenções arquitectónicas no espaço das lojas sem que, no entanto, deixe de guardar memória do símbolo inicial e das sucessivas reformulações a que foi sujeito. Foi justamente a partir de uma redução às formas geométricas essenciais do símbolo que a aproximação aos arquétipos da arquitectura se fez (fig. 38).

A partir desta redução foi desenvolvido um programa de design completamente novo, que compreende o design de uma nova marca, de características variáveis, e um sistema de identidade que reproduz a marca na sua totalidade ou os seus elementos constituintes.

38

Estes elementos podem ser utilizados nos diferentes suportes de comunicação, no seu conjunto, isolados ou constituindo padrões, sem perder nunca a identidade numa clara mimetização do espaço físico das lojas.

Este movimento de redução toca também a tipografia institucional que, no sentido de uma maior aproximação formal aos símbolos, é substituída pela anterior tipografia complementar, a FF*Scala Sans* de Martin Majoor.

Este projecto de identidade tinha como objectivo a implementação, no decorrer de um processo de autonomização visual, do sector livreiro da Almedina, concluindo um programa de separação pública das identidades da Livraria Almedina e da Almedina editora, entretanto adiado.

39   40

To hell with the simple paper clip.
MICHAEL BIERUT

— PORTUGAL 2007 A proposta de identidade visual para a Presidência Portuguesa do Conselho da União Europeia em 2007 resultou de um convite do Centro Português de Design (CPD), entidade encarregada pela Estrutura de Missão para a Presidência Portuguesa do Conselho da União Europeia/2007, do Ministério dos Negócios Estrangeiros, de organizar e conduzir os trabalhos de um concurso dirigido a estúdios de design portugueses. O concurso ocorreu em 2006, numa primeira fase com uma selecção de portfólios que resultou numa encomenda feita a cinco empresas. A estas, entre as quais se incluía a FBA., foi apresentado um programa e um procedimento que contemplava o acompanhamento do trabalho por uma comissão técnica, composta por três designers, um especialista em comunicação e um representante da Estrutura de Missão. Era a esta comissão que competia seleccionar o projecto ou projectos a apresentar ao Governo de Portugal. Decorrido o processo de apresentações e discussão dos projectos e um processo de eliminação por votações sucessivas, a comissão elegeu dois projectos para apresentação ao Governo. Estas apresentações foram feitas pelo presidente da comissão técnica e exibiam o mesmo número e tipologia de peças. Designado um *focus group* para apreciação dos projectos, saiu vencedora a proposta do estúdio *Albuquerque designers*, ficando a proposta aqui apresentada em segundo lugar.

PROGRAMA
A Presidência Portuguesa do Conselho da União Europeia, em 2007, decorreu sob o signo do alargamento da União e da concomitante intenção política de desenvolvimento económico sustentado numa política de inovação nas áreas científica e tecnológica, sem esquecer o reforço

da solidariedade social e da participação dos cidadãos no seguimento da *Agenda de Lisboa*[13].

O sistema de identidade visual proposto pela **FBA.** organizava-se em torno destes conceitos, cuja simplificação conduziu a duas ideias interdependentes que se podiam expressar na expressão: 'mais União, mais Cidadão'.

Em articulação com estas preocupações pretendia este sistema de identidade re-apresentar Portugal como um país inscrito numa contemporaneidade preparada para os desafios de um futuro que seria cada vez mais marcado, não apenas pelas tecnologias de informação e comunicação mas, sobretudo, pelo seu desenvolvimento em articulação com uma política de cidadania plena – e de cibercidadania.

A face mais visível do sistema de identidade havia de ser uma marca composta por um símbolo e pela expressão Portugal'07.

SÍMBOLO E MENSAGEM

O símbolo resultava de uma redução da expressão a que tinha sido sintetizado o programa – mais União, mais Cidadão – uma representação simbólica, composta por um ponto, o sinal de adição e o símbolo que, na teoria dos conjuntos, representa a união de dois ou mais conjuntos (fig. 41). O símbolo, em consequência com os pressupostos, articulava quatro princípios: em primeiro lugar baseava-se na simplicidade gráfica empregada nos meios de comunicação então emergentes, cuja principal particularidade decorria de ter vindo a ser normalizada pelos utilizadores dos *sms* nos telemóveis ou das várias formas de *e-chat*; o recurso ao símbolo matemático de 'união', tornando patente a ideia de transversalidade (nacional ou cultural) da linguagem matemática, e evocando, por outro lado, o suporte tecnológico dessa união; um terceiro elemento consistia no agrupamento dos elementos do símbolo como constitutivo de comunidade: no conjunto, o símbolo evocava um domínio de internet que actuava como metáfora de uma comunidade de utentes, os cidadãos da união. Esta operação de substituição dos domínios *.eu* ou *.pt* por *.+u* durante a Presidência Portuguesa era sugerida nos suportes de comunicação. Finalmente, o símbolo prestava-se a uma enorme plasticidade de aplicações, como adiante veremos.

41

[13] Também conhecida como Estratégia de Lisboa, foi lançada em 2000 e criada para fazer face aos desafios que a União Europeia tinha pela frente, tais como a globalização e a competitividade económica mundial. Nesse sentido, foram definidas três áreas sobre as quais a Estratégia incidiria. Eram elas o Conhecimento e Inovação, a melhoria da Competitividade na Europa e o Crescimento e Emprego ao serviço da Coesão Social. <www.europadosresultados.eu>, consultado em 3 de Abril de 2013.

O apuramento da simplicidade formal do símbolo teve por objectivo possibilitar a sua integração em dois programas de grande complexidade: por um lado, permitir que ele actuasse como um acrónimo de 'mais união' susceptível de ser lido com esse significado em todas as línguas oficiais da União Europeia, por qualquer cidadão, a partir da sua língua materna. Este programa, por sua vez, facilitava outro: o da sua apropriação quase imediata e consequente possibilidade de circulação nos mais diferentes suportes: podia ser copiado em papel e lápis, enviado por *sms*, ou elaborado segundo interesses plásticos mais ou menos sofisticados. O símbolo podia facilmente ser lido e desenhado por qualquer pessoa, podia ser explicado pelo desenho.

Esta dupla operação de legibilidade e de apropriação, tornava-o ecuménico e inclusivo. Esta inclusividade, por sua vez, enquadrava-se em duas referências marcadamente contemporâneas. Uma primeira consistia na evocação de um domínio de internet (.+u) que podia significar, simultaneamente, um projecto de desenvolvimento económico baseado nas novas tecnologias, em acordo com uma maior solidariedade europeia. Uma segunda referência é a leitura do símbolo sob a égide de um inglês de comunicação pragmática – praticado em todo o espaço europeu e não só – podendo ser lido como 'plus you' (+u), i.e., 'mais tu', 'mais cidadão'.

Esta última característica do símbolo reforçava a sua eficácia comunicativa: o símbolo gráfico era simultaneamente uma mensagem. Símbolo e mensagem reforçavam-se mutuamente na identificação da Presidência Portuguesa do Conselho da União Europeia, actuando como uma declaração de princípios sobre um projecto de Europa que existia por causa e para os cidadãos: 'mais União, mais Cidadão'.

Esta expressão, que havia de tornar-se no lema associado à marca, acrescentava, naturalmente, algum risco à aprovação do projecto, na medida em que condicionava a marca com um *statement* político, um ano antes da ocorrência da Presidência.

42

UNIVERSO VISUAL

O tratamento cromático da marca constituiu a primeira instância de qualificação nacional da Presidência do Conselho da União. Às cores nacionais, verde e vermelho, associou-se, na expressão *Portugal'07*, o azul da União Europeia.

Decorria da natureza do símbolo e dos pressupostos que lhe deram origem que a sua representação não fosse única, mas múltipla. A identificação e o reconhecimento eram assegurados pela simplicidade e pelo

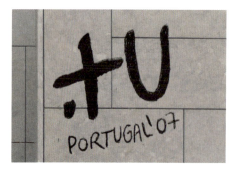
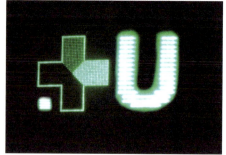

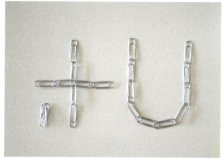

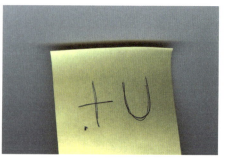

imediatismo que comportava e também pelos contextos de uso, naturalmente muito limitados no espaço e no tempo – a Presidência decorria pelo período de seis meses, em locais muito específicos de Lisboa.

Este tratamento da marca inscrevia-se numa tendência, hoje mais comum, de programas de identidade múltipla ou flexível que têm como exemplos pioneiros o trabalho de Karl Gerstner para a *Boite à Musique*, em 1959 (Gerstner 2007: 64-5) e da *Manhattan Design* para a *MTV*, em 1981 (Hewit 2008).

O que este sistema acrescentava aos exemplos mais conhecidos era a facilidade de apropriação pelos participantes e pela população em geral. Resultante da associação de formas de uso quotidiano e universal, a marca podia ser desenhada por toda a gente, sem qualquer restrição material, de tamanho ou de escala. Esta propriedade era posta em evidência nas peças desenhadas da candidatura.

O programa determinava a concepção de algumas peças de apresentação e de aplicação da marca obrigatórias. Entre as peças de apresentação constava uma brochura e um filme com uma versão animada da marca (fig. 45) e das aplicações, o material de papelaria, o cenário da sala de conselhos, um *pin* – para identificação dos chefes de estado ou de governo – e uma *pashmina* e uma gravata, ambas para ofertas. Para além destas, eram sugeridas outras aplicações que desenvolviam o princípio da variabilidade da marca sem perda da identidade e do reconhecimento que um programa destes exigia.

A multiplicidade de suportes e materiais patrocinava, assim, a diversidade no desenho da marca. A marca/expressão não se repetia, adaptava-se a cada situação ou contexto e podia ser desenhada por qualquer pessoa.

Esta democratização do design servia, simultaneamente, o propósito de afirmação da disciplina como produtora de conhecimento. O design não servia apenas para resolver um problema de comunicação e era, ele próprio, produtor de comunicação. O que começou por uma ser uma redução do programa a uma afirmação, com um assumido carácter autoral, reproduzia-se graficamente num universo de marcas virtualmente infinito, sem criador e sem assinatura.

O sistema de identidade visual, projectado para a Presidência Portuguesa do Conselho da União Europeia em 2007, reflectia o princípio de acordo com o qual um propósito central do design gráfico consiste em servir actos de comunicação, aqui entendidos como formas elementares dos processos de inclusão social. Tratava-se de um propósito que tinha, neste caso, a particularidade de se destinar a ser exercido num universo de comunicação caracterizável por uma enorme diversidade cultural, nacional e linguística.

Às opções de design não foram estranhas a enorme diversidade de meios e formatos que haveriam de ser solicitados durante a duração da presidência portuguesa e que exigiriam da marca um comportamento de adaptabilidade verdadeiramente multimédia.

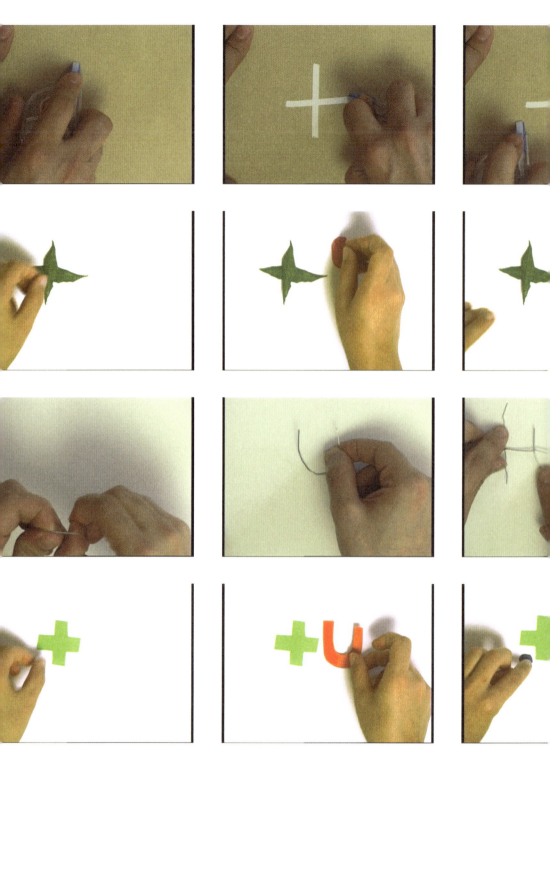

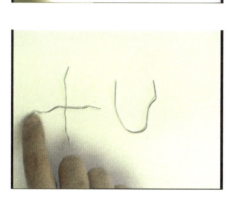

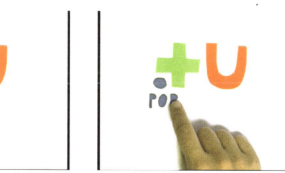

*Eventually everything connects – people, ideas, objects.
The quality of the connections is the key to quality per se.*
CHARLES EAMES

— MUSEUS E EXPOSIÇÕES O design de exposições tem sido, desde o primeiro momento, uma das áreas de maior envolvimento do atelier. Salvo alguns casos pontuais, estes projectos resultaram sempre de colaborações com equipas de arquitectura, responsáveis pelas soluções espaciais, sobre as quais a intervenção da FBA. se desenvolveu, cuidando das soluções de tratamento de conteúdos textuais e de imagem. Este trabalho gráfico teve sempre, como principais preocupações, as questões da clareza, da legibilidade e da correcta hierarquização dos assuntos, instrumentos da área da tipografia, no que dizia respeito aos textos, e um equilíbrio entre estes e as imagens, quando dessa matéria se tratava.

A definição de uma correcta hierarquia tipográfica é particularmente sensível na definição dos diversos planos de leitura das exposições, tornando claros os diferentes níveis de informação, desde os textos introdutórios dos diferentes núcleos, às tabelas de legendagem das peças.

Para além das exposições *Arquitecturas em Palco* e *Primitivos Portugueses* – olhadas de uma forma mais desenvolvida nesta secção – e do *Museu da Ciência da Universidade de Coimbra*, da exposição *Weltliteratur* e da exposição *Fernando Távora Modernidade Permanente* – tratadas no final deste capítulo –, importa referir, ainda que sumariamente, algumas outras exposições, com o propósito de demonstrar a constante preocupação com a clareza na distribuição dos conteúdos e mostrar como este tipo de encomenda é resolvido de diferentes formas no diálogo com as diferentes soluções espaciais.

Do Museu da Ciência da Universidade de Coimbra, seleccionei duas exposições que, tendo em comum o espaço em que foram realizadas, tiveram abordagens espaciais muito diferentes, ambas no sentido de resolver um problema estrutural do espaço em causa: uma área de

47 48 49

50 51

52

exposições temporárias muito diminuta, com um pé direito muito alto. O programa da exposição *A Diversidade da Vida, nos 300 anos de Lineu*, realizada em 2007, previa a apresentação de espécies animais em taxidermia, de diferentes dimensões, num espaço, como referimos, claramente insuficiente do ponto de vista da área expositiva. Importava realçar a diversidade da vida e o trabalho de classificação e sistematização realizado por Lineu e outros naturalistas, trabalho que permitiu um melhor conhecimento das espécies vivas e o acompanhamento da sua evolução.

O aparato expositivo, desenhado pela equipa do *Atelier do Corvo* – dos arquitectos Carlos Antunes e Désirée Pedro –, tirou partido da dimensão vertical da sala, sobrepondo vários níveis de exposição dos exemplares. O programa de design incorporava informação relativa à classificação das espécies e ao seu *habitat*. A solução encontrada passou pelo mapeamento das posições relativas de cada exemplar em suportes gráficos sobrepostos aos respectivos expositores (figs. 47-49). A distância da informação relativamente aos espécimes era, assim, mitigada através do estabelecimento de uma correspondência espacial entre o dispositivo cénico e o suporte gráfico.

Na exposição *Darwin 150, 200*, ocorrida em 2009, na comemoração dos 200 anos do nascimento de Charles Darwin e dos 150 anos sobre a publicação da sua obra mais influente, *A Origem das Espécies*, a mesma área de pequena dimensão em planta levou, novamente, a que a mesma equipa de arquitectos explorasse a altura total da sala. O desafio principal do design gráfico era relacionar os exemplares expostos a diferentes alturas, com a informação em texto, imagem e diagramas de dimensões consideráveis. A solução encontrada assentou na criação de planos inclinados a uma altura constante e confortável para a leitura que incluíam toda a informação requerida. A relação com os exemplares expostos foi estabelecida através da colocação de numeração de dimensões variáveis – tanto maior quanto mais distante do olhar – que se repetia junto da respectiva informação nos planos inclinados. A colocação desta numeração tirava partido das múltiplas faces da cenografia, reforçando essa característica pouco usual do espaço expositivo (figs. 50-52).

A exposição *A Invenção da Glória. D. Afonso V e as Tapeçarias de Pastrana* (figs. 53-54) reuniu pela primeira vez em Portugal, no Museu Nacional de Arte Antiga, em 2010, o impressionante conjunto das chamadas *Tapeçarias de Pastrana* – produzidas nas oficinas de Tournai (Flandres) em inícios do último quartel do século XV, com o fito de narrar

53 54

55 56

as conquistas magrebinas de D. Afonso V, Rei de Portugal. O projecto gráfico caracterizou-se, sobretudo, por uma tentativa de quase invisibilidade da sua intervenção. As escolhas da cor e das fontes tipográficas usadas, foram feitas com uma moderação que permitiu completar a exposição, sem que tivessem uma presença excessiva, evitando, assim, uma competição com a riqueza narrativa das peças expostas que seria não só imprópria mas, sobretudo, prejudicial à sua fruição. A interpretação das tapeçarias havia de ser completada com um dispositivo audiovisual anexo à exposição.

A exposição *Cuerpos de Dolor. A Imagem do Sagrado na Escultura Espanhola (1500-1750)*, realizada em 2011, também no Museu Nacional de Arte Antiga era, nas palavras da Directora do *Museo Nacional de Escultura de Valhadolid*, María Bolaños (2011: 26), «uma apresentação da imagem religiosa na escultura espanhola dos séculos modernos que pretende fugir à visão redutora e complacente da suposta identidade hispânica, uma identidade que historicamente nunca se distinguiu – tal como a portuguesa – pelo isolamento, ou pela diferenciação face aos outros, mas antes pela combinação de inspirações próprias e tradições nacionais, europeias ou não, reelaboradas para cada tempo com distintas soluções». Nesta exposição, os objectos «põem-nos frente aos olhos a audácia criativa dos nossos escultores, sugerem-nos uma forma renovada de nos encontrarmos com o passado e propõem-nos uma multiplicidade de interpretações e leituras que, para o gosto contemporâneo, encerra um tesouro de imaginação». Quer o projecto expositivo, quer o catálogo e os objectos que serviram à divulgação da exposição, foram desenhados num diálogo ambicioso entre o peso desta importante herança escultórica e a dinâmica própria do contexto actual em que a mesma era trazida a público.

O uso de uma linguagem tipográfica e um enquadramento das imagens mais ousados e contemporâneos – nomeadamente o corte abrupto repetido na imagem feminina que é o rosto da exposição, a *Virgem das Dores* – surgiram como uma perspectiva interessante para comunicar este conjunto de peças, mostrando apenas uma pequena parte de um todo ainda mais rico e relevante (figs. 46, 55 e 56).

Outras duas exposições no Museu Nacional de Arte Antiga poderiam ser também exemplos de como a abordagem ao projecto de design gráfico nas exposições é definida claramente pelo confronto com os objectos expostos e posta ao seu serviço, ou melhor, ao serviço do diálogo entre os objectos e os visitantes. A primeira, *O Virtuoso Criador Joaquim Machado de Castro, 1731-1822*, realizada em 2012, onde «por

vez primeira, se promove a reunião de um extenso conjunto de estátuas e modelos que percorrem a quase totalidade do ciclo de produção do artista, conduzido, porém, sobre o estreito fio condutor que alicerça a sustentação documental e promovendo o necessário halo isolador sobre a figura de criador de Joaquim Machado de Castro» (Pimentel 2012: 10). A segunda, *A Arquitetura Imaginária, pintura, escultura, artes decorativas*, patente de Dezembro de 2012 a Março de 2013, de que fixámos, como mote, as palavras do director do Museu e coordenador científico da exposição: «Construir é, assim, acto que pode não precisar de mais que a mente para ter firmeza inteira. É nesse húmus que, de modo mais radical, há-de embeber os alicerces, antes de (eventualmente) os poder fincar na terra, em busca do *firme* – a rocha –, à qual uma parte substantiva dessas criações nunca por nunca terá estado, na verdade, destinada» (Pimentel 2012: 7).

A exposição dos *Prémios Nacionais de Design 2009*, organizada pelo Centro Português de Design, ofereceu à FBA. a possibilidade de definir o espaço expositivo embora a intervenção estivesse inscrita num contexto de fortes limitações: o espaço escolhido para a exposição – o átrio da sede da Caixa Geral de Depósitos, em Lisboa – de grandes dimensões e com uma linguagem arquitectónica estilisticamente muito marcada e um programa que apontava para uma solução modular que permitisse a itinerância da exposição. Foram estas condicionantes espaciais e materiais que apontaram a solução de design. Como forma de neutralizar a interferência do espaço envolvente na leitura dos conteúdos da exposição, a instalação tomou a forma de um corredor/contentor, um objecto que se relacionava com o espaço envolvente por oposição ou estranheza. Todas as peças expostas, textos e conteúdos em suporte vídeo, eram visíveis no interior deste espaço, cuja uniformidade e auto-contenção foi reforçada com um pavimento branco que ligava as duas paredes/expositores. O confronto com o espaço envolvente fazia-se, sobretudo, a partir do exterior deste objecto. A exposição podia ser lida do seu exterior como uma instalação em curso, em que todo o aparato técnico – luz, equipamentos de vídeo e módulos interactivos – e toda a estrutura da exposição, ficavam aparentes (fig. 57). A aproximação à exposição fazia-se assim pela sua estrutura e bastidores, revelando o processo antes do resultado final. Com o mesmo sentido metafórico do processo de design, a exposição iniciava-se com um módulo interactivo em que a palavra *design* no nome da exposição, se decompunha em imagens de todos os projectos expostos através de um sistema de detecção do movimento dos visitantes.

What is that unforgettable line?
SAMUEL BECKETT

— ARQUITECTURAS EM PALCO O projecto «Arquitecturas em Palco», organizado e produzido pela Direcção-Geral das Artes/Ministério da Cultura de Portugal, foi a proposta de João Mendes Ribeiro, realizada em colaboração com Catarina Fortuna e Pedro Grandão, para a *Quadrienal de Praga 2007 – 11.ª Exposição Internacional de Cenografia e Arquitectura para Teatro*.

Esta foi a primeira, e também a única, representação oficial portuguesa premiada na *Quadrienal de Praga*. Conquistou a medalha de ouro na categoria *Best Stage Design* – o mais importante galardão atribuído a nível individual – num evento que tem como objectivo observar e comparar o desenvolvimento do teatro, a nível mundial, na sua componente de design.

Seguindo as premissas que orientam os projectos cenográficos do autor, o projecto para o espaço expositivo pretendia condensar na forma construída a linguagem simbólica de cada peça/projecto e concretizar uma aproximação ideológica ao tema da exposição *Arquitecturas em Palco* (Ribeiro 2007: 80).

Na obra de João Mendes Ribeiro, «os objectos, entendidos como contentores de programa (...) ganham uma excepcionalidade que lhes garante um carácter plástico não expectável. Mesmo quando recorrem ao módulo regrado, repetível e transportável» – como acontece nesta exposição – «a relação que procuram estabelecer com os espaços que os conformam e para os quais são criados referencia-se no entendimento que a escultura contemporânea tem do objecto/espaço. Isto é, cada objecto é inevitavelmente *site specific*» (Pedro 2011: 21). Neste caso, a relação com o espaço envolvente fez-se por oposição, quase resistência, na *Quadrienal de Praga*, e em clara comunhão, na remontagem em

Barcelona. João Mendes Ribeiro criou um dispositivo, ou sistema de objectos, constituído por duas peças distintas com uma «clara propensão cenográfica» (Ribeiro 2007: 80), correspondendo cada uma delas a um núcleo expositivo. Um módulo branco, destinado à exposição dos trabalhos de cenografia e um outro espaço, obscurecido e delimitado por painéis negros, destinado à projecção de um filme com dois momentos: o primeiro, *João Mendes Ribeiro, Cenografias Seleccionadas,* onde se apresentava um conjunto de cenografias concebidas e levadas à cena entre 1996 e 2007, e o segundo, *A Sesta*, realizado pela bailarina e coreógrafa Olga Roriz a partir de uma coreografia original onde se destacavam os próprios dispositivos usados nesta exposição, as malas-mesa que continham, transportavam e serviam de expositor a cada um dos projectos. Este segundo módulo, concebido para a exposição *Paisagens Invertidas* da Ordem dos Arquitectos no XXI Congresso Mundial de Arquitectura de 2002, em Berlim, consistia numa estrutura em madeira, desmontável, que construía um pequeno auditório, em anfiteatro, dotado de um ecrã para a projecção do filme.

Como acontece na concepção dos seus dispositivos cénicos, também aqui «transparece uma coerência extrema. A sua forma tende para o elementar e para a pureza de linhas e contornos. A sua matéria mostra-se exemplar. A sua estética é fruto de uma acção de desenho depurativa, redutiva. A sua expressividade, a sua capacidade de afectar o espectador, não procedem tanto da sua linguagem abstracta, incapaz (...) de transmitir por si só um sentimento, mas da sua eficácia como peças de uma dramaturgia» (Graels 2007: 29). Coerente «com as duas ideias que têm definido o seu trabalho (...) Num lado, a cenografia como experimentação arquitectónica, no outro, espaços e objectos como extensões do corpo» (Madaíl 2007).

Na selecção dos projectos, o autor-comissário da exposição seguiu uma linha conceptual que «procura reflectir o espírito contemporâneo de hibridação e experimentalismo, as questões da efemeridade e transformação, assim como o cruzamento de matérias ou conhecimentos provenientes de diferentes áreas disciplinares» (Ribeiro 2007: 79).

PROPOSTA A intervenção gráfica proposta foi no sentido de dar continuidade ao desenho original do projecto e identificar e nomear as malas-mesa, em particular a sua correspondência com cada uma das cenografias.

À cena foram chamados 16 projectos de cenografias, que foram comunicados – usando textos, desenhos esquemáticos dos teatros e das cenografias e fotografias – sob a forma de painéis tripartidos. Estes painéis, trazidos/transportados nas malas correspondentes, foram depois colocados sobre as mesmas malas transformadas em mesas, evocando também este movimento uma premeditada coreografia.

NO EXTERIOR Os elementos identificadores de cada projecto foram pintados directamente sobre as malas-mesa com recurso a *stencils* e eram compostos por um ícone para cada cenografia (fig. 59), o nome do espectáculo em português e em inglês e o nome da exposição. Esta identificação funcionava como informação para a produção (figs. 60 e 61), durante os transportes, montagens e desmontagens, e como informação para o visitante/espectador durante a exposição (fig. 64).

A sinalização exterior da exposição foi feita com o mesmo sistema de pintura com *stencil* sobre os painéis de tela branca que envolviam e davam corpo ao módulo da exposição dedicado aos projectos. À entrada uma mala de transporte de material exibia a palavra PORTUGAL (fig. 68).

59

NO INTERIOR Os painéis colocados sobre as mesas foram, porventura, o essencial e mais delicado trabalho no programa de design gráfico. Como condensar de forma coerente, perceptível e explicativa, a informação, os desenhos e as fotografias de 16 projectos com características, dimensões e expressões muito variadas, em três painéis de dimensões relativamente pequenas (70x40 cm)? O estabelecimento de uma grelha modular de 9 colunas e 20 linhas por painel permitiu criar uma hierarquia de informação clara e uniformizadora dos conteúdos. Também a hierarquia tipográfica desempenhou um papel muito importante na clarificação da informação, num rigoroso cumprimento da distribuição de tamanhos e pesos pelos diferentes assuntos (figs. 62 e 63).

LIVRO Foi também concebido um livro, editado pela Almedina em colaboração com o Instituto das Artes, que complementava a exposição. Livro e não catálogo, porque correspondendo ao programa de design e à vontade do autor/comissário, este objecto funcionou como extensão da exposição mas sobreviveu à sua ocorrência como uma análise aprofundada, feita por vários autores, do longo e reconhecido percurso de João Mendes Ribeiro na arte da cenografia. O livro mostra também, entre outros conteúdos, registos gráficos e fotográficos do projecto expositivo e do filme *A Sesta*, de Olga Roriz, apresentados nesta 11.ª Quadrienal de Praga.

60 61

62 63

64

O design do livro dá continuidade às ideias que pontuam a exposição: uma preocupação dominada pela legibilidade, materializada numa clara disposição das matérias, no uso de uma tipografia adequada à leitura de textos longos – a FTF*Rongel* de Mário Feliciano – e na escolha de um formato e de um papel confortáveis à leitura sem, contudo, impedir uma boa reprodução e entendimento das imagens, esquissos e desenhos dos projectos. O acabamento em capa dura, sem sobrecapa e sem imagens, serviu também a intenção de afastamento da ideia de um catálogo destinado a complemento da exposição, com a efemeridade que assim lhe ficaria associada (figs. 66 e 67).

A exposição prolongou a sua apresentação no Palácio da Indústria de Praga, com a remontagem, já referida, em Barcelona, no Fomento de Artes Decorativas – FAD, integrada no programa da Presidência Portuguesa do Conselho da União Europeia, a que se seguiram novas remontagens no Instituto Tomie Ohtake, em São Paulo, no Brasil e, em Portugal, no Teatro Nacional São João, no Porto, no Teatro Nacional D. Maria II, em Lisboa, no Teatro Aveirense, em Aveiro e, por fim, em Coimbra, no Teatro da Cerca de São Bernardo.

3. TIMES OF CHANGE

The fact that certain working methods led to the a[...]
tion of the main workshops does not help us to cla[...]
actly which styles were peculiar to each one. In Fer[...]
in 1534, Gregório Lopes, Garcia Fernandes and Cri[...]
de Figueiredo, the three most highly regarded pain[...]
Lisbon at that time, joined together to rapidly p[...]
three altarpieces that Prince Dom Fernando had co[...]
sioned from Figueiredo. The homogeneous langu[...]
the paintings almost contradicts the more individu[...]
solutions that can be seen in other works by each o[...]
painters that are exhibited here. On the other han[...]
greater knowledge that we now have of these maste[...]
made it possible to attribute to their sphere of infl[...]
a large number of works in which the hand of oth[...]
known artists is also probably hidden, painters who [...]
trained in similar pictorial languages that have n[...]
been clearly defined.

Around the mid 1530s, after the altarpieces ha[...]
painted for Ferreirim, we can, however, note di[...]
changes in the artistic production of each of these [...]
ters, working in response to commissions from a ne[...]
different set of clients who were committed to re[...]
based on the desire to internationalise Portuguese c[...]
within a humanist framework. In terms of visual cu[...]
this new perspective showed a preference for re[...]
the classical world, believing that the recovery of [...]
values had happened above all in Italy. Terms su[...]
«ao romano» (in the Roman style) or «ao modo de [...]
(in the Italian manner) appeared in documents fro[...]
period, expressing a desire for formal change to whi[...]
Portuguese painters, even those from the Manuelin[...]
eration, were not averse. On the contrary, through [...]
spirit of clarity in their compositions and the introdu[...]
of classical architectures and Renaissance decorative [...]
els, they showed themselves to be capable of crea[...]
fresh approach that updated the old models and pro[...]
an effective response to the cultural and religious re[...]
undertaken by the group of humanists who accom[...]
the king Dom João III in these changes.

Com a cor obtém-se uma energia que parece resultar de bruxaria.
HENRI MATISSE

— **PRIMITIVOS PORTUGUESES (1450 –1550), O SÉCULO DE NUNO GONÇALVES** «Reunindo e colocando em confronto mais de 160 pinturas dos séculos XV e XVI, reconstituindo alguns dos mais belos retábulos portugueses desse período, esta exposição ensaia um panorama crítico, actualizado e de grande dimensão, acerca dos chamados *Primitivos Portugueses* e visa demonstrar como o estudo técnico e material desse património contribui decisivamente para renovar e aprofundar o seu conhecimento. Assinalando o centenário da primeira apresentação ao público, em 1910, dos *Painéis de S. Vicente*, que desde então passaram a constituir, nacional e internacionalmente, a obra 'fundadora' e mais célebre da arte da pintura em Portugal, a exposição procura também documentar e questionar as noções de 'originalidade artística' e de 'identidade nacional' tradicionalmente associadas ao brilhante ciclo criativo dos *Primitivos Portugueses*, iniciado por Nuno Gonçalves e depois prosseguido e consolidado pelos nossos pintores da primeira metade do século XVI» (Seabra e Caetano 2010: 2).

A exposição foi estruturada em dois núcleos – no Museu Nacional de Arte Antiga e no Museu de Évora –, sendo este último núcleo expositivo especialmente dedicado aos pintores luso-flamengos e às oficinas activas na cidade nas primeiras décadas do século XVI. No MNAA, a selecção de peças, provenientes de muitas colecções públicas e privadas, «privilegiou quer os painéis retabulares mais importantes, quer as pinturas menos conhecidas, algumas oportunamente restauradas para esta ocasião. Do estrangeiro, compareceram importantes obras de museus de Itália, França, Bélgica e Polónia. A estrutura da exposição tinha uma dominante de ordenação cronológica mas combinava essa sequência de base com um agrupamento das obras em função dos confrontos comparativos (estilísticos, iconográficos, etc.) (Seabra e Caetano 2010: 2).

IDENTIDADE E TIPOGRAFIA A importância e o esplendor das peças que incorporavam esta exposição poderiam ter orientado o projecto expositivo para uma prudente invisibilidade. Não foi esse o entendimento do comissariado e não foi essa a opção do design. Se uma marca teve esta exposição foi a do confronto da exuberância das peças e do espaço, com as cores e os materiais usados no dispositivo cénico. A criação de uma identidade para a exposição contou também com o uso sistemático de mais dois elementos que estiveram presentes em praticamente todos os materiais de apoio: a expressão tipográfica do nome da exposição na forma do seu logótipo (fig. 70) e as duas figuras do topo superior direito da obra de Cristóvão de Figueiredo, *Deposição do Túmulo* (fig. 69).

Na composição do logótipo foi usada a fonte *Capitolium*, de Gerard Unger, cujo design resulta da encomenda de um sistema de informação e sinalética para a celebração de 2000 Ano Santo, em Roma, já referida anteriormente. «O que tornava a encomenda extremamente interessante para Unger era a exigência de que fosse desenhado um novo tipo de letra como elemento central do sistema de informação. (…) Roma é provavelmente a única cidade europeia que ostenta uma tradição ininterrupta de 2000 anos de sinalização das ruas. Assim, desenhar uma fonte para Roma era simultaneamente um trabalho prestigiado e delicado. Talvez, como escreveu Unger, 'o equivalente tipográfico de levar carvão para Newcastle'» (Middendorp 2004: 174).

70

O programa pedia explicitamente um tipo contemporâneo e, não sendo Unger um entusiasta dos revivalismos do século XX, desenhou um tipo versátil e pragmático – o que Jan Middendorp (2004: 174) chamou 'um design louro com coração latino'. Como referimos atrás, para a *Capitolium*, Unger escolheu como ponto de partida o trabalho do mestre do século XVI, o calígrafo Giovan Francesco Cresci, em especial um alfabeto em caixa baixa que Cresci desenhou para acompanhar as clássicas capitulares romanas. «(…) Cresci foi talvez quem primeiro prestou atenção às maiúsculas de Trajano: ele comentou a sua elegância e fez delas as suas formas em *Essemplare di più sorti lettere,* de 1560 e *Il perfetto scrittore,* de 1570 (Mosley 1965: 2-19) (…) Cresci pareceu-me ser a fonte mais atraente, já que deixou também um exemplo de umas minúsculas para serem combinadas com as maiúsculas redesenhadas, a *lettera antica tonda* (…)» (Unger 1998: 63).

Os restantes textos foram compostos com tipos *Minion,* desenhados por Robert Slimbach e editados pela Adobe em 1989. A *Minion* é uma família de texto neo-humanista, especialmente económica no sentido tipográfico. Quer isto dizer que «ela produz alguns caracteres a mais por linha do que a maioria das fontes do mesmo corpo sem parecer esprimida ou comprimida» (Bringhurst 2005: 259). Esta característica da *Minion* revelou-se particularmente útil para lidar com a extensão dos textos que integravam esta exposição.

A extensão da exposição exigiu a definição de uma rigorosa hierarquia tipográfica que tornasse perceptíveis os diferentes níveis de leitura dos textos e legendas. A legendagem das peças, que têm habitualmente uma presença discreta relativamente aos objectos expostos, assumiu, nesta exposição, um papel destacado no aparato expositivo. Fazendo uso do contraste com o fundo, a identificação das peças foi organizada em tabelas, que, ancoradas nos altos rodapés do museu, se elevavam até uma altura confortável para a leitura. A presença destes elementos de sinalização e informação contribuiu muito para a existência de um ritmo no percurso da exposição, ao mesmo tempo que permitia unificar numa mesma peça conteúdos de dimensões variáveis mantendo a unidade do conjunto (figs. 71 e 72).

COR A entrada da exposição anunciava as intenções do programa expositivo. Um painel em ouro velho de grandes dimensões, onde se expunha a reconstituição do retábulo do altar-mor do Mosteiro da Santíssima Trindade, de Lisboa, da autoria de Garcia Fernandes e datado de 1537, revelava o logótipo da exposição em relevo, também dourado. A exuberância cromática era assumida desde logo e estendia-se pelas longas salas do museu. A combinação de três tons de 'malva' dominava em contrastes, nas paredes principais, nos suportes, nos painéis e nas tabelas. Os textos compostos em colunas foram impressos em cinzento muito claro, encabeçados pelos títulos a ouro velho. Nos suportes mais claros, a impressão dos textos foi realizada em azul escuro – 'azul da prússia' –, cor que reaparecia também nos painéis de uma secção específica da exposição que referiremos adiante.

Percebemos, assim, como a unidade desta exposição se fez, no que ao design diz respeito, pela redundância e pelos contrastes de cor. As mesmas cores foram usadas em diferentes contextos, criando ligações, aproximando aquilo que se assemelhava, mas também distinguindo o que era distinto. A hierarquia dos diferentes assuntos fez-se pelo uso da tipografia, mas muito também pela utilização das diferentes tonalidades cromáticas.

Se o objectivo do dispositivo cénico era proporcionar uma forte relação do observador com este conjunto de obras, esta operação não se

fez através da neutralidade do suporte. Pelo contrário, a criação de um ambiente também ele exuberante contribuiu para reforçar a ideia de que estávamos em presença de uma colecção a diversos títulos excepcional, disponível para um novo olhar que o próprio programa expositivo enunciava: «Ao contrário de uma das intenções programáticas da mostra de 1940, esta exposição não pretende ensaiar uma síntese sobre a arte da pintura do período aqui designado, um pouco ambiguamente, como 'o século de Nuno Gonçalves'. Desde logo, porque não elabora uma narrativa, interpretativamente fechada e articulada, a partir do pintor régio de D. Afonso V, nem sequer se debruçando de modo particular sobre as interpretações da sua obra ligada ao *Retábulo de S. Vicente*, da Sé de Lisboa. O que aqui nos interessa é ensaiar novos questionamentos e novas pistas de leitura sobre o território, complexo e nem sempre historiograficamente bem tratado, da pintura retabular desse período (...), interessando mais desbravar e sublinhar os problemas e os méritos artísticos dos outros mestres que não fundamentalmente de Gonçalves e, visualmente, nas salas do museu, a espectacularidade de certas reconstituições retabulares» (Seabra 2010: 15).

DOCUMENTAÇÃO HISTÓRICA E LABORATORIAL O percurso da exposição integrava também uma vasta quantidade de materiais gráficos, incluindo uma zona exclusivamente dedicada ao conhecimento e exposição das polémicas relacionadas com os *Primitivos Portugueses* desde 1910. Incluía também uma vasta documentação laboratorial associada à investigação do processo criativo das pinturas mais relevantes. A exposição, nas palavras do comissário, servia assim o propósito de contribuir «para afirmar novas metodologias e processos de análise das obras em questão, fazendo intervir no seu estudo, como parceiro indispensável, a componente laboratorial, residindo por certo num dos seus mais importantes contributos – a reflectografia de infravermelhos – um dos aspectos mais inovadores da exposição» (Seabra 2010: 15). Esta zona da exposição teria obrigatoriamente um tratamento gráfico diferenciado. O núcleo respeitante às reproduções fotográficas de algumas peças e respectivas reflectografias de infravermelhos, distinguia-se claramente pela forte cor azul da prússia dos painéis que lhes serviam de suporte (fig. 73).

Na mesma zona estendia-se, numa longa composição gráfica, uma secção documental, designada *Episódios da História dos Primitivos Portugueses no século XX*, que, em cinco partes, expunha registos fotográficos e reproduções de publicações periódicas sobre a exposição de

Maio de 1910, a primeira exposição pública dos *Painéis de S. Vicente*, «após o seu 'redescobrimento' e restauro, por Luciano Freire, numa das salas da Academia Nacional de Belas-Artes de Lisboa» (Seabra 2010: 14), a entrada dos *Painéis* no MNAA, em 1912, pela mão de José de Figueiredo, o relato de uma polémica que se arrastou de 1925 a 1929 em torno da iconografia de 'quem é quem' nos *Painéis*, as duas grandes exposições de Sevilha (1929) e Paris (1931) e, finalmente, a grande exposição de 1940, *Primitivos Portugueses (1450-1550)*, dirigida por Reinaldo dos Santos, no âmbito das comemorações nacionais dos *Centenários*.

CATÁLOGO A exposição prolongou-se num catálogo de cerca de 300 páginas, que se liga graficamente à exposição nas escolhas tipográficas e cromáticas, e também de organização dos textos e das imagens. O catálogo foi estruturado numa grelha de 9 colunas sobre a qual os textos se organizam de diferentes formas, de acordo com a natureza dos conteúdos.

Tratando a exposição «de um novo ponto de partida para o aprofundamento de conhecimentos acerca deste património nacional dos séculos XV e XVI, mostrando-o ao público, pode dizer-se, de um modo como este nunca o viu... o próprio catálogo reflecte esta opção deliberada, substituindo as habituais fichas críticas das peças, com resumo da sua fortuna crítica e bibliografia, por textos geralmente de tipo 'ensaístico' centrados nos sucessivos núcleos da exposição, desenvolvendo as possibilidades de confronto que aí se proporcionam entre as obras e chamando à sua reinterpretação os novos dados sobre o seu processo criativo» (Seabra 2010: 15).

de Deus, de 1515, y otro del convento de Jesus (Setúbal), realizado tal vez cinco o diez anos después. La influencia de los modelos y del gusto de estos dos conjuntos sobre gran parte de la mejor pintura portuguesa de las decadas siguientes es evidente. En efecto, se puede afirmar que, desde 1510 a 1530-40, Jorge Afonso desempeño un papel central dentro del panorama artístico nacional.

Mantuvo una estrecha relación con un numero o grupo de artistas no solo pintores sino tambien ebanistas, escultores y arquitectos. Su taller fue centro de aprendizaje para buena parte de los maestros más destacados de las décadas siguientes, como Gregório Lopes – su yerno –, Garcia Fernandes o Gaspar Vaz, por citar solo aquellos con obra conocida sobre los que existe documentación. Además, ocupó importantes cargos en la corte, como Heraldo y como Examinador y Valuador de obras reales, un puesto central en la estructura de la colección regia que le otorgó poder de decisión a la hora de elegir a los artistas y gestionar los grandes encargos de pintura. Habría que añadir, además, que muchos de esos encargos, por su dimensión, implicaban la participación de varios talleres de maestros cercanos a Jorge Afonso, y que este método de trabajo, además de dar una base común de aprendizaje, contribuyó decisivamente a dotar con cierta homogeneidad las soluciones formales y plásticas, un rasgo que imprime solidez estilística a nuestra pintura de las décadas de 1520-30, como se puede observar en los conjuntos expuestos en este núcleo.

The final look of anything is the by-product of the clarity (or lack of it) during its design phase. It is important to understand the starting point and all assumptions of any project to fully comprehend the final result and measure its efficiency. Clarity of intent will translate in to clarity of result and that is of paramount importance in Design. Confused, complicated designs reveal an equally confused and complicated mind. We love complexities but hate complications!
MASSIMO VIGNELLI

— «MAIS» TRÊS PROJECTOS Os projectos que rematam este capítulo foram escolhidos e, dessa forma, destacados do universo de trabalhos do estúdio FBA., por um conjunto de razões que se conjugam no sentido que quis dar a *local*, design local. Já vimos que significa a adopção de um universo de actuação restrito, aliado a um sentido de contiguidade ou vizinhança, a um estado de proximidade. Se esta pode ser uma definição da prática do estúdio, é com certeza confirmada neste conjunto de trabalhos, com temáticas diferentes, mas com pontos de grande proximidade na natureza das encomendas e na abordagem aos programas. Sujeitos ao escrutínio em diferentes fóruns, nas diferentes especialidades, estes três projectos foram alvo de distinções muito prestigiadas, atestando a qualidade do trabalho desenvolvido pelas diferentes equipas.

Estas três encomendas têm em comum o âmbito de intervenção do design gráfico como parte de um projecto que se organiza e se realiza com o contributo de outras disciplinas e, portanto, de outras equipas. Sendo os três projectos, genericamente, do âmbito da museografia e do design de exposições, contemplam, nos três casos, também o design de livros e a criação de programas de identidade visual. As áreas que discutimos separadamente neste capítulo, como características do trabalho da FBA., concorrem nestes três projectos para a compreensão do modo como o mesmo sistema de design, aplicado a diferentes meios, formatos e escalas, pode reforçar a sua mensagem visual.

Para além da sua natureza material, três aspectos devem ser destacados como pontos de ligação entre os três projectos. Em primeiro lugar, uma grande clareza de objectivos e abertura para a discussão dos programas. Em segundo lugar, o carácter multidisciplinar dos projectos, muito dependentes do diálogo com as outras especialidades. Por último, a concorrência de equipas muito competentes em cada uma das áreas, elevando o nível de segurança, mas também a exigência colocada nos projectos. Não são negligenciáveis as relações pessoais e profissionais desenvolvidas durante o processo de design e a forma como essas relações influenciaram cada um destes projectos.

Science never solves a problem without creating ten more.
GEORGE BERNARD SHAW

— MUSEU DA CIÊNCIA DA UNIVERSIDADE DE COIMBRA
O primeiro dos projectos que assinalámos nesta secção como «mais», no duplo sentido de adição e de qualidade, juntava a complexidade do programa àquilo que líamos como uma intenção clara de questionar os modelos vigentes, política e institucionalmente protegidos, de divulgação da ciência em Portugal. Estes factores e a integração de uma equipa de elevada qualidade, do ponto de vista da museologia, da arquitectura e da museografia, indiciavam a possibilidade de realizar um trabalho, sob muitos pontos de vista, tão exigente quanto aliciante. Também a possibilidade de intervenção numa fase muito precoce do projecto e nas suas múltiplas dimensões era uma indicação de poder participar na discussão do programa e de reunir as condições para desenvolver uma identidade coerente e consistente para o novo museu e proceder a uma correcta aplicação nos seus principais suportes de comunicação e de divulgação.

O Museu da Ciência da Universidade de Coimbra (MCUC) resulta de um longo processo de negociação e de reflexão sobre a importância das colecções científicas da Universidade de Coimbra, especialmente as colecções até aí integradas no Museu de História Natural – secções de Antropologia, Botânica, Mineralogia e Geologia e Zoologia –, as colecções do Gabinete de Física, do Observatório Astronómico e do Instituto Geofísico, todos estes organismos da Faculdade de Ciências e Tecnologia, mas também das colecções do extinto Museu Nacional da Ciência e da Técnica.

Este processo haveria de materializar-se na recuperação do edifício do Laboratorio Chimico e a instalação neste edifício da primeira fase do MCUC, com uma exposição dedicada à luz e à matéria. «O Laboratório

Chimico, antigo edifício pombalino mandado edificar para o ensino e a investigação da química em Portugal, situado frente ao Colégio de Jesus, é historicamente uma parte indissociável do complexo de ensino e investigação das ciências, que se desenvolveu em Coimbra na sequência da reforma pombalina de 1772. (...) O Laboratorio Chimico é um notável edifício e um dos primeiros laboratórios de química criados na Europa e provavelmente o mais antigo ainda existente» (Van Praët 2006: 23). Além disto, «os seus espaços, a construção, equipamentos e instalações são eloquentes testemunhos dos métodos e desenvolvimentos da química moderna, que então se inventava» (Van Praët 2006: 23) o que pareceu não deixar dúvidas de que se tratava do espaço ideal para a implementação desta fase do projeto do Museu da Ciência, tanto mais que se encontrava liberto das suas anteriores funcionalidades e sem destino definido.

CONTEXTO Durante a década de 80 do século XX, expandiu-se pela Europa uma abordagem interactiva às exposições de ciência, na linha das experiências iniciadas alguns anos antes no *Exploratorium* de S. Francisco e no *Ontario Science Center*, em Toronto. Este movimento generalizou-se por todo o mundo em paralelo com «um conjunto de acções de popularização da ciência e da investigação científica (...) como a rede de *Centros de Cultura Científica e Técnica*, em França, ou os *Centros Ciência Viva* em Portugal», contexto que secundarizou, relativamente aos museus científicos, a importância educativa das colecções de história natural, de etnografia e de instrumentos científicos. Este interesse começou a ser retomado a partir da década de 90, através de realizações como *A Grande Galeria de Evolução*, do Museu de História Natural de Paris, o *Darwin Center* de Londres ou o *Museu da Ciência de Barcelona* (Van Praët 2006: 20).

Paralelamente, assistia-se a nível internacional a um renovado interesse pela valorização do património universitário, fosse património construído, instrumentos científicos ou colecções científicas. Tratava-se de «passar a expor os objectos em combinação com as ideias, de associar a interpretação das colecções com a interactividade das manipulações propostas aos visitantes, sem oposição entre estes diferentes tipos de abordagens» (Van Praët 2006: 21).

O projecto de identidade visual, a exposição inaugural e o primeiro catálogo deviam tornar claro aquilo que era o programa do museu: pôr em diálogo a dupla natureza de um museu de história da ciência que, à descoberta das ideias e dos artefactos do passado, alia uma abordagem exploratória com o recurso a modelos concebidos, desenhados e construídos especialmente para promoverem essa comunicação.

SISTEMA DE IDENTIDADE VISUAL Ao processo de formulação do projecto de identidade visual do Museu da Ciência da Universidade de Coimbra não foi estranha a reflexão sobre os dois factores axiais na sua constituição. O museu reuniu, como vimos, as colecções dos diferentes museus da Faculdade de Ciências e Tecnologia da Universidade de Coimbra, tornando-se herdeiro de um conjunto de colecções de diferentes domínios científicos, constituídas ao longo dos últimos trezentos anos, herança essa que se pretendia actualizar num projecto museológico pioneiro, que formulasse rupturas consequentes no cânone da divisão entre os museus de história da ciência ou de história natural e os museus de ciência, habitualmente de carácter mais exploratório.

O programa do museu apontava, assim, para uma articulação entre uma museologia científica de carácter histórico e o desenvolvimento de modalidades exploratórias.

Um outro aspecto que marcou o programa de design foi a inclusão deste projecto numa estratégia de alargamento do leque de relações da Universidade de Coimbra com a comunidade, tornando-o um dos seus equipamentos de maior visibilidade e frequência públicas.

Tratando-se de um projecto que visava, programaticamente, colocar a ciência fora do claustro universitário, a formulação da identidade visual procurou reforçar visualmente relações que são intrínsecas à ideia de ciência e às suas aplicações contemporâneas, seleccionando quatro noções básicas: as noções de acumulação e de criatividade, de diversidade e de unidade. Associámos às duas primeiras a sua importância na produção de conhecimento, à terceira a variedade dos procedimentos disciplinares e a diversidade do mundo natural e, por último, a unidade, do real.

Foi esta selecção inicial de ideias capazes de representar visualmente o pensamento e a prática científicos que suscitou uma recolha de objectos que pudessem ancorar estas noções e fossem adaptáveis a um tratamento gráfico único e consequente.

7×2 SÍMBOLOS O processo resultou numa investigação no sentido de recolher um vasto número de padrões formais de ocorrência na natureza, nos ambientes de produção de ciência e também de carácter artístico ou decorativo relacionados com o edifício do museu.

A opção por estas formas não foi aleatória. Pelo contrário, a selecção incidiu sobre imagens que remetessem para as teorizações sobre proble-

76

77

MUSEU DA CIÊNCIA
UNIVERSIDADE DE COIMBRA

78

MUSEU DA CIÊNCIA UNIVERSIDADE DE COIMBRA

79

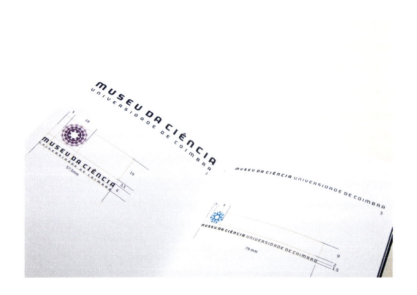

80

mas de ordem na natureza – inicialmente tratados na geometria fractal de Mandelbrot e, hoje, comuns em praticamente todos os domínios científicos.

O que se pretendeu foi estabelecer uma categoria de objectos que, sendo susceptível de reconhecimentos diferenciados, permite ancorar as noções seleccionadas, evocando um princípio de ordenação na natureza que, sendo visível, não é necessariamente aparente e cuja ordem é cientificamente demonstrável.

A dimensão de actualidade que era programática no MCUC, seria acentuada com um tratamento gráfico das figuras padronizadas resultantes daquela categoria de objectos seleccionados. A formulação da identidade gráfica resultou da fixação de um conjunto de padrões diferenciados, que representam, de uma forma não explícita, diferentes domínios do saber, da prática científica e da dimensão patrimonial do museu.

O número de figuras que se fixaram na identidade do MCUC acompanhou as opções cromáticas do projecto. As tonalidades escolhidas, próximas do espectro cromático do arco-íris, funcionaram como um exercício de abertura que contrariasse a associação corrente entre uma ideia de universidade e um formalismo bacoco, que afectava também a ideia de museu como um 'depósito de velharias'. A proposta de identidade visual do MCUC visava traduzir o carácter actual do seu projecto, também no uso da cor. De uma forma porventura menos explícita, este espectro cromático satisfazia duas outras intenções: o propósito de inscrição do conhecimento científico na vida quotidiana, associando o símbolo do MCUC a um fenómeno natural próximo da experiência de qualquer pessoa, e uma representação da diversidade e das relações entre as diferentes áreas disciplinares que fazem a ciência contemporânea.

Relembramos o duplo eixo do projecto do MCUC – a natureza histórica das suas colecções e o carácter exploratório enunciado como prática de abordagem e de divulgação do conhecimento científico – para justificar o desdobramento da marca em duas versões. Uma, que conjuga os símbolos de um modo estático, reportando-se ao conhecimento adquirido, testado e demonstrado, contempla, portanto, a herança acumulada que vai constituindo a base do processo criativo na ciência (fig. 76). Uma segunda versão, que procurou sublinhar o trabalho em curso, o carácter dinâmico do conhecimento, sendo reconhecíveis as formas de que partiu mas que, por estarem 'em curso', não são definíveis senão pelo movimento que é a sua substância (fig. 77).

Parte desta identidade visual é esta articulação entre herança acumulada e trabalho em curso que é, também, o programa do MCUC.

Outra parte não menos importante para a consolidação desta identidade visual é o seu logótipo e o conjunto de famílias tipográficas usadas em todos os materiais do museu.

TIPOGRAFIA O conjunto de símbolos desenhados de que falava atrás viria a ser acompanhado de um logótipo, o elemento de leitura, a expressão tipográfica do nome. A escolha da tipografia utilizada no logótipo foi feita em conjunto com mais duas famílias que haveriam de delimitar o universo tipográfico do sistema de identidade, do espaço físico e de toda a comunicação das actividades do museu.

Todas as fontes utilizadas no sistema de identidade visual do MCUC foram desenhadas por Mário Feliciano. Para o logótipo foi adoptada a FTF*Morgan*, na versão *Big* (figs. 78 e 79). Como o projecto *Morgan* é um sistema de fontes com muitas versões e estilos, foi também indicada para ser utilizada na comunicação e como fonte complementar em algumas publicações.[14]

Outra fonte escolhida foi a FTF*Rongel*, uma interpretação dos tipos de Francisco Rongel, como aparecem em *Muestras de los punzones y matrices de letra que se funde en el obrador de la Imprenta Real,* Madrid, 1799.[15] Desenhada como fonte de texto, serifada, de desenho maneirista com características de transição entre as letras do renascimento e do iluminismo – apesar da data de execução se situar no período neoclássico ou mesmo romântico, na classificação de Robert Bringhurst (2005: 126) – foi adoptada no sistema de identidade do Museu da Ciência como a fonte para textos longos em formato impresso.

Como tipografia não serifada, mais indicada para os textos da exposição e *menus* das aplicações multimédia, foi escolhida a FTF*Stella*. Esta fonte foi, no entanto, concebida para ser uma fonte de texto pelo que é muito legível, elegante e facilmente compatível com fontes de texto mais clássicas,[16] como é o caso da FTF*Rongel*.

O uso adequado e sistemático deste conjunto de fontes tipográficas contribuiu muito para o reforço da identidade do museu, através de uma rápida identificação dos seus materiais impressos e do estabelecimento de relações visuais com os outros tipos de suportes, sejam eles expositivos ou interactivos.

---

[14] O projecto *Morgan*, da *Feliciano Type Foundry*, foi premiado no TDC2 2003, concurso de tipografia organizado pelo *Type Directors Club* de Nova Iorque.
[15] <www.felicianotypefoundry.com/cms/fonts/rongel>, consultado a 25 de Março de 2013
[16] *Idem.*

COMUNICAÇÃO O sistema de identidade definiu também as regras do uso da marca e das imagens fotográficas dos exemplares das colecções em todos os suportes de comunicação. Este propósito visava reforçar a construção da imagem do museu, através do reconhecimento, não só dos seus elementos de identidade, mas, sobretudo, da coerência do seu uso.

A dimensão da ciência enquanto discurso foi associada ao projecto de identidade através da selecção de um conjunto de frases com importância no desenvolvimento das diferentes áreas disciplinares. Estas ideias, que podiam ser vistas mas também lidas, reforçavam a multiplicidade e a diversidade de dimensões que este sistema ambicionava. Como exemplo, a primeira dessas frases, usada nos materiais que anunciavam a inauguração do museu, era uma citação do livro *The Fractal Geometry of Nature*, de Benoît Mandelbrot (1983) que procurava estabelecer uma relação metafórica com os símbolos da marca: «Clouds are not spheres, mountains are not cones, coastlines are not circles, and bark is not smooth, nor does lightning travel in a straight line».

Tínhamos, assim, como elementos de comunicação, os símbolos e o logótipo, um conjunto de imagens das colecções tratadas graficamente e um conjunto de citações relevantes no discurso científico histórico ou contemporâneo.

EXPOSIÇÃO O projecto gráfico da exposição decorreu no contexto de dois momentos que coexistem no espaço do Laboratorio Chimico. O primeiro sendo a preexistência da arquitectura e do mobiliário original, preservados no âmbito do projecto de recuperação (figs. 81 e 82), e o segundo, decorrente dessa intervenção, que revela um novo espaço e o habilita com mobiliário contemporâneo e um conjunto de módulos interactivos concebidos, desenhados e construídos de acordo com as premissas programáticas do novo museu (figs. 83 e 84).

Perante esta dupla realidade, o projecto organiza-se na preocupação de assegurar uma continuidade de leitura dos diferentes espaços, promovendo simultaneamente a sua caracterização individual. O estrito cumprimento das normas prescritas no projecto de identidade visual era fundamental para alcançar este objectivo. Os conteúdos textuais da exposição foram tratados com uma única fonte tipográfica – de acordo com as normas estabelecidas, a FTF*Stella* – sujeita a uma cuidadosa hierarquia de tamanhos e pesos, que permitisse a definição e a compreensão imediata dos diferentes níveis de leitura. Esta hierarquia tipográfica acentua a diversidade de tratamento dos conteúdos nas duas áreas

principais da exposição: a reconstituição do laboratório químico do século XVIII e a nova sala, que conjuga a leitura de objectos históricos em vitrinas com os módulos exploratórios interactivos.

Também o espectro cromático da identidade foi utilizado para tornar mais claras as diferentes áreas. Mais discreto no laboratório, fazendo-se uso apenas da cor institucional do museu, surgiu na nova sala como principal aspecto de distinção entre as diferentes temáticas expostas.

CATÁLOGO Os mesmos princípios de integração das duas leituras decorrentes do programa do Museu, foram utilizados como meio e instrumento, no desenho do catálogo. A identificação deste objecto com a estratégia programática impunha a utilização das famílias tipográficas e a codificação cromática do sistema. A tipografia surge como um instrumento de identidade e, sobretudo, de legibilidade e facilidade de leitura. Para o corpo de texto foi utilizada a FTF*Rongel*, particularmente indicada para utilização em textos longos, como referido atrás. O tempo do laboratório original poderia ser sentido no tom de uma tipografia com um desenho inspirado na época da sua construção, oferecendo uma familiaridade e uma invisibilidade adequadas à leitura de textos complexos de teor histórico e científico.

A tipografia complementar, FTF*Morgan*, usada nos títulos e nos nomes dos autores, acrescentava o tom contemporâneo, reforçado pelo uso das cores do sistema.

Se as fontes usadas, especialmente no corpo do texto, aspiravam à tranquilidade da leitura, a diagramação do livro procurava uma dinâmica mais consonante com uma leitura contemporânea dos conteúdos. Embora inscritos numa grelha modular, os textos relacionam-se com as imagens numa organização assimétrica que lhes confere um movimento mais próximo da experiência sensorial dos módulos interactivos (figs. 8 6e 87).

O design do catálogo assentou, sobretudo, num exercício de equilíbrio entre os blocos de texto, as imagens e o espaço que os circunda, segundo o princípio da simetria da dupla página que é própria dos livros. Jost Hochuli e Robin Kinross (1996: 35) referem que o eixo dessa simetria é a espinha, em torno da qual as páginas se viram e que está sempre presente, e acrescentam que qualquer abordagem tipográfica, mesmo que assimétrica, como é o caso, tem de ter em conta a simetria que é inerente ao objecto físico que o livro é. Essa simetria não foi ignorada, pelo contrário, foi tirando partido da possibilidade de encontrar um equilíbrio dinâmico entre a colocação do texto e das imagens, que o design

encontrou a resposta para a proposta de integrar os princípios usados na formulação do programa de identidade e no design da exposição.

Foi o conteúdo do livro, como é sempre, que determinou o seu desenho, mas não foi ignorado o universo visual de que fazia parte. É o conteúdo que indica o caminho. Compreender de que tratam os livros é, com certeza, essencial e o design deve acompanhar o conteúdo. Por vezes acontece que um deles se sobrepõe ao outro. O que aqui se procurou fazer foi encontrar o justo equilíbrio (Mevis 2009: 89).

A palavra e a imagem são só uma.
HUGO BALL

— WELTLITERATUR: MADRID, PARIS, BERLIM, S. PETERSBURGO, O MUNDO! «Três degraus à entrada permitem-nos avistar uma cidade branca e labiríntica. Descendo os degraus a cidade fica ao nosso nível, perde-se a percepção do conjunto e na aproximação vê-se apenas um corredor que afunila entre volumes brancos. Em primeiro plano há um recado: *Snr Pessoa, precisei de sair, está o jantar prompto é só sentar a mesa, tirar do lume e comêr*. Estamos convidados. A cidade branca abriga palavras. Esta é uma exposição para ver, e ler» (Aires Mateus 2010: 168).

A introdução da memória descritiva do projecto expositivo dos arquitectos Francisco e Manuel Aires Mateus é eloquente na descrição da aproximação a um objecto que dificilmente se poderia inscrever na prática corrente da museografia em Portugal.

Weltliteratur – Madrid, Paris, Berlim, S. Petersburgo, o Mundo foi uma exposição organizada, em 2008, pela Fundação Calouste Gulbenkian (FCG) para celebrar a literatura portuguesa. O nome associa uma expressão de Goethe a um verso de Cesário Verde e foi escolhido pelo curador, António Feijó, para representar o ímpeto universalista de alguns dos melhores escritores portugueses: «Ao decidir fazer a exposição sobre literatura portuguesa e sobre uma época específica dela a ênfase não é paroquial. É exactamente o contrário. Os interlocutores contemporâneos desta geração estão fora de Portugal. Para indicar isso, nada melhor que usar um termo relativamente exótico criado por Goethe numa altura em que a Alemanha era uma confederação de pequenos estados, não ainda um estado unitário. Nessa altura, Goethe via a literatura como alguma coisa que transcendia essa pulverização medíocre. E via o impulso da literatura alemã como cosmopolita. Tudo o que foi feito pelos nomes

Snr Pessoa

Precisei de sair, está o jantar prompto é só sentar á mesa, tirar do lume e comêr.

Adelaide

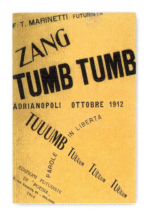 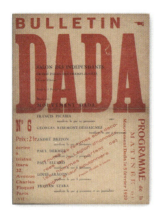 

90 91 92

93 94

95
96

que estão representados na exposição é cosmopolita, sendo igualmente do lugar de onde vem. O termo em alemão pretende designar isso. O subtítulo da exposição *Berlim, Madrid, Paris, São Petersburgo, o Mundo!* é um verso de Cesário Verde, uma espécie de irradiação heróica dessas coisas. O que aqui é interessante é que tanto em *Weltliteratur* como no verso de Cesário não há referência a Portugal. De resto, o crescendo geográfico do verso de Cesário não inclui nenhuma cidade portuguesa. Era justamente esta tensão que queríamos evidenciar. A tensão entre interior e exterior foi sempre em Portugal objecto de uma negociação incessante. São mais questionados em Portugal, se questionado é o termo, os méritos de Siza ou de Oliveira, para falar de nomes dificilmente superáveis no exercício da sua arte, do que no exterior» (Caramelo 2008: 2).

IDENTIDADE A leitura e interpretação do programa da exposição, orientaram o projeto de design para a criação de uma marca que reflecte a influência de um período fértil de questionamento e inovação no que ao design gráfico e à tipografia se refere. Ainda mais com a literatura como sujeito desta exposição, foi o universo gráfico das vanguardas do início do século XX que se impôs como espaço de releitura e de influência. Desde o ruído e a velocidade futuristas de Marinetti (fig. 90), ao *non-sense* dadaísta de Tristan Tzara (fig. 91), à novidade e ao acaso rigorosamente compostos por Kurt Schwiters (fig. 92), ou à organização da informação através da construção de relações estruturais de El Lissitzky (fig. 93), até à busca do ideal de ordem e pureza do *De Stijl* de Theo Van Doesburg (fig. 94), estas *novas* linguagens surgiram como pano de fundo para o desenho de uma marca que reflectia também sobre os processos de reprodução e a explosão de novas formas tipográficas assinalados na passagem do século XIX para o século XX.

O desenho das duas versões da marca da exposição – vertical e horizontal (figs. 95 e 96) – ficou muito a dever, em termos formais e, especialmente, cromáticos, a materiais mais efémeros de alguns artistas ligados às vanguardas, como sejam diversos materiais de papelaria desenhados por Schwiters, El Lissitzky e Piet Zwart. Esta paleta reduzida a duas cores haveria de ser um dos elementos de identidade da exposição, estendendo-se a todos os materiais de promoção e divulgação, desde o filme promocional, ao jornal da exposição e também ao catálogo.

A afinidade com a linguagem destes movimentos e artistas, revelou-se também na procura de equilíbrio da marca através de uma assimetria dinâmica que concorria com a organização espacial do dispositivo expositivo. O logótipo *Weltliteratur* constituiu-se como uma verdadeira marca da exposição, assumindo múltiplas materialidades, desde a sua versão impressa a uma versão animada, para televisão e para a internet, e uma versão reduzida à capitular 'W', utilizada na capa do catálogo e em materiais de *merchandising*.

PROCESSO E EXPOSIÇÃO O processo de design da exposição foi desenvolvido em permanente e estreita relação com o comissariado e a equipa de arquitectura. A exposição de uma grande quantidade de textos em prosa, poesia e de natureza ensaística, constituiu-se como o principal desafio do projecto de design gráfico. Decorria do projecto de arquitectura que os módulos/paredes da exposição tivessem apenas 173 cm de altura, criando uma relação dimensional com as peças, diferente para cada visitante. A opção dos projectistas colocava o observador «mais ou menos na linha limite da possibilidade de visão: há diferentes percepções do objecto, que será percebido dependendo da própria escala da pessoa, do visitante, entre a escala da escultura e a escala da arquitectura. Portanto há um limite de ambiguidade que foi querido e muito discutido (...). A relação não vai ser de maneira nenhuma *standard*, é de tal maneira no limiar que, dependendo das pessoas, não só pela sua estatura como também do tipo de percepção que têm destas questões, a sensação de escala vai ser muito diferente. Acho que é muito pessoal, nesse sentido», explicava Manuel Aires Mateus (Caramelo 2008: 4).

Esta dimensão do espaço obrigava a questionar as condições de leitura tidas como ideais num espaço expositivo. Esta não era uma exposição sobre literatura, no sentido de ser sobre os suportes da literatura – os livros – ou sobre o que é a literatura e a sua condição. A literatura era exposta como objecto, os textos deviam ser vistos e lidos como as outras peças e com elas estabelecer nexos, de que falava o comissário António Feijó (Caramelo 2008: 1): «A ideia inicial da exposição passava pela leitura de alguns textos, seleccionados e não casuísticos, entre que se estabeleceriam nexos. E depois, os nexos passaram a ser decisivos – a Fundação Gulbenkian tem no Museu o extraordinário quadro de Manet, o 'rapaz das cerejas', sobre o qual há um poema em prosa de Baudelaire em que ele explica o que de terrível aconteceu ao rapaz. Isto é um nexo imediato; evidentemente, depois pode tentar estabelecer-se outros nexos, ecos ou oposições entre os textos que permitam que o visitante progrida pela exposição». Procurava-se um espaço suficientemente complexo e intrigante onde os textos iriam conviver com outro tipo de objects de natureza mais directamente iconográfica: «se, por exemplo, um poema de Jorge de Sena descreve um quadro anónimo que está no Museu Nacional de Arte Antiga, podemos trazer essa peça, e fizémo-lo, e pôr o poema em presença (Caramelo 2008: 3) (fig 97).

A formatação dos textos submetia-se, assim, à dimensão dos espaços, em especial à sua altura. Colocados a partir do limite superior das paredes, ofereciam boas condições de leitura e constituíam-se verdadeiramente como peças da exposição. Esta formatação foi reforçada com uma numeração e legendagem mais habitualmente utilizadas para assinalar os objectos do que os textos que, nas condições habituais de exposição, surgem como elementos explicativos ou descodificadores das restantes peças (fig. 98).

O desenho da exposição, dividida em 11 módulos, foi sendo desenvolvido em maquete. «A maquete foi o lugar onde a exposição ganhou forma. Os seus volumes foram escritos, lidos, deformados, transformando-se continuamente através do conhecimento dos conteúdos. Os textos ganharam sentido ao serem colocados dentro da maqueta; a posição e a proximidade entre eles revelaram diferentes possibilidades de leitura. Volumes e palavras moldaram-se uns aos outros e ganharam ordem e dimensão, até encontrar uma forma final» (Aires Mateus 2010: 168). Este processo envolveu as diferentes equipas e foi obedecendo aos requisitos de cada uma das especialidades. O modelo cresceu, transformou-se, ganhou novas formas perante as exigências de cada texto, de cada obra de arte, de cada reprodução fotográfica. Vista de fora, realçava-se a sua dimensão escultórica; visitada, transformava-se em arquitectura.

CATÁLOGO O catálogo da exposição é muito especial no seu conteúdo, sendo o assunto da exposição a literatura em si mesma. Contém reproduções de todos os artefactos (manuscritos, pintura, escultura, entre outros) presentes na exposição mas é, sobretudo, o veículo privilegiado para revelar os textos escolhidos pelo curador. O catálogo respeita e reforça as relações temáticas entre os textos e as obras de arte que com eles se relacionam e presta homenagem à palavra escrita enquanto arte ela mesma.

À nudez da capa, que exibe apenas a capitular 'W' do nome da exposição, opôs-se uma sobrecapa-cartaz (fig. 99), de duas faces, onde se destaca, numa delas, o texto que fecha a exposição (fig. 100), um texto em que Teixeira de Pascoaes (1950) fala de um dos poucos encontros que teve com Fernando Pessoa e que funciona aqui como um convite

Retrato de Jovem Cavaleiro
AUTOR DESCONHECIDO
Escola portuguesa do séc. XVI
óleo sobre madeira de carvalho, 1540-1580
Museu Nacional de Arte Antiga

Fita-nos, como o pintor pensou,
não como jamais fitou alguém.
Ele próprio se não conheceu nunca
nesse retrato que a família, que os amigos,
sempre acharam todos parecido.
O Mestre, anos depois, que por acaso
viu, sem voltar a ver já o modelo,
o quadro esplêndido, achou pintura má
no que fizera; e não reconheceu
aquele olhar tão variamente fundo,
diverso do que, em tintas, punha sobre o mundo.

Mas tudo conjectura apenas.

Quem era? Qual o nome? Não sabemos
nada, inteiramente nada. A fronte limpida,
a boca que se fecha num desdém tão vago,
os olhos falsamente juvenis, irónicos,
o róseo, o negro, o terra, a leve pincelada,
parecem falar. Apenas o parecem. E,
dele, como do Mestre, não sabemos nada.
E quanto à data... a data é muito incerta.

Magnifica pintura. Oh! Sem dúvida,
de uma importante personagem. Inda
dependeremos desse jovem? Mas quem era?
Será que ele o sabia? Ou que o pintor o soube
naquel' momento de olhos em que o mundo coube?

Lisboa, 28 Agosto 58

9 **JORGE DE SENA**
Metamorfoses, 1963
Retrato de Um Desconhecido

uma ocasião, entrando eu num eléctrico a Estrela), deparo com Fernando Pessoa ou uma coisa, ó Pascoaes? Há escritores ém lê, e outros de quem ninguém fala écies, qual, em seu entender, tem mais quem toda a gente fala e ninguém lê, bém a minha opinião».

TEIXEIRA DE PASCOAES, entrevista a *O Primeiro de Janeiro*, 24-5-1950

à leitura. Ia num eléctrico em Lisboa, Pessoa entrou e perguntou-lhe, abrupto: «Já notou uma coisa, ó Pascoaes? Há escritores de quem toda a gente fala e ninguém lê e outros de quem ninguém fala e toda a gente lê. E destas duas espécies, qual, em seu entender, tem mais valor? Respondi que aqueles de quem toda a gente fala e ninguém lê, e Fernando Pessoa rematou: é também a minha opinião». A outra face reproduz uma imagem publicada na revista *La Révolution Surréaliste*, de 15 de Dezembro de 1929, que é utilizada, de forma fragmentada, ao longo de todo o catálogo, assinalando os ensaios que pontuam os vários temas da exposição. Também os onze capítulos que correspondem aos onze núcleos da exposição são assinalados com separadores onde cada um dos algarismos correspondentes teve um tratamento gráfico diferente, reforçando a diversidade tipográfica do logótipo.

O corpo do texto tem alinhamento justificado, deixando uma margem para as notas que se relacionam com o texto num alinhamento à esquerda. Foi utilizada uma tipografia com serifas – *Utopia* – em diversos tamanhos e pesos. As palavras de abertura do primeiro parágrafo de cada texto foram destacadas com versaletes e mudança de cor, conferindo-lhes distinção (Cullen 2012: 98).

O catálogo, como a exposição, tem vários níveis de leitura e como a exposição não era para se ver, no sentido em que era uma exposição que se viu, também o catálogo se vai descobrindo. À pergunta de Elizabete Caramelo (2008: 5) sobre a duração da visita à exposição: «E se não quiser ficar uma hora ou duas?» respondia Manuel Aires Mateus, «Acho que a exposição tem também esse lado muito real na vida – é que nós só ganhamos aquilo que damos. Quem não der, não recebe». É também a minha opinião.

E, A PROPÓSITO, ocorre-me que, numa ocasião, en[...] num eléctrico (recordo-me bem, era da carreira da[...] deparo com Fernando Pessoa que me pergunta d[...] «Já notou uma coisa, ó Pascoaes? Há escritores de q[...] a gente fala e ninguém lê, e outros de quem ning[...] e toda a gente lê. E destas duas espécies, qual, em seu [...] tem mais valor?» Respondi que aqueles de quem tod[...] fala e ninguém lê, e Fernando Pessoa rematou: «é [...] a minha opinião». TEIXEIRA DE PASCOAES, entrevista a O Primeiro de Jane[...]

Cada vez me convenço mais de que só fazendo a mesma coisa várias vezes, numa vida ou ao longo de gerações, é possível refinar e chegar a soluções com eternidade.
FERNANDO TÁVORA

— FERNANDO TÁVORA, MODERNIDADE PERMANENTE
No texto de abertura do catálogo *Fernando Távora Modernidade Permanente*, José António Bandeirinha (2012: 12) situa o âmbito da exposição: «é sobre a obra de Távora, mas, longe da ambição de ser monográfica, ou antológica, pretende isso sim oferecer uma leitura transversal da insistente relação que essa obra tem com o exercício do magistério, enquanto Professor de Arquitectura». Ao descrever o conteúdo material da exposição, explicita que os originais e as reproduções expostas fazem parte do acervo profissional de Fernando Távora, a que se juntou um conjunto de vídeos montados a partir de gravações efectuadas entre 8 de Janeiro e 10 de Novembro de 1993, o último ano em que Fernando Távora leccionou a disciplina de *Teoria Geral da Organização do Espaço* na Faculdade de Arquitectura da Universidade do Porto e um conjunto de «entrevistas sobre a obra de Távora, realizadas nos dias 4 e 5 de Junho de 2012, a arquitectos que o tiveram como colega, amigo, mestre, ou com ele privaram e colaboraram, nomeadamente Álvaro Siza, Alexandre Alves Costa, Alfredo Matos Ferreira, Eduardo Souto Moura e Sérgio Fernandez». Era este conjunto de documentos, pertencentes ao âmbito do desenho e da fotografia de Arquitectura e ao âmbito documental dos registos existentes sobre as suas aulas, conferências e viagens de estudo, que formava o corpo dos conteúdos com que havíamos de lidar. O programa de design decorria do objectivo final do comissariado que visava incluir toda esta documentação num todo cuja coerência fosse legível, de um modo tão natural como foi colhida ao longo da vida (Bandeirinha 2012: 12).

A complexidade e extensão do programa exigiram uma estreita interacção com os diversos níveis da organização, em especial e em primeiro

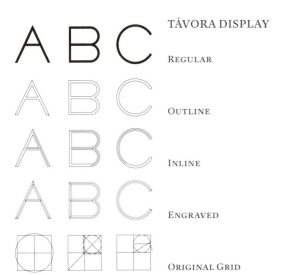

Távora Display

Regular

Outline

Inline

Engraved

Original Grid

102

ABCDEFGHIJKLMNOPQR
STUVWXYZ TÁVORA
ABCDEFGHIJKLMNOPQR
STUVWXYZ TÁVORA

103

104

lugar, com o coordenador, Arquitecto Álvaro Siza, o comissário da exposição, Arquitecto José António Bandeirinha e os comissários adjuntos, Arquitectos Gonçalo Canto Moniz e Carlos Martins. Num nível mais operativo, foi fundamental o concerto com a equipa responsável pelo projecto expositivo, coordenada pelo Arquitecto João Mendes Ribeiro.

A intervenção da FBA. inscrevia-se em quatro pontos fundamentais: a criação de uma identidade visual do projecto, o design gráfico da exposição, o design do catálogo e o design da edição do *Diário de "Bordo"*, nas suas versões fac-similada e de fixação do texto em português e em inglês.

IDENTIDADE VISUAL Num artigo inicialmente publicado em 1991 no *AIGA Journal of Graphic Design,* Paul Rand enuncia uma lista de definições do que é e faz um logótipo[17]. Uma destas definições pode facilmente definir o propósito que conduziu à construção da identidade visual do projecto *Fernando Távora Modernidade Permanente*: «Um logótipo adquire o seu *significado* da qualidade do que simboliza, não o contrário» (Rand 1994: 89). Durante o processo de discussão do programa, os designers perceberam que o Arquitecto Fernando Távora havia dedicado alguma atenção e estudo ao desenho das letras, tendo mesmo fixado um alfabeto latino de características geométricas, em caixa alta. Este trabalho revelava uma qualidade de execução que se impôs como solução para a criação da imagem gráfica da exposição. A partir dos seus estudos, de algumas aplicações e dos desenhos vectoriais que foi possível recuperar – em especial a grelha de construção do alfabeto – foi desenhada uma fonte digital, a que foi dado o nome *Távora Display*, com cinco estilos, *Regular, Outline, Inline, Engraved* e *Original Grid* (fig.102). Na exposição e no catálogo foram usados todos os estilos, particularmente o *Regular* e o *Outline* (fig. 103). A solução final da marca da exposição (fig. 104) ficou muito a dever ao estudo de algumas aplicações feitas pelo Arquitecto Fernando Távora, que revelam uma tendência para o desenvolvimento de ligaturas e a criação de monogramas a partir deste alfabeto (fig. 105).

EXPOSIÇÃO A exposição ocorreu no âmbito da *Guimarães 2012 Capital Europeia da Cultura*, nas instalações da Escola de Arquitectura da Universidade do Minho (EAUM), entre Novembro de 2012 e Fevereiro de 2013. A escolha do espaço obedeceu a critérios de ordem simbólica – o projecto de arquitectura da EAUM (1996-02) é de Fernando Távora,

---

[17] *Logo*, no original.

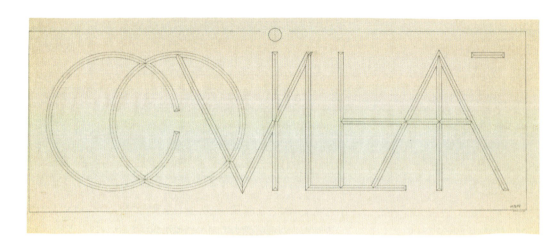

em co-autoria com José Bernardo Távora — embora colocasse problemas de ordem diversa, nomeadamente, não ser um local preparado para receber exposições, nem espacial nem logisticamente, e implicasse a dispersão da mostra por diversas salas localizadas em dois pisos diferentes. Estes constrangimentos obrigaram a um especial cuidado com a sinalização e a orientação do percurso expositivo e ao estabelecimento de uma rigorosa hierarquia dos conteúdos, materializada numa coerente e facilmente reconhecível hierarquia tipográfica. A exposição estava dividida em quatro grandes enquadramentos que não respeitavam nem a «épocas marcadas por contextos histórico-culturais, por correntes arquitectónicas estabelecidas pela crítica, nem, muito menos, por tempos abstractamente medidos pelas décadas (...)», mas antes pelo «enquadramento institucional em que o magistério de Távora foi exercido, ou seja, do fundo sobre o qual se inscreveu, de modo quase sempre indelével, a sua acção pedagógica» (Bandeirinha 2012: 13).

Estes momentos eram assinalados na exposição com um conjunto de elementos gráficos compostos sobre a grelha usada para desenhar os tipos de Távora e que incluía a numeração dos núcleos, uma epígrafe, uma imagem, os respectivos títulos e datas. Os dois primeiros momentos ocupavam a primeira sala da exposição: 1 — 1923-1959 ESBAP 1 — CIAM — INQUÉRITO. O LEGADO DA ESCOLA. e 2 — 1960-1969 A GRANDE VIAGEM E O REGRESSO. DO PAÍS PARA O MUNDO, DO PUXADOR AO TERRITÓRIO, A ORGANIZAÇÃO DO ESPAÇO (figs. 106 e 107). Estes elementos gráficos de introdução a cada um dos momentos da exposição articulavam-se com os elementos de identidade, através do uso da grelha e da tipografia e, para além da função de sinalização, regulam a hierarquia tipográfica definida para a exposição, o uso da fonte *Távora Display* e a sua relação com a tipografia complementar, usada nas legendas e textos mais longos, a *Utopia*, desenhada por Robert Slimbach, em 1989. Os outros dois momentos da exposição: 3 — 1970-1981 ESBAP 2. BASES GERAIS PARA UMA PEDAGOGIA DO PROJECTO, DA CIDADE, DA ARQUITECTURA e 4 — 1982-2005 UNIVERSIDADES. CONSOLIDAÇÃO DA AUTONOMIA DISCIPLINAR E CONSAGRAÇÃO DA ESPECIFICIDADE PEDAGÓGICA, desenvolviam-se no corredor do 2.º piso, onde o rigor da hierarquia tipográfica ganhava especial importância enquanto modo de atenuar a dispersão espacial dos núcleos (fig. 143).

«Como está documentado, Távora cruza na sua formação escolar uma matriz conservadora com uma cultura modernista: *entra enamorado pela Vénus de Milo e sai fascinado por Picasso* (Ferrão 1993: 23). Mas

função de um conhecimento do essencial, daquilo que não podemos abandonar
mutilação próxima e futura, que as escolhas decisivas para o nosso destino deviam ser feitas.

It is in order of the knowledge of the essential, which we cannot abandon without mutilation soon and in the future, that the decisive choices for our destiny must be made..

DO LOURENÇO, *O LABIRINTO DA SAUDADE*, LISBOA, PUBLICAÇÕES D. QUIXOTE, 1978, P.74.
LOURENÇO, THE LABYRINTH OF NOSTALGIA, LISBON, D. QUIXOTE EDITIONS, 1978, P.74.

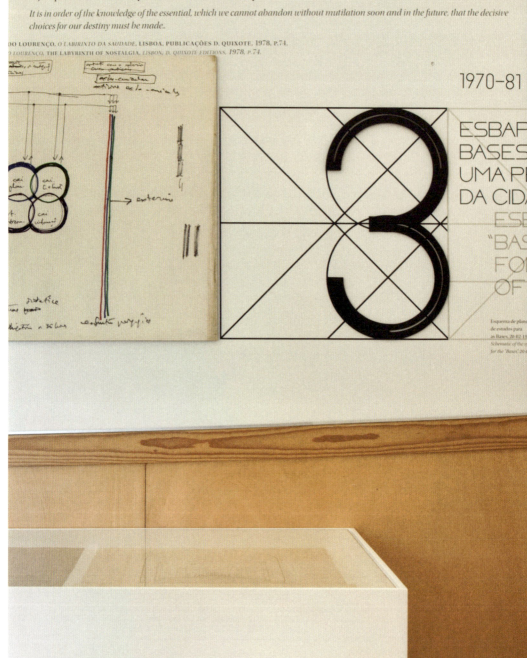

1970–81

ESBAP
BASES
UMA PE
DA CIDA
ESE
"BAS
FO
OF

Esquema de plano de estudos para as Bases, 20-02-19[...]
Schematic of the syl[...] for the 'Bases', 20-0[...]

109

quando o mundo moderno começa a ter a forma da América, Távora precipita-se no regresso à Vénus de Milo, até literalmente: a viagem começa em Washington e acaba nas pirâmides do Egipto e no Pártenon em Atenas. Conforme o relativismo, o consumismo, o culto da efemeridade e do mundano se começam a impor, o regresso à eternidade, a valores sólidos e testados pelo tempo, começa a ser mais forte. A viagem na América está cheia de proclamações desse tipo» (Figueira 2012: 40).

Não podia a solução de design ser estranha à personalidade de Fernando Távora o que justificava o uso de um tipo de letra com serifas, de características transicionais, o tratamento formal dos textos num permanente equilíbrio entre a modernidade e a tradição e a submissão à grelha construtiva dos tipos por ele desenhados na construção dos painéis. A intervenção gráfica aconteceu em dois planos distintos, de acordo com o projeto expositivo: o plano horizontal das mesas com originais, onde o design gráfico se auto-limitou na sinalização das peças e no desenho das legendas (figs. 101, 107 e 108), e o plano vertical, com reproduções fotográficas e textos que permitiram uma maior liberdade no uso de diferentes dimensões e escalas (figs. 107 a 109).

A solução expositiva, proposta pela equipa de arquitectura para os planos verticais, informou, no sentido em que lhe deu forma, o projecto gráfico. O uso, também aqui, de dois planos de informação, facilitou o destaque devido aos textos que literalmente se sobrepunham à informação fotográfica, mais referencial e mesmo ilustrativa nalguns casos. A mobilidade dos planos soltos com texto proporcionou a possibilidade de uma composição mais dinâmica e o consequente equilíbrio assimétrico dos painéis.

Para além dos espaços referentes aos momentos 1 e 2 – sala de exposições temporárias – e aos momentos 3 e 4 – corredor do 2.º piso – a exposição tinha ainda mais três núcleos: uma sala onde era projectado o vídeo com as entrevistas atrás referidas, realizado por Catarina Alves Costa, uma sala com desenhos originais das aulas de Fernando Távora, acompanhados de postos de visionamento de montagens vídeo dessas mesmas aulas, e um último núcleo na biblioteca da EAUM com quatro projectos. Estes projectos, o *Parque Municipal da Quinta da Conceição* (1956-60), o *Pavilhão de Ténis da Quinta da Conceição* (1956-59), a *Avenida D. Afonso Henriques* (1955) e a *Recuperação dos Antigos Paços do Concelho* (1993-03) sintetizavam, nesta última sala, o conceito da exposição: Modernidade Permanente.

Nestes espaços a intervenção do projecto de design resumia-se à sinalética e a uma intervenção tipográfica na galeria da Biblioteca.

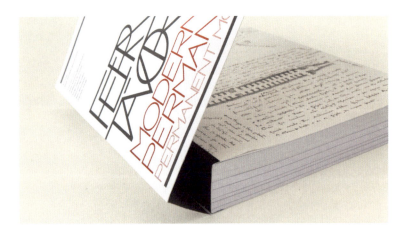

CATÁLOGO O design do catálogo obedeceu aos mesmos princípios que organizaram o projecto gráfico da exposição: uma rigorosa hierarquia tipográfica, apoiada na convivência da fonte desenhada a partir dos tipos de Fernando Távora com a *Utopia* de Robert Slimbach, e uma preocupação com a facilidade de leitura dos textos longos.

O comissário da exposição, José António Bandeirinha, sempre teve a ideia de uma exposição muito tipográfica e foi, segundo ele, talvez no catálogo que essa ideia tipográfica ficou mais bem espelhada (Pereira, s.d.).

O livro foi organizado em duas partes assinaladas pela utilização de dois papéis diferentes. A primeira parte alberga textos de diferentes autores conhecedores da obra de Fernando Távora, textos longos, compostos numa única coluna, alinhados em bandeira, seguidos das respectivas versões em inglês, compostas num corpo mais pequeno, a duas colunas, também com alinhamento em bandeira. A segunda parte – organizada em 5 capítulos – apresenta imagens e textos dos projectos de arquitectura, fotografias e notas de viagem do arquitecto, estas últimas sempre impressas a vermelho. Nesta parte, a mesma grelha acolhe o texto composto a duas, três e quatro colunas e as imagens de natureza e dimensões muito variáveis – originais de desenhos, esquissos em suportes acidentais, apontamentos, fotografias e reproduções de notas de viagem. À organização das imagens foi conferido um carácter dinâmico que não respeita a mudança de página e que permite que o livro seja folheado como uma sequência fílmica (fig. 111).

Abraçando tudo isto, a capa destacada da lombada abre-se, no verso, como uma porta da entrada na qual somos recebidos pelo próprio Fernando Távora, desenhando (figs. 110 e 113).

DIÁRIO DE "BORDO" «O conjunto de desenhos, textos e outros materiais cartáceos que forma o diário do Arquitecto Fernando Távora constitui uma obra compósita de essencial valor para um mais profundo conhecimento não só do seu percurso como arquitecto, professor e teorizador, mas também para um redimensionamento das vias trilhadas pela arquitectura portuguesa na viragem do moderno. (...)Esse conjunto polifacetado de materiais ilustra e documenta a viagem que iniciou no dia 13 de Fevereiro de 1960, em direcção oeste, e que se concluiu a 12 de Junho do mesmo ano» (Marnoto 2012: 13).

A edição do *Diário de "bordo"* compreende três volumes: o primeiro reproduz em fac-símile o *Diário*, com todos os elementos que dele fazem parte, à escala 1:1 (fig. 112), com excepção das peças cuja dimensão ultrapassa a das folhas do diário, reproduzidas à escala 1:2. Além disso, inclui

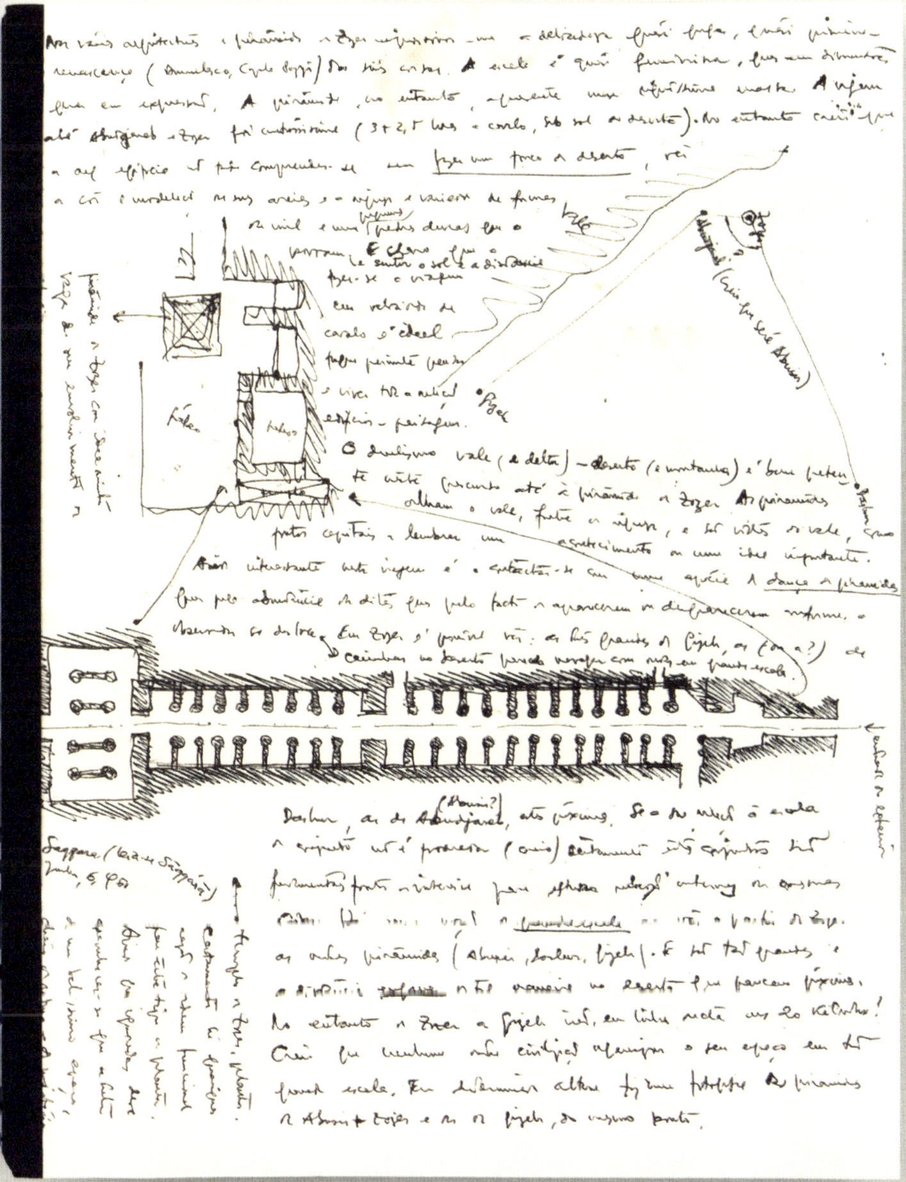
O dualismo vale (o delta) – deserto (a montanha)
Saqqara
Gizeh

a reprodução à escala 1:1,7 dos desenhos dos Cadernos A e B que acompanhavam o *Diário de "bordo"*. Os segundo e terceiro volumes, acompanhados por textos introdutórios, contêm o estabelecimento de texto do manuscrito e as transcrições e anotações que acompanham os desenhos de viagem dos Cadernos A e B.

O projecto de design procurou respeitar a integridade das páginas soltas do *Diário* original, estabelecendo as melhores condições de fruição, sobretudo no volume fac-similado e no que às escalas dizia respeito, e, também, a melhor qualidade de leitura, sobretudo nos volumes 2 e 3. O reduzido tamanho da mancha implicava um pequeno corpo de texto e a opção tipográfica recaiu sobre a fonte *Antwerp*, de Henrik Kubel, que procurou criar uma família de tipos de texto contemporânea com referências históricas. Com uma elevada altura-x, revelou-se adequada para a leitura num corpo e entrelinha relativamente pequenos (9/11 pts).

Os volumes são acondicionados numa caixa rígida e negra, reforçando o carácter íntimo e precioso do conteúdo.

[…] é extraordinário o tempo que gasto com este diário… tenho que justificar as despesas à Gulbenkian… mas é também uma recordação que fica, embora sem qualquer interesse especial.
FERNANDO TÁVORA, *Diário de "bordo"*, fl. 168

—FECHO A escolha dos projectos que deram corpo a este capítulo pretendeu pôr em evidência um modo de fazer, uma atitude perante os programas que privilegia a procura de uma relação entre os conteúdos – a mensagem a transmitir – e a escolha dos meios e suportes que lhes dão forma.

Como foi referido anteriormente, os critérios de selecção envolveram uma avaliação da qualidade dos programas, da relação com os clientes e com as diferentes equipas envolvidas no projecto – quando é o caso – e o escrutínio dos resultados por entidades externas qualificadas.

As tipologias escolhidas não reflectem toda a actividade do estúdio, que sofreu grandes alterações desde que iniciei a escrita deste trabalho, em especial, as tipologias ligadas à edição de livros em papel, mais afectadas pelas transformações operadas em virtude de uma profunda alteração das condições do mercado. Como discutirei no capítulo seguinte, faria, porventura, sentido, dedicar mais espaço de reflexão aos suportes digitais, que ganharam importância em volume e diversidade. Estas são, contudo, o que poderíamos chamar, as zonas de fundação, os alicerces de uma prática que não se alterou nos seus princípios com as mais recentes mudanças de *media*.

Também não se alteraram as virtudes da diversidade de suportes, do cruzamento de diferentes tipologias no mesmo projecto e do estabelecimento de relações de longa duração com os mesmos clientes, que procurei evidenciar nos projectos escolhidos.

The future lies ahead of us, but behing us there is also a great
accumulation of history – a resource for imagination and creativity.
I think we call «creative» that dynamism of intellectual conception
that flows back and forth between the future and the past.
KENIA HARA

FBA. DESIGN SEM TRASEIRAS

A TESE DEFENDIDA NESTE LIVRO É, no essencial, a demonstração de como no estúdio de design FBA., a prática do design gráfico se materializa na transmissão de mensagens de forma clara, sem requerer o recurso a exercícios de redução ou de neutralidade. Simples ou complexos, os programas de design são, no trabalho da FBA., abordados como exercícios de clarificação, no sentido de tornar efectiva a comunicação. O que aqui demonstro é que, quando falo de clareza, não me estou a referir a um estilo ou uma norma, em geral associados a uma mitologia de neutralidade, traduzida numa prática assente em fórmulas seguras, sob a aparência dos princípios modernistas iniciais, na linha do que defende Stephen Banham[1], numa entrevista a Rick Poynor (2002: 62-63): «Pode-se ser genérico mas não se pode ser neutro». Penso, também, a partir desse pressuposto, de que o design não pode ser neutro, e que me interessa, sobretudo, a clareza de princípios e de propósitos.

A demonstração de uma prática de cerca de quinze anos em diferentes vertentes do design gráfico exigia uma caracterização das condições do estabelecimento dessa prática – do tempo e das ideias que concorreram para a adopção do formato e para o desenvolvimento da ideologia do estúdio. Exigia também o conhecimento detalhado do *habitat* e da rotina, desde a materialidade prosaica dos números – dos projectos e dos clientes – aos atributos espaciais que organizam o estúdio.

Como referi no início, este texto foi, por isso, organizado em três partes. A primeira a servir o propósito de perceber como, no início, uma prática autodidacta se articulou com a acumulação do conhecimento

---

[1] Designer, tipógrafo e escritor australiano, fundador do estúdio tipográfico *Letterbox* <www.letterbox.net.au>.

veiculado numa época muito particular para a disciplina. Particular pela multiplicidade de visões que emergiam num novo eclectismo, mas particular também pela ocorrência das inovações tecnológicas que vinham alterando a divisão do trabalho, concentrando no designer as tarefas antes distribuídas por um largo número de profissões. O que parece evidente é que o conhecimento da herança, através do exemplo de algumas referências do passado, nos ajudou a enfrentar essa diluição de especialidades. Nesta matéria, parece ser clara a importância do conhecimento tipográfico na formação de uma certa visão do design gráfico e a contribuição dos diferentes saberes trazidos por cada um dos designers que haviam de formar a equipa da FBA..

Num segundo momento, era importante descrever as condições locais e o percurso até à constituição do estúdio e, então, o resultado desse percurso, na sua formalização e materialidade. Se, como na primeira parte, a abordagem é autobiográfica, esta é também uma aproximação etnográfica ao espaço, à equipa, às condições materiais e às relações sociais que ali foram sendo estabelecidas.

Com esse propósito, reflecti sobre a organização do espaço de trabalho e avaliei as opções tomadas em dois espaços, ocupados em dois momentos diferentes, para concluir que, num e noutro caso, foram sempre privilegiadas as soluções que potenciam a comunicação e a interacção entre os diferentes membros da equipa, sem prejudicar a reserva necessária ao bom funcionamento, nomeadamente entre a área de gestão e a área de projecto.

Na mesma linha de pensamento, o levantamento e a classificação dos projectos, numa taxonomia de uso comum, permitiu mapear a actividade do estúdio segundo dois tópicos que considero relevantes: a longevidade das relações com os clientes e a multiplicidade de áreas de actuação com esses mesmos clientes. Estes dois aspectos, perseguidos de forma intencional pela organização e pela gestão do estúdio, parecem demonstrar que a proximidade e o consequente conhecimento das necessidades dos clientes sempre actuaram como um elemento essencial na forma como os programas de design foram interpretados com o sentido de se materializarem em mensagens claras.

Um outro aspecto, que a análise dos números parece confirmar, relaciona-se com o percurso do estúdio no que à qualidade e ao volume dos projectos diz respeito. Mantendo um volume de facturação sem grandes oscilações, o decréscimo no número de projectos indica um percurso no sentido de uma maior complexidade ou de uma maior dimensão. Este factor não é negligenciável quando reflectimos sobre a compreensão dos programas, a sua interpretação e questionamento e a consequente resposta no projeto de design. Esta análise indica que menos projectos, de maior dimensão e complexidade, e com uma duração temporal também superior, conduzem, em geral, a uma melhor compreensão dos problemas e à formulação de um maior e mais acertado conjunto de respostas.

Para a etnografia do estúdio, era também importante pôr em relevo certas opções, tomadas ao longo do período em estudo, no sentido da criação de uma cultura da empresa. Nesta matéria, foi destacada a instituição de uma prática de responsabilidade social, sistemática e conduzida por todos os elementos da equipa e também de uma política de edições, que tem nos textos sobre tipografia a sua expressão mais visível. Estas edições concorrem no duplo efeito de partilhar a reflexão sobre estes textos e de cultivar o exercício da tipografia, fundamental em toda a prática do estúdio. Esta atitude era, nalguns casos, contraditória com a própria formação académica dos designers que, ao longo do tempo, foram constituindo a equipa.

A verdade é que «os detalhes da composição e o correcto uso da tipografia, nos diferentes programas de design, nem sempre fizeram parte da formação dos designers, essencialmente treinados para pensar visualmente. A aparência imediata; forma, cor e textura do texto eram, em geral, de maior importância para o designer do que a sua capacidade de fornecer uma mensagem ao leitor. Esta atitude conduzia ao uso arbitrário do comprimento das linhas, frequentemente longas de mais e em estreita relação com tipos não serifados. Da mesma forma, a escolha da tipografia parecia ser motivada mais pela sua aparência do que pela sua função». Esta reflexão de David Jury (2001: 72) descreve uma realidade que foi sempre matéria de discussão na prática do estúdio.

A cultura de uma consciência tipográfica ficou muito a dever, numa fase inicial, ao contacto com a prática da composição nas oficinas gráficas, e foi completada, mais tarde, com o conhecimento formal dos designers mais novos. É essa cultura que a publicação de textos importantes da história da tipografia tem procurado preservar.

Para melhor compreender a prática do estúdio, elegi as três áreas que mais contribuíram para a definição dessa prática e, em cada uma delas, destaquei dois casos, que detalhei com o objectivo de lhes conhecer os pressupostos do programa, as condições de desenvolvimento do projecto, as soluções encontradas e a avaliação do seu desempenho. Para estabelecer um retrato tão fiel quanto possível do estúdio, completei esta selecção com mais três projectos que reflectem programas recorrentes:

programas de design que reclamam a actuação nas áreas que atrás autonomizei, concorrendo aqui num mesmo projecto.

As áreas que seleccionei, *Capas e livros*, *Identidade visual* e *Museus e exposições*, permitiram-me demonstrar como, em linha com um pensamento do design gráfico corrente a partir das últimas duas décadas do século XX, o trabalho desenvolvido na **FBA**. se pontua pela procura de expressões gráficas originais, com influências multifacetadas, que respondam aos apelos da sociedade contemporânea.

No primeiro grupo, coloquei em confronto duas abordagens muito diferentes do design de capas e livros. O primeiro apostava numa identidade de recursos gráficos, assente numa grande clareza tipográfica e no uso muito objectivo da fotografia. Tratando-se da completa renovação da imagem de uma editora de média dimensão, eram pertinentes os temas da ruptura e da continuidade, bem como a articulação entre a individualidade da imagem dos livros em conciliação com a imagem particular das colecções e a imagem geral da editora. Tratava-se, afinal, de tornar claro que as diferentes parcelas do universo da editora se relacionavam entre si em duas instâncias.

Se avaliarmos o projecto de renovação da imagem das *Edições 70* segundo os critérios sugeridos por Adrian Saughnessy (2005: 145-6), temos de concluir que o resultado foi positivo. O cliente ficou satisfeito, o trabalho foi rentável – tanto no plano financeiro, como no plano mais intangível da satisfação dos designers e da sua exposição e reconhecimento – e, por fim, foi alvo de atenção e atraiu outros projectos.

O segundo caso, menos condicionado por objectivos comerciais, possibilitava uma abordagem mais experimental. O reconhecimento da colecção da *Fenda* resultaria do uso de uma grande diversidade de composições tipográficas, que reflectiam a igual diversidade de épocas e géneros patentes no conteúdo dos livros. A unidade fez-se pela diversidade compositiva e pela limitação de recursos utilizados. Uma única tipografia, duas cores, fundo branco e um símbolo, tornavam claras as intenções da colecção: um programa editorial muito diverso, unido na escolha individual de um editor. No interior, a composição do texto servia o conforto do leitor.

A escolha dos dois projectos de identidade visual que decidi analisar teve como motivação a ilustração dos dois tipos mais frequentes de abordagem deste tema no percurso do estúdio. Um mais silencioso, quase invisível, e o outro exuberante e potencialmente polémico. Também aqui os ditames dos programas foram interpretados sem espaço para dúvidas.

Foi sempre claro, para o cliente e para os designers, que a renovação da identidade de uma editora como a *Almedina*, cujo terreno é, essencialmente, o meio académico do Direito, se faria como um processo de continuidade. A ruptura com a imagem existente não beneficiava a estratégia de renovação, pelo contrário, acarretava o risco de introduzir um elemento de perturbação. Esta renovação, executada em vários momentos, num espaço temporal alargado, veio a revelar-se, como pensávamos, eficaz e produtiva.

Pelo contrário, o projecto de identidade para a Presidência Portuguesa do Conselho da União Europeia, destinado a uma utilização condicionada no tempo, oferecia outras possibilidades de interpretação do programa. O próprio processo do concurso, dividido em várias fases e com uma componente de interacção com a comissão técnica de acompanhamento, permitia e aconselhava uma abordagem mais comprometida com uma atitude autoral. Os resultados deste concurso produziram um efeito muito positivo na equipa e na imagem do estúdio. Não tendo alcançado o primeiro lugar e a consequente aplicação prática, o projecto desempenhou um importante papel como exemplo de abordagem de um programa de identidade visual, dentro e fora do estúdio.

A terceira área seleccionada difere das anteriores, desde logo, pela necessária e obrigatória concorrência de outras equipas, de outras especialidades, no decorrer do projecto. O trabalho das equipas de curadoria, conservação e restauro, fotografia, arquitectura, design de interiores, iluminação, vídeo ou informática, faz-se a montante e a jusante do trabalho de design gráfico. Tem sido uma das áreas de maior envolvimento do estúdio, não só por oportunidade, mas essencialmente pelo investimento feito neste tipo de trabalho cooperativo, pela abertura a outras áreas e pela troca de conhecimentos que proporciona.

Mais uma vez, o trabalho da **FBA.** foi ilustrado com dois programas de natureza muito diversa. Os projectos de museus e exposições têm em comum com os livros a prioridade do trabalho tipográfico. As principais preocupações decorrem das questões de legibilidade, de facilidade de leitura e de uma correcta hierarquização dos conteúdos. Este aspecto é evidente em ambos os projectos.

Em *Arquitecturas em Palco,* o minucioso trabalho de composição revelou-se essencial para o sucesso do projecto. O conteúdo da exposição, referente às 16 cenografias, era composto por um número diversificado de esquemas, desenhos, fotografias e textos, que foram organizados numa grelha modular que os aproximou. A uniformização destes conteúdos conferia, assim, uma unidade à exposição que tornava fácil a localização dos assuntos, facilitando a leitura e a compreensão.

A apresentação de 160 pinturas dos séculos XV e XVI, algumas de grandes dimensões, no ambiente palaciano do Museu Nacional de Arte Antiga, poderia indiciar um tratamento gráfico tendencialmente discreto. Não foi essa a opção dos comissários e dos designers. O rico património pictórico do chamado *Século de Nuno Gonçalves* foi envolvido numa riqueza cromática que incluía superfícies douradas, três tons de malva e 'azul da prússia'. À intenção programática de ensaiar novos questionamentos e novas pistas de leitura destas obras, respondia o projecto expositivo com a afirmação dos elementos de design, que não se limitava ao uso da cor e se prolongava na utilização de suportes de texto de dimensões generosas, realçando a importância crítica destes conteúdos. O design da exposição funcionou em confronto com a exuberância das peças e do lugar, ou talvez, por acumulação com eles.

Não é acidental que os três projectos que escolhi para fechar a selecção, que deu corpo ao capítulo III, tenham por base a realização de exposições. A direcção da **FBA.** sempre reconheceu no trabalho com outras especialidades uma fonte de conhecimento que não devia ser negligenciada.

Estes projectos têm em comum com os anteriores a partilha de saberes com outras disciplinas. No entanto, distinguem-se deles no alcance e na dimensão desse esforço colaborativo. A singularidade destes três projectos reside, no essencial, no facto de terem sido verdadeiramente construídos em parceria com as restantes especialidades, desde a formulação e o questionamento do programa. Todos eles se podem caracterizar por uma grande clareza de objectivos e uma total abertura para a discussão dos programas, que estiveram na origem duma verdadeira multidisciplinaridade e de um desenvolvimento dos projectos em permanente interdependência com as outras especialidades.

Outro dos aspectos partilhados era a vontade de questionar, num caso, os modelos vigentes na museologia da ciência, no outro, a forma de expor a literatura e, no terceiro, a exposição de uma obra de arquitectura na sua relação com o exercício do magistério.

O tema da veiculação clara das mensagens foi tratado de forma diferente nestes três projectos. Contudo, em todos eles, esse tratamento foi, na mesma medida, informado pelos objectivos dos programas. A identidade variável do Museu da Ciência da Universidade de Coimbra articula-se com a natureza duplamente patrimonial e exploratória do museu, com a mesma intenção que o logótipo da exposição *Weltliteratur* procura a ressonância da tipografia dos movimentos modernistas do início do século XX ou que o da exposição sobre Fernando Távora incorpora a personalidade do arquitecto que desenha letras geométricas sobre uma grelha clássica.

Durante os quinze anos de direcção criativa da **FBA.**, julgo não estar longe da verdade se disser que as expressões mais frequentes, nos momentos de questionamento de um projecto, tenham sido «isto não se lê» e «isto não se percebe». Foi a constatação desta preocupação permanente que esteve na origem deste texto.

O que me interessava era perceber se uma prática colectiva, aberta a influências diversas e flexível nos seus instrumentos e métodos, poderia transmitir, com diversidade de resultados, as suas intenções com clareza. Sem excluir a ambiguidade e a problematização, sem recusar o exercício da autoria, interessava-me a demonstração de que a principal preocupação na prática da **FBA.** foi sempre a capacidade de se fazer entender.

REFERÊNCIAS BIBLIOGRÁFICAS

Adams, Wayne 2002 «Miles Ahead», Graham Marsch e Glynn Callingham (eds.) *The Cover Art of Blue Note Records: The Collection*, London, Collins & Brown

Aicher, Otl 1994 *The World as Design*, Berlim, Ernst and Sohn: 138-139

Aires Mateus, Francisco e Manuel 2010 «Exposición Weltliteratur en la Fundação Calouste Gulbenkian, Lisboa (Portugal)», *On diseño*, n.º 314-315: 168-171

Aires Mateus 2002 «Librería Almedina I», *2G, Revista Internacional de Arquitectura*, n.º 28, Barcelona, Editorial Gustavo Gili: 38-41

Alterhaug, Bjørn 2004 «Improvisation on a triple theme: Creativity, Jazz Improvisation and Communication», *Studia Musicologica Norvegica*, vol. 30, Oslo, Universitetsforlaget.

Amaral, Ana Rita 2006 «Sobre Sem Rede. Ruy Duarte de Carvalho – Trajectos e Derivas», *Etnográfica*, Vol. x (1): 195-8

Anglade, Guy 2010 «An Edited Interview: Vaughan Oliver, Album Designer», *Print*, disponível em <www.printmag.com/design-inspiration/interview-vaughan-oliver>

Antonelli, Paula (ed.) 2011 *Talk to Me: Design and Communication between People and Objects*, New York, Museum of Modern Art

Armstrong, Helen 2009 *Graphic Design Theory: Readins from the Field*, New York, Princeton Architectural Press

Aynsley, Jeremy 2001 *Pioneers of Modern Graphic Design: A Complete History*, London, Mitchell Beazley

Bailey, Stuart 2008 «Graphic Design», Michael Erlhoff e Tim Marshal (eds.) *Design Dictionary, Perspectives on Design Terminology*, Basel-Boston-Berlin, Birkhäuser Verlag AG.: 198-9

Bandeirinha, José António 1999 «Desenhar a Preto e Branco», *Angola* a Preto e Branco: fotografia e ciência no Museu do Dundo 1940-1970*, Coimbra, MAUC: ix-x

Bandeirinha, José António (editor) 2012 *Fernando Távora Modernidade Permanente,* Matosinhos, Associação Casa da Arquitectura

Barnes, Alison 2012 «Repositioning the graphic designer as researcher», *Iridescent: Icograda Journal of Design Research*, 2 (1)

Bártolo, José 2009 «O Designer como Produtor», *Arte Capital*, disponível em: <www.artecapital.net/perspetiva-90-jose-manuel-bartolo-o-designer-como-produtor>

Basu, P. e Macdonald, S. 2007 «Introdution: Experiments in Ehxibition, Ethnography, Art and Science», S. Macdonald and P. Basu (eds.), *Exhibition Experiments*, Oxford and Malden, Blackwell: 1-24

Beckett, Samuel 1996 *Nohow on: three novels*, New York, Grove Press: 89.

Benjamin, Walter 2008 «Karl Kraus», *The Work of Art in the Age of Its Technological Reproducibility and Other Writings on Media*, Cambridge, Mass., The Belknap Press of Harvard University Press: 361

Benjamin, Walter 1970 (1934) «The Author as Producer», *New Left Review* I/62, July-August, disponível em <www.faculty.umb.edu/gary_zabel/Courses/Art and Philosophy in SL and Other Virtual Worlds/Texts/Walter Benjamin_The Author as Producer.pdf>

Bernard, Pierre 1997 «The Social Role of the Graphic Designer», *Essays on Design 1: AGI's designers of influence*, Londres, Booth-Clibborn Editions: 102-107

Berry, John D. 2007 «Faith in asymmetry», *Eye*, n.º 65, vol. 17: 70

Bicker, João 2001 «O Duro Desejo de Durar», *Manual Tipográfico de Giambattista Bodoni*, Coimbra, Almedina: 29-50

Bicker, João 2001 *Manual Tipográfico de Giambattista Bodoni*, Coimbra, Almedina

Bierut, Michael 2007 «Warning: May Contain Non-Design Content», *Seventy-nine Short Essays on Design*, New York, Princeton Architectural Press: 11-3

Blauvelt, Andrew e Lupton, Ellen (eds.) 2011 *Graphic Design: Now in Production*, Minneapolis, Walker Art Center

Bolaños, María 2011 «Matéria Sobrenatural. Esculturas para um Museu», *Cuerpos de Dolor, A Imagem do Sagrado na Escultura Espanhola (1500-1750),* catálogo da exposição, Lisboa, Museu Nacional de Arte Antiga/Imprensa Nacional Casa da Moeda: 19-26

Bos, Ben 2009 «A studio can be a Daydream», Tony Brook & Adrian Shaughnessy (eds.) *Studio Culture: The secret life of the graphic design studio*, Londres, Unit Editions: 8-9

Bringhurst, Robert 2005 *Elementos do Estilo Tipográfico* (versão 3.0), São Paulo, Cosac Naify

Brook, Tony e Shaughnessy, Adrian (eds.) 2009 *Studio Culture*, Londres, Unit Editions

Burgoyne, Patrick 2007 «Striking the eye: an interview with Wim Crouwel», *Creative Review blog*, 10 Julho de 2007, disponível em <www.creativereview.co.uk/cr-blog/2007/july/striking-the-eye-an-interview-with-wim-crouwel>

Burke, Christopher (s.d.) *Celeste: A note on the development of the typeface*, <www.hiberniatype.com/Celeste/celeste.html>

Callingham, Glynn 2002 «Cover Story», Graham Marsch e Glynn Callingham (eds.), *The Cover Art of Blue Note Records: The Collection*, London, Collins & Brown: 16-20

Caramelo, Elisabete 2008 «António M. Feijó e Manuel Aires Mateus entrevistados por Elisabete Caramelo», *Weltliteratur* (jornal da exposição), Lisboa, Fundação Calouste Gulbenkian: 1-5

Cardoso, Rafael 2011 *Design para um Mundo Complexo*, São Paulo, Cosac Naify

Cary, John 2014 *Five Myths About Pro Bono Design* <www.fastcodesign.

com/1664881/five-myths-about-pro-bono-design>

Connare, Vincent 2000 *The Type Designs of William Addison Dwiggins*, disponível em <www.connare.com/essays.htm>

Cordeiro, Ana Dias 2012 «Obra da intuição e do acaso», *Público, suplemento 2*, 21 de Outubro: 34-7

Cullen, Kristin 2012 *Typography Fundamentals, Design Elements,* Beverly, MA, Rockport Publishers

Da Miséria no Meio Estudantil Considerada nos seus Aspectos Económico, Político, Sexual e Especialmente Intelectual e de Alguns Meios para a Prevenir, Libelo escrito por membros da Internacional Situacionista & estudantes da cidade de Estrasburgo no ano de 1966 & dado à estampa em língua portuguesa por Fenda Edições, na cidade de Coimbra, ano de 1983.

De Bondt, Sara 2012 «Beatrice Warde: Manners and type», *Eye*, n.º 84, Vol. 21

De Bondt, Sara e Muggeridge, Fraser 2009 *The Form of the Book Book*, London, Occasional Papers

Dead-Can-Dance.com <www.dead-can-dance.com/disco/dcd/serpents/serpents.htm>

Dias, Nélia 1999 «Museografia de uma pesquisa em curso», *Angola a Preto e Branco: fotografia e ciência no Museu do Dundo 1940-1970*, Coimbra, MAUC: xi-xiii

Doran, John 2009 «Vaughan Oliver: A Portrait Of The Artist As A Jung Man» *The Quietus*, December 30th, disponível em <thequietus.com/articles/03454-vaughan-oliver-a-portrait-of-the-artist-as-a-jung-man>

Doubleday, Richard B. 2006 *Jan Tschichold, Designer: The Penguin Years*, Hampshire, Lund Humphries

Drew, Ned e Sternberger, Paul 2005 *By Its Cover, Modern American Book Cover Design*, New York, Princeton Architectural Press

Drucker, Johanna e McVarnish, Emily 2013 *Graphic Design History: A critical guide*, second edition, Boston, Pearson

Dunne, Anthony e Raby, Fiona 2013 *Speculative Everything: Design, Fiction, and Social Dreaming*, Cambridge, Mass., The MIT Press

Dürer, Albrecht 1527 *Etliche underricht, zu befestigung der Stett, Schloß und flecken* (Alguns ensinamentos sobre fortificação das cidades, castelos e lugares), Nuremberga

Dürer, Albrecht 1528 *Vier bücher von menschlicher Proportion* (Quatro livros sobre as proporções do ser humano), Nuremberga

Dürer, Albrecht 2013 *Do Desenho das Letras*, Coimbra, Almedina

Dwiggins, W. A. 1948 (1928) *Layout in Advertising*, revised edition, New York, Harper

Dwiggins, W.A. 1941 *A Technique for Dealing with Artists*, New York, Press of the Woolly Whale

Dwiggins, W. A. e Siegfried, L. B. 1919 *Extracts from An Investigation into the Physical Properties of Books as They Are at Present Published, undertaken by the Society of Calligraphers*, Boston

Edições 70, Um breve historial, <www.edicoes70.pt>, consultado a 28 de Janeiro de 2013

Erlhoff, Michael e Marshal, Tim (eds.), 2008, *Design Dictionary, Perspectives on Design Terminology*, Basel-Boston-Berlin, Birkhäuser Verlag AG.

Erlhoff, Michael 2008 «Modernity», Michael Erlhoff e Tim Marshall (eds.) *Design Dictionary*, Basel-Boston-Berlin, Birkhäuser Verlag AG.

Evamy, Michael 2012 «Words, not read but seen», *Creative Review*, n.º 10, Vol. 32: 61-62

Fenda, Magazine Frenética, n.º 1, Primavera de 1979, Coimbra

Fenda, Magazine Frenética, n.º 2, Verão de 1979, Coimbra

Fenda, Não-ela-mesma-A, Setembro de 1980, Coimbra

Fenda, Revisitada, reedição corrigida do n.º 1, Setembro de 1981, Coimbra

Fenda, Não-ela-mesma-B, Janeiro de 1982, Coimbra

Fenda, Magazine Frenética, n.º 3-4, Fevereiro de 1982, Coimbra

Fenda, Magazine Frenética, n.º 5, Maio de 1982, Coimbra

Fenda, Magazine Frenética, n.º 5 (Fenda/Finda), Dezembro de 1982, Coimbra

Fenda (In)Finda, número hors-série de *Fenda, Magazine Frenética*, Janeiro de 1983, Coimbra

Fenda 0, A Fenda na Poesia, 1979-1984, Primavera de 1984, Coimbra

Fenda Funda, Número único, Primavera de 1984, Coimbra

Fenda, PlayFenda, Número único, Primavera de 1984

Fenda, Almanaque Topográfico 1, 1999

Fenda, Almanach Topographique 2, 2000

Fenda, Almanaque Topográfico 3, 2000

Fenda, Almanaque Topográfico 4, 2001

Ferrand, Maria e Bicker, João 2000 *A Forma das Letras. Um Manual de Anatomia Tipográfica*, Coimbra, Almedina

Ferrão, Bernardo José 1993 «Tradição e Modernidade na obra de Fernando Távora 1947/1987», *Fernando Távora*, Lisboa, Editorial Blau

Ferreira, Luis 2003 «Introdução», Eric Gill, *Ensaio sobre Tipografia*, Coimbra, Almedina: 7-20

Figueira, Jorge 2012 «Fernando Távora, Alma Mater – Viagem na América, 1960», J. A. Bandeirinha (editor), *Fernando Távora Modernidade Permanente*, Matosinhos, Associação Casa da Arquitectura: 38-53

Fior, Robin 2005 *Sebastião Rodrigues and the development of modern graphic design in Portugal*, Thesis submitted for the degree of Ph.d, University of Reading, Department of Typography and Graphic Communication

FormFiftyFive.com 2012 <www.formfiftyfive.com/2012/10/typo-london-%E2%80%94-vaughan-oliver>

Froshaug, Anthony 1970 «Typography ancient and modern», *Studio International*, vol. 180, n.º 924: 60

Gaspar, M. M. B. 2013 *Retomar Percursos que o Tempo Interrompeu: Uma Leitura dos Encontros de Fotografia de Coimbra*, Dissertação de Mestrado em Ciências da Comunicação. Área de especialização: Comunicação e Artes, Faculdade de Ciências Sociais e Humanas, Universidade Nova de Lisboa

Gell, Alfred 1998 *Art and agency: an anthropological theory*, Oxford, Clarendon Press

Georgievski, Nemad 2010 «Windfall Light: The Visual Language of ECM», *All About Jazz*, disponível em <www.allaboutjazz.com/windfall-light-the-visual-language-of-ecm-by-nenad-georgievski.php>

Gerstner, Karl 2007 (1964) *Designing Programmes* (third edition), Baden, Lars Müller Publishers

Gill, Eric 2003 *Ensaio sobre Tipografia*, Coimbra, Almedina

Glaser, Milton 2004 «Ambiguity and Truth» *AIGA Brand Identity Conference*, New York, AIGA.

Glaser, Milton (s.d.) *Ten Things I Have Learned* Parte de uma *AIGA Talk* em Londres <www.miltonglaser.com/milton/c:essays/#3>

Godfrey, Jason 2012 "Naked Words", *Eye*, n.º 82, vol. 21: 60-71

Goudy, Frederic 1922 *The Alphabet: Fifteen interpretative designs drawn and arranged with explanatory text and illustrations*, New York, Mitchell Kennerley

Graels, Antoni Ramon 2007 «Os Dispositivos Cénicos de João Mendes Ribeiro: Uma aproximação genealógica», João Mendes Ribeiro, *Arquitecturas em Palco*, Coimbra, Almedina: 21-9

Grillo, Tyran 2011 «Sleeves of Desire», *Between Sound and Space: an ECM Records resource (and beyond)*, disponível em <ecmreviews.com/2011/01/10/sleeves-of-desire>

Grootens, Joost 2011 *I swear I use no art at all*, Rotterdam, 010 Publishers

Grundy, Gareth 2011 «Peter Saville on his album cover artwork», *The Guardian*, disponível em <www.theguardian.com/music/gallery/2011/may/29/joydivision-neworder>

Häusler, Jürgen 2008 "Corporate Identity", Michael Erlhoff, Tim Marshall (Eds.), *Design Dictionary, Perspectives on Design Terminology*, Basel, Birkhäuser Verlag: 88-90

Heller, Steven 2011 «Design Entrepreneur 3.0», Andrew Blauvelt e Ellen Lupton, *Graphic Design: Now in Production*, Minneapolis, Walker Art Center: 32-4

Heller, Steven 2010 «Reputations: Alex Steinweiss», *Eye*, Vol. 19, n.º 76: 48-57

Heller, Steven 2004 «Decorative Book Jackets: W. A. Dwiggins», *Design Literacy: Understanding Graphic Design* (Second Edition), New York, Allworth Press

Heller, Steven 1998 «The attack of the design authorpreneur», *AIGA Journal of Graphic Design*, volume 16, n.º2, New York, American Institute of Graphic Arts: 35-6

Heller, Steven (ed.) 1998 *The Education of a Graphic Designer*, New York, Allworth Press

Heller, Steven 1991 «W. A. Dwiggins: Master of the Book», *Step-by-step Graphics*, Jan-Feb: 108-13

Heller, Steven e Cohen, Elaine Lustig 2010 *Born Modern: The Life and Design of Alvin Lustig*, New York, Chronicle Books

Heller, Steven e Wurman, Richard Saul 1998 «Form follows performance», *Eye*, Vol. 7, nº 28, Summer: 58-63

Hendel, Richard 1998 *On book design*, New Haven & London, Yale University Press

Hochuli, Jost e Kinross, Robin. 1996 *Designing books: practice and theory*, London, Hyphen Press

Hollis, Richard 2012 «Jan Tschichold, *About Graphic Design*, London, Occasional Papers: 256-8

Howard, Andrew 2011 «Conversa com José Bártolo» *Pli, Arte e Design*, n.º 1, Matosinhos, ESAD: 34-8

Infopédia 2003-2014 Porto, Porto Editora, disponível em <www.infopedia.pt>

jamesjgrady.com/2012/06/26/0-7-interview-excerpt-with-vaughan-oliver

Jorge, J. M. Fernandes 2006 «Encontros de Fotografia/Coimbra/Pátio da Inquisição» *A Gravata Ensanguentada*, Lisboa, Relógio d'Água: 17

Jury, David 2001 «Why Helvetica», *Eye*, n.º 40, vol. 10: 70

Keedy, Mr. 1998 «Graphic Design in the Postmodern Era», *Emigre* 47, Relocating Design

Kimball, Roger 1990 Deconstruction Comes to America» in: *Tenured Radicals: How Politics Has Corrupted Our Higher Education*, New York, Harper & Row

King, Emily (ed.) 2003 *Designed by Peter Saville*, New York, Princeton Architectural Press

Kinross, Robin 2004 (1992) *Modern Typography: an essay in critical history*, London, Hyphen Press

Kinross, Robin (ed.) 2000 *Anthony Froshaug: Typography & texts/Documents of a life*, 2 vols, London, Hyphen Press

Kinross, Robin 1990 «Cool, clear, collected», *Eye*, vol. 1, n.º 1, disponível em <www.eyemagazine.com/feature/article/cool-clear-collected>

Knobel, Lance 2004 «Working from the Inside Out», Susan Yelavich (ed.) *Profile Pentagram Design*, London, Phaidon: 42-51

Lake, Steve and Griffiths, Paul, *Horizons Touched: The Music of ECM*, London, Granta

Latour, B. 1999 *Pandora's Hope: Essays on the Reality of Science Studies*, Cambridge, Mass., Harvard Univesity Press.

Lawson, Alexander 1990 *Anatomy of a Typeface*, Boston, David R. Godine

Lupton, Ellen 2010 (2004) *Thinking with Type. A Critical Guide for Designers, Writers, Editors & Students,* 2nd edition, New York, Princeton Architectural Press

Lupton, Ellen 2003. «The producers», E. Lupton, D. Albrecht, S. Yelavich e M. Owens (eds.) *Inside Design Now.* London: Laurence King: 25

Lupton, Ellen 1998 «The Designer as Producer», Steven Heller (ed.), *The Education of a Graphic Designer,* New York, Allworth Press: 159-162

Lupton, Ellen e Miller, J. Abbott, 1994 «Deconstruction and Graphic Design History Meet Theory», *Visible Language,* 28, n.º 2, New Perspectives: Critical Histories of Graphic Design, Part 2, Andrew Blauvelt (ed.), special issue

Madaíl, Fernando 2000 «Há Letras com Pés e Orelha», *Diário de Notícias,* terça-feira, 26 de Dezembro: 27

Madaíl, Fernando 2007 «Este cenógrafo faz objectos inteligentes», *Diário de Notícias,* 7 Julho 2007, disponível em <www.dn.pt/inicio/interior.aspx?content_id=660832>, consultado a 11 de Maio de 2013

Marsch, Graham e Callingham, Glynn (eds.) 2002 *The Cover Art of Blue Note Records: The Collection,* London, Collins & Brown

Margolin, Victor 2002 «The Designer as Producer», *ICSID News, February*

Marnoto, Rita 2001 «Vero amor delle lettere», João Bicker *Manual Tipográfico de Giambattista Bodoni,* Coimbra, Almedina: 13-28

Marnoto, Rita 2012 «Os olhos e a mente», *Fernando Távora, Diário de "bordo",* Vol. 2, Estabelecimento de Texto, Porto, Associação Casa da Arquitectura: 13-32

Martinho, Teresa 1999 «O campo da fotografia em Portugal: de 1985 a 1997», *Observatório das Actividades Culturais, OBS,* nº 5, Fevereiro

McGrew, Mac 1994 *American Metal Typefaces of the Twentieth Century,* Delaware, Oak Knoll

McLean, Ruary 1997 *Jan Tschichold: A Life in Typography,* New York, Princeton Architectural Press

McVarish, Emily 2010 «Reconsidering: "The Crystal Goblet": The Underpinnings of Typographic Convention», *Design and Culture,* Vol. 2, Number 3, November, Berg: 285-307

Meggs, Philip B. e Purvis, Alston W. 2012 *Meggs' History of Graphic Design* (fifth edition). New Jersey, John Wiley & Sons

Meggs, P. B. e Purvis, A. W. 2009 *História do Design Gráfico,* São Paulo, Cosac-Naify

Meggs, Philip B. 1983 *A History of Graphic Design*, New York, Van Nostrand Reinhold

Mermoz, Gérard 2006 «The designer as Author: Reading the city of signs – Istambul: Revealed or Mystified?» *Design Issues*, vol. 20, n.º 2, Cambridge, MA, MIT Press

Mevis, Armand 2009 «Every Book Starts with an Idea: Notes for Designers», Sara De Bondt e Fraser Muggeridge, , *The Form of the Book Book*, London, Occasional Papers: 89

Mexia, Pedro 2007 «A Forma das Letras», *Público*, sábado, 20 outubro, disponível em <www.publico.pt/>

Michael Erlhoff, Tim Marshall (eds.), 2008 *Design Dictionary, Perspectives on Design Terminology*, Basel, Birkhäuser Verlag

Middendorp, Jan 2004 *Dutch type*, Roterdam, 010 Publishers

Millmann, Debbie 2007 *How to Think Like a Great Graphic Designer*, New York, Allworth Press

Monteiro, Joana e fba. 2004 *Responsabilidade Social no Design – O Caso Markthink*, Coimbra, Parceria de Desenvolvimento «Markth!nk – Investors in Special People» Iniciativa Comunitária *Equal*

Morley, Paul 2003 «There[1] was[2] a[3] time[4] when[5] the[6] only[7] art[8] I[9] had[10] on[11] my[12] walls[13] was[14] by[15] Peter Saville[15]», Emily King, Emily (ed.), *Designed by Peter Saville*, New York, Princeton Architectural Press: 51-56.

Morlighem, Sébastien 2012 «Modern Depuis Toujours», *Étapes*, 208, septembre: 40-5

Morrison, Stanley 1950 *First Principles of Typography*, Cambridge, University Press

Morrison, Stanley 1926 «Towards an ideal italic» *The Fleuron* v: 93-129

Mosley, James 1965 «The Nymph and the Griot», *Typographica*, new series, 12: 2-19

Mota, Guilhermina 2013 «Apresentação», Albrecht Dürer, *Do Desenho das Letras*, Coimbra, Almedina

Müller, Lars (ed.) 2010 *Windfall Light: the visual language of ECM*, Lars Müller Publishers.

Müller, Lars 2007 «The ECM cover», Steve Lake e Paul Griffiths, *Horizons Touched: The Music of ECM*: 165-180

Müller, Lars (ed.) 1996 *ECM Edition of Contemporary Music, Sleeves of Desire: a Cover Story*, Lars Müller Publishers.

Noordzij, Gerrit, 2000, *Letterletter*, Point Roberts: Hartley & Marks Publishers Inc.130

Pago, Ana 2013 *Notícias Magazine*, n.º 1078, 20 de Janeiro: 26-27

Pascoaes, Teixeira de 1950 *Entrevista a O Primeiro de Janeiro*, 24 de Maio

Pedro, Désirée 2011 *João Mendes Ribeiro*, Vila do Conde, Quidnovi

Pereira, Luis Tavares (s.d.) «Uma Subtil Interferência: A Montagem da Exposição F*ernando Távora: Modernidade Permanente* em Guimarães ou uma Exposição Temporária numa Escola em Pleno Funcionamento», *Arte Capital* <www.artecapital.net/arq_des-101-uma-subtil-interferencia-a-montagem-da-exposicao-fernando-tavora-modernidade-permanente-em-guimaraes-ou-uma-exposicao-temporaria-numa-escola-em-pleno-funcionamento>, consultado em 19 de Março de 2014

Pimentel, António Filipe 2012 «A Arquitetura Imaginária, Em Busca de uma Exposição», *A Arquitetura Imaginária – Pintura, Escultura, Artes Decorativas,* catálogo da exposição, Lisboa, Museu Nacional de Arte Antiga: 7-10

Pimentel, António Filipe 2012 «O Virtuoso Criador», *O Virtuoso Criador – Joaquim Machado de Castro 1731-1822*, catálogo da exposição, Lisboa, Museu Nacional de Arte Antiga: 7-10

Pomar, Alexandre 1994 «A meio caminho», *Expresso, Revista* de 19 de Novembro

Porto, Nuno 1999 *Angola a Preto e Branco. Fotografia e Ciência no Museu do Dundo 1940-1970*, Coimbra, Museu Antropológico da Universidade de Coimbra

Porto, Nuno 2005 «Experiências de Museologia Etnográfica» *in: Babá-babu. Histórias de um Berço*, Coimbra, Museu Antropológico da Universidade de Coimbra

Porto, Nuno 2007 «From exhibiting to installing ethnography: experiments at the Museum of Anthropology of the University of Coimbra, Portugal, 1999--2005», S. MacDonald and P. Basu (eds.), *Exhibition Experiments*, Oxford and Malden, Blackwell: 175-96

Porto, Nuno 2005 *FBA. Design Local*, catálogo da exposição, Coimbra, FBA.

Porto, Nuno, 2006 *Off-shore – Instalação Etnográfica*, Museu Antropológico da Universidade de Coimbra 6 de Março a 7 de Abril, no âmbito da VIII Semana Cultural da Universidade de Coimbra «De Mar a Mar». Policopiado

Potter, Norman 2002 (1964) *What is a Designer: Thigs, Places, Messages* (fourth edition), London, Hyphen Press

Pound, Ezra 1910 *The Spirit of Romance – an attempt to define somewhat the charm of the pre--renaissance literature of Latin Europe*, London, J. M. Dent

Pound, Ezra 1980 *Camões*, Coimbra, Fenda

Pound, Ezra 2005 *Camões*, 2.ª ed., Lisboa, Fenda

Powell, Aubrey 2013 «Storm Thorgerson remembered by Aubrey Powell», *Guardian*, friday 19 April, disponível em <www.theguardian.com/artanddesign/2013/apr/19/storm-thorgerson>

Powers, Alan 2001 *Front Cover – Great Book Jackets and Cover Designs*, London, Mitchell Beazley

Poynor, Rick 2014 «Inventing the Future» *Creative Review*, issue 6, vol. 34, Junho: 68-70

Poynor, Rick (ed.) 2004 *Communicate: Independent British Graphic Design since the Sixties*, London, Barbican Art Gallery/ Lawrence King Publishing

Poynor, Rick 2002 «Stephen Banham», *Eye*, n.º 46, vol. 12: 58-64

Poynor, Rick 2000 *Vaughan Oliver: Visceral Pleasures*, London, Booth-Clibborn Editions

Poynor, Rick 1996 «Editorial», *Eye*, n.º 20, vol. 5

Poynor, Rick 1991 The Designer as Author, *Blueprint*, n.º 77, London

Pravda 2, Primavera de 1983, Coimbra, Fenda

Pravda 4, Verão de 1986, Coimbra, Fenda

Quintais, Luis 2004 *Duelo*, Lisboa, Cotovia

Racic, Monica 2007 «Thinking Miles Ahead: The Art of Reid Miles», *d/visible magazine*, disponível em <archive.today/XiDJb#selection-271.0-271.43>

Rand, Paul 1994 «Logos, Flags, and Escutcheons», Michael Bierut et. al.

(eds.) *Looking Closer, Critical Writings on Graphic Design*, New York, Allworth Press: 88-90

Rand, Paul 1992 «Confusion and Caos: The Seduction of Contemporary Graphic Design», AIGA *Journal of Graphic Design*, Vol. 10, n.º 1

Rand, Paul 1991 AIGA *Journal of Graphic Design*, vol. 9, n.º 3, New York, AIGA

Rawsthorn, Alice 2013 *Hello World: Where Design Meets Life*, London, Hamish Hamilton: 176-7

Resnick, Elizabeth 2003 *Design for Communication: Conceptual Graphic Design Basics*, New Jersey, John Wiley & Sons

Ribeiro, João Mendes 2007 *Arquitecturas em Palco*, Coimbra, Almedina

Rock, Michael 2013 *Multiple Signatures: On Designers, Authors, Readers and Users*, New York, Rizzoli International

Rock, Michael 1996 «The Designer as Author», *Eye*, n.º 20, Spring: 44-53

RockPop Gallery 2007 *Foxtrot, by Paul Whitehead*, 8 de Junho de 2007, disponível em <rockpopgallery.typepad.com/rockpop_gallery_news/2007/06/cover_story_fox.html>

Rodrigues, Sebastião 1995 «Falando do Ofício», *Sebastião Rodrigues, designer*, Lisboa, Fundação Calouste Gulbenkian.

Rossi, Nick 2011 *John Hermansader for Blue Note (1953-1955)*, <amodernist.blogspot.pt/2011/09/john-hermansader-for-blue-note-records.html>

Ruy Duarte de Carvalho, «Outro», *Ordem de Esquecimento,* Quetzal Editores

Saville, Peter 2013 «I never had to answer to anyone» *The Talks*, disponível em <the-talks.com/interviews/peter-saville>

Scher, Paula 2011 «Si a un cliente no le gusta tu trabajo quiere decir que tú no has planteado bien el proceso» Entrevista com Víctor Palau. *Graffica*, <graffica.info/paula-scher-%C2%ABsi-a-un-cliente-no-le-gusta-tu-trabajo-quiere-decir-que-tu-no-has-planteado-bien-el-proceso%C2%BB/>, consultado a 10 de Março de 2014

Schwemer-Scheddin, Yvonne 1995 «Reputations: Josef Müller-Brockmann», *Eye*, n.º 19, vol. 5

Seabra, José Alberto 2010 «A Exposição. Cem Anos de Primitivos Portugueses», *Primitivos Portugueses (1450–1550) O século de Nuno Gonçalves*, catálogo da exposição, Lisboa, Museu Nacional de Arte Antiga/Athena: 14-17

Seabra, José Alberto e Caetano, Joaquim Oliveira 2010 «Primitivos Portugueses 1450 -1550, O século de Nuno Gonçalves», *Expresso*, edição n.º 1985, de 13 de Novembro – Dossiê especial

Sechrist, Carmen 2013 *5 Creative Workspaces in the Western U.S.*, <www.howdesign.com/design-creativity/creative-workspaces/western-creative-workspaces>, consultado a 25 de Março de 2014

Shaughnessy, Adrian 2010 «One man brand?», *Eye*, n.º 76, vol. 19: 36-9

Shaughnessy, Adrian 2009 *Graphic Design: A User´s Manual*, London, Lawrence King

Shaughnessy, Adrian 2009 «The graphic design studio: real estate, psycology and creativity», Tony Brook e Adrian Shaughnessy (eds.) *Studio Culture*, Londres, Unit Editions: 12-23

Shaughnessy, Adrian 2008 *A Layperson's Guide to Graphic Design*, transcrição editada de uma emissão de rádio da estação londrina *Resonance FM's Free University of the Airwaves*, disponível em <observatory.designobserver.com>

Saughnessy, Adrian 2005 *How to be a Graphic Designer, Without Losing your Soul*, London, Lawrence King

Shaughnessy Adrian 1995 «Think of your ears as eyes», *Eye*, vol. 4, n.º 16

Shaw, Paul 1984 «Tradition and Inovation: The Design Work of William Addison Dwiggins», *Design Issues*, Vol. 1, n.º 2: 26

Shelton, Anthony A. 2008 «The Skeptical Curator. Reflections on Nuno Port's

'Offshore' (Museu de Antropologia, Instituto de Antropologia, Universidade de Coimbra, Portugal. 6th March–7th April 2006», *Museum Management and Curatorship*, Vol. 23, nº 3, September, Routledge: 209-228

Shelton, Anthony A. 2011 «De la Antropología a la museología crítica y vice-versa», *Museo y Territorio*, nº 4, Málaga, Universidad de Málaga: 30-41

Shelton. Anthony A. 2000 «Angola a Preto e Branco. Fotografia e Ciência no Museu do Dundo 1940-1970, exhibition review», *Journal of Museum Ethnography*, 12: 161-4

Silva, Alexandra 2012 «Teatro Universitário em Coimbra na década de 1980», *Sociologia*, Revista da Faculdade de Letras da Universidade do Porto, Vol. XXIII: 87-94

Silva, I. A. C. 2009 *Movimento Estudantil e Resistência Cultural em Coimbra na Década de 1980*, Dissertação de Mestrado em História das Ideologias e das Utopias Contemporâneas apresentada à Faculdade de Letras da Universidade de Coimbra.

Simões, Rui Marques 2012 «O biólogo e o estudante que encontraram o 'design'», *Diário de Notícias,* 23 de Fevereiro

Siza, M. Tereza 1995 *Alfândega Nova: O Sítio e o Signo*, Volume II, Porto, Museu dos Transportes e Comunicações: 9-15

Slesin, Suzanne 1972 «Living by design», *GQ magazine*, October: 104-5

ShortList.com 2013 *Vaughan Oliver's favourite 4AD album sleeves*, disponível em<www.shortlist.com/entertainment/music/vaughan-olivers-favourite-4ad-album-sleeves>

Spiekermann, Erik 2009 Entrevista em Tony Brook & Adrian Shaughnessy (eds.) *Studio Culture: The secret life of the graphic design studio*, Londres, Unit Editions: 84-85

Steiner, George, 2007 *O Silêncio dos Livros*, Lisboa, Gradiva

Sullivan, Louis 1896 «The tall office building artistically considered», *Lippincott's Magazine,* n.º 57, Philadelphia, J. B. Lippincott, Co.: 403-9

Tharp, Mr. 2004 «Up Archive: Pro-bono or No-bono», *Speak-up*, 13 de Fevereiro, disponível em <www.underconsideration.com/speakup/archives/001827.html>, consultado a 15 de Abril de 2014

Thomson, Ellen Mazur 1997 *The Origins of Graphic Design in America 1870-1920*, Yale University Press: 184-9

Trevisani, Piero 1963 «Bodoni a Parma», *Bodoni celebrato a Parma*, Parma, Biblioteca Palatina

Tschichold, Jan 1995 *The New Typography: A Handbook for Modern Designers*, Berkeley, University of California Press.

Tschichold, Jan 1991 «Graphic Arts and Book Design» *in: The Form of the Book*,

Washington/Vancouver, Hartley & Marks: 8-11

Tschichold, Jan 1991 *The Form of the Book: Essays on the Morality of Good Design*, Washington and Vancouver, Hartley & Marks Publishers

Tschichold, Jan 1928 *Die Neue Typographie*, Berlin, Verlag Des Bildungsverbandes

Typotalks.com/londonblog/2012/10/20/vaughan-oliver-visceralpleasures/#sthash.kondlYik.dpuf

Unger, Gerard 1998 «A Type Design for Rome and the Year 2000», *Typography Papers*, n.º 3, Reading: 61-73

Van Praët, M. et. al. 2006 «Contexto e Perspectivas da Criação do Museu da Ciência em Coimbra», Paulo Gama Mota (coord.), *Museu da Ciência, Luz e Matéria*, Coimbra, Universidade de Coimbra: 20-5

Von Gribskoff, Arquiduque Alexis 1998 *O Doge* (2ª edição, revista e aumentada) Lisboa, Fenda

Walter S. 2012. *IdPure, the swiss magazine of visual creation – graphic design/typography*, 28: 18-9

Walters, John L., «Sleeves we like», *Eye blog*, 2 de Dezembro de 2009, disponível em <www.eyemagazine.com/blog/post/sleeves-we-like>

Warde, Beatrice 1956 «The Crystal Goblet or Printing Should Be Invisible», *The Crystal Goblet: Sixteen Essays on Typography*. Cleveland: World Publishing Company

Wardle, Tiffany 2000 *Experimental Typefaces of William Addison Dwiggins: Falcon, Arcadia, Charter and Stuyvesant*, Dissertation submitted in partial fulfillment of the requirements for the Master of Arts in the Theory and History of Typography and Graphic Communication, University of Reading

Weidemann, Kurt 2004 «Design Diplomacy», Susan Yelavich (ed.) *Profile Pentagram Design*, London, Phaidon: 112-7

Whitehead, Paul (s.d.) *Paul Whitehead: The life & work of an artist*, disponível em <www.paulwhitehead.com/biography.aspx>

Wild, Lorraine 2009 «The Macramé of Resistance», Helen Armstrong (ed.) *Graphic Design Theory: Readings from the Field*, New York, Princeton Architectural Press: 84-6

Wilde, Oscar 2005 *Um Guia para a Vida Moderna*, Lisboa, Fenda.

Xavier, Sandra 2000 «Sobre 'Angola a Preto e Branco: fotografia e ciência no Museu do Dundo, 1940-1970'», *Etnográfica*, Vol. iv (1): 191-5

Yelavich, Susan (ed.) 2004 *Profile Pentagram Design*, London, Phaidon

IMAGENS EM EXTRA-TEXTO

Págs. 2-9. Aspectos das instalações actuais do estúdio. Fotografias FBA.

10-11. Rui Prata Ribeiro, Alexandre Matos e João Bicker. Fotografia Sérgio Azenha.

29. Aspecto das instalações actuais do estúdio. Fotografia FBA.

88. Pormenor da capa da revista *Música em Si*, nº 2-3, 1987. Edição da Tuna Académica da Universidade de Coimbra (TAUC). Direcção gráfica de João Bicker, João Vilhena e António Barros. Design de João Bicker.

100. Pormenor do catálogo da exposição *Alfândega Nova, O Sítio e o Signo* (edição cartonada), Museu dos Transportes e Comunicações, 1995. Design de João Bicker.

108. Pormenor do cartaz da exposição *Off-shore*, MAUC, 2006. Design de João Bicker.

120. Vista do piso de entrada do estúdio FBA. na Av. Emídio Navarro, Coimbra. Fotografia fba.

128. Pormenor da montagem da marca comemorativa do centenário da FLUL, na fachada do edifício. Fotografia FBA.

170. Pormenor de dupla página do livro *Olha*, de Valter Vinagre, edição APAV. Fotografia FBA.

148. À esquerda, página de *The Alphabet: Fifteen interpretative designs drawn and arranged with explanatory text and illustrations,* de Frederic Goudy, 1922. À direita, grelha usada em *A Forma das Letras*, de M. Ferrand e J. Bicker, Almedina, 2000.

190. João Bicker, Alface e Vasco Santos, Chiado, Lisboa.

242. Elemento de identidade do projecto do concurso para a criação da imagem gráfica da Presidência Portuguesa do Conselho da União Europeia, 2007. Governo de Portugal, 2006.

250. Renovação de identidade visual da Almedina, 1998-2012. Livraria Almedina Estádio, Coimbra. Fotografia de Danilo Pavone.

258. Projecto do concurso para a criação da imagem gráfica da Presidência Portuguesa do Conselho da União Europeia, 2007. Governo
de Portugal, 2006. Segundo classificado.

268. Pormenor da exposição *Cuerpos de Dolor*, Museu Nacional de Arte Antiga, 2012.
Fotografia Daniel Santos/fba.

274. Representação portuguesa na *Quadrienal
de Praga 2007 – 11.ª Exposição Internacional
de Cenografia e Arquitectura para Teatro*, João Mendes Ribeiro arquitectos, 2006-2007.
Medalha de ouro na categoria *Best Stage Design*. Fotografia de João Mendes Ribeiro

ÍNDICE DAS ILUSTRAÇÕES

CAPÍTULO I

1-3. Desenhos de Jan Tschichold com ensaios para o novo símbolo da editora *Penguin Books,* s.d.

4. Dupla página de *Extracts from An Investigation into the Physical Properties of Books as They Are at Present Published, undertaken by the Society of Calligraphers*, de W. A. Dwiggins, e L. B. Siegfried, Boston, 1919. Design de W. A. Dwiggins.

5. *Cool Strutti'*, Sonny Clark. Blue Note 1588, 1958. Design de Reid Miles.

6. *A New Perspective*, Donald Byrd. Blue Note 4124, 1963. Design de Reid Miles. Fotografia de Reid Miles.

7. *Page One*, Joe Henderson. Blue Note 4140, 1963. Design de Reid Miles. Fotografia de Francis Wolff

8. *Some Other Stuff*. Grachan Moncur III. Blue Note 4177, 1964. Design de Reid Miles. Fotografia de Reid Miles

9. *Happy Frame of Mind!*, Horace Parlan. Blue Note 4134, 1963. Design de Reid Miles. Fotografia de Francis Wolff

10. *In 'n Out*, Joe Henderson. Blue Note 4166, 1964. Design de Reid Miles. Fotografia de Francis Wolff

11. *It's Time!*, de Jackie McLean. Blue Note 4179, 1964. Design de Reid Miles. Fotografia de Francis Wolff

12. *Unity*, de Larry Young. Blue Note 4221, 1965. Design de Reid Miles

13. *Coltrane*, John Coltrane, Impulse AS-21, 1962. Design de Robert Flynn/Viceroy. Fotografia de Pete Turner.

14. *The Body and the Soul*, Freddie Hubbard. Impulse! AS-38, 1963. Design de Robert Flynn/Viceroy. Fotografia de Ted Russell.

15. *Mingus Mingus Mingus Mingus Mingus*, Charles Mingus. Impulse! AS-54,

1963. Design de Robert Flynn/Viceroy. Fotografia de Joe Alper.

16. *Ascension*, John Coltrane. Impulse! AS-95, 1965. Design de Robert Flynn/Viceroy. Fotografia de Charles Stewart.

17. *The Blues and the Abstract Truth*, Oliver Nelson. Impulse! AS-5, 1968. Design de Robert Flynn/Viceroy. Fotografia de Pete Turner.

18. *Music is the Healing Force of the Universe*, Albert Ayler. Impulse! AS-9191, 1969. Design de Robert Flynn/Viceroy. Fotografia de B. Andrews e C. Stewart.

19. *Aftenland*, Jan Garbareck e Kjell Johnsen. ECM 1169, 1980. Design de Barbara Wojirsch.

20. *All The Magic!*, Lester Bowie. ECM 1246/47, 1983. Design de Barbara Wojirsch.

21. *Rejoicing*, Pat Metheny. ECM 1271, 1984. Design de Barbara Wojirsch.

22. *Extensions*, Dave Holland Quartet. ECM 1410, 1990. Design de Barbara Wojirsch.

23. *The Cure*, Keith Jarrett Trio. ECM 1440, 1991. Design de Barbara Wojirsch.

24. *Guamba*, Gary Peacock. ECM 1352, 1987. Design de Barbara Wojirsch. Fotografia de Christian Lichtenberg.

25. *Cello*, David Darling. ECM 1464, 1992. Design de Barbara Wojirsch. Imagem do filme *Passion* de Jean-Luc Godard.

26. *Music for Films*, Eleni Karaindrou. ECM 1429, 1991. Design de Barbara Wojirsch. Fotografia de Giorgos Arvanitis.

27. *Kultrum*, Dino Saluzzi. ECM 1251, 1983. Design de Dieter Rehm. Fotografia de Steve Miller.

28. Capa de *More*, Pink Floyd, Columbia SCX 6346, 1969. Design de Hipgnosis.

29. *Atom Heart Mother*, Pink Floyd, Harves SHVL 781, 1970. Design de Hipgnosis.

30. *The Dark Side of the Moon*, Pink Floyd. Harvest SHVL 804, 1973. Design e fotografia de Hipgnosis.

31. *Houses Of The Holy*, Led Zeppelin, Atlantic K 50014, 1973. Design de Hipgnosis. Fotografia de Aubrey Powell.

32. *Animals*, Pink Floyd. Harvest SHVL 815, 1977. Design de Aubrey Powell, Storm Thorgerson, Roger Waters.

33. *Peter Gabriel 2 (Scratch)*, Peter Gabriel. Charisma CDS 4013, 1978. Design e fotografia de Hipgnosis.

34. *Fragile*, Yes. Atlantic 2401019, 1971. Design de Roger Dean.

35. *Octopus*, dos Gentle Giant. Vertigo 6360 080, 1972. Design de Roger Dean.

36. *Relayer*, Yes. Atlantic K 50096, 1974. Design de Roger Dean.

37. *Trespass*, Genesis. Charisma CAS 1020, 1970. Design de Paul Whitehead.

38. *Nursery Cryme*, Genesis. Charisma CAS 1052, 1971. Design de Paul Whitehead.

39. *Foxtrot*, Genesis. Charisma CAS 1058, 1972. Design de Paul Whitehead.

40. *Clan of Ximox*, Clan of Ximox. 4AD CAD 503, 1985. Design de 23 Envelope.

41. *Filigree & Shadow*, This Mortal Coil. 4AD DAD 609, 1986. Design de 23 Envelope.

42. *Come on Pilgrim*, Pixies. 4AD MAD 709, 1987. Design de Vaughan Oliver.

43. *Secrets of the Beehive*, David Sylvian. Virgin V 2471, 1987. Design de Vaughan Oliver.

44. *The Serpents Egg*, Dead Can Dance. 4AD CAD 808, 1988. Design de V23.

45. *Pod*, The Breeders. 4AD CAD 0006, 1990. Design de Vaughan Oliver.

46. *Down Colorful Hill*, Red House Painters. 4AD CAD 2014, 1992. Design de Vaughan Oliver.

47. Logótipo da editora 4AD. Design de Vaughan Oliver.

48. *Closer*, Joy Division. Factory – Fact 25, 1980. Design de Martyn Atkins, Peter Saville.

49. *Still*, Joy Division. Factory – Fact 40, 1981. Design de Grafica Industria.

50. *Power Corruption & Lies*, New Order. Factory – Fact 75, 1983. Design de Peter Saville.

51. *Substance*, Joy Division. Factory – Fact 250. Direcção de Arte de Peter Saville. Design de Brett Wickens.

52. *Discipline*, King Crimson. Polydor – EGLP 49, 1981. Design de Peter Saville.

53. *We Love Life*, Pulp. Island Records CIDX 8110, 2001. Direcção de Arte de Peter Saville. Design de Howard Wakefield e Marcus Werner Hed.

54. *Procession*, New Order. Factory – FAC.53, 1981. Design de Peter Saville.

55. *Movement*, New Order. Factory – FACT. 50, 1981. Design de Grafica Industria, Peter Saville.

CAPÍTULO II

1. Cartaz das IV Jornadas de Cultura Popular, Maio de 1985. Organização do Grupo de Etnografia e Folclore da Academia de Coimbra (GEFAC). Serigrafia de João Vieira.

2. Cartaz dos 1.ºs Encontros de Fotografia de Coimbra, Maio de 1980. Organização do Centro de Estudos de Fotografia da AAC (CEF) e da Comissão Municipal de Turismo. Design de Manuel Miranda.

3. Capa da revista *Música em Si*, nª 2-3, 1987. Edição da Tuna Académica da Universidade de Coimbra (TAUC). Direcção gráfica de João Bicker, João Vilhena e António Barros. Design de João Bicker.

4. Capa da revista *Teatruniversitário*, n.º 3, Julho de 1981. Edição do Teatro dos Estudantes da Universidade de Coimbra (TEUC). Design de Vasco Santos.

5. Capa da revista *Teatruniversitário*, n.ºs 4-5, Janeiro de 1982. Edição do TEUC. Design de Vasco Santos.

6. Capa da revista *Teatruniversitário*, n.º 6, Abril de 1982. Edição do TEUC. Design de Manuel Miranda.

7. Capa da revista *Teatruniversitário*, n.ºs 7-8, Abril de 1982. Edição do TEUC. Design de Delfim Sardo.

8. Capa da revista *Teatruniversitário*, n.º 12, 1986. Edição do TEUC. Design de Delfim Sardo.

9. Capa da revista *Teatruniversitário*, n.º 10, 1984. Edição do TEUC. Design de Cristina Reis.

10. Cartaz da III Semana Internacional de Teatro Universitário (SITU) Coimbra, Maio de 1982. Design de Vasco Santos.

11. Cartaz da IV Semana Internacional de Teatro Universitário (SITU) Coimbra, Maio de 1984. Design de Delfim Sardo.

12. Capa da revista *Fenda – Magazine Frenética*, n.º 2, Verão de 1979. Coordenação de Vasco Santos. Design de Rui Orfão.

13. Capa da revista *Fenda – Magazine Frenética*, n.ºs 3-4, Fevereiro de 1982. Coordenação e edição de Vasco Santos. Design de Manuel Francisco Miranda.

14. Capa da revista *Fenda – Magazine Frenética*, n.º 5, Maio de 1982. Coordenação e edição de Vasco Santos. Design de Delfim Sardo.

15. Capa do livro *A Greve dos Controladores de Voo*, de Jorge de Sousa Braga, Fenda, 1984. Design de João Bicker

16. Capa de *A Fala do Índio*, Teri C. McLuhan, Fenda, 1988. Design de João Bicker.

17. Capa de *O Quilombo de Palmares*, Benjamin Péret, Fenda, 1988. Design de João Bicker.

18. Capa de *Queremos Tudo*, Nanni Balestrini, Fenda, 1991. Design de João Bicker.

19. Capa de *273 Poemas,* Marc-Ange Graff, Fenda, 1996. Design de João Bicker.

20. Capa de *A Nossa Necessidade de Consolo é Impossível de Satisfazer*, 5.ª edição, Stig Dagerman, Fenda, 2004. Design de João Bicker.

21. Capa de *Um Pai Porreiro Ganha Muito Dinheiro*, Alface, Fenda, 1997. Ilustração de Pedro Proença. Design de João Bicker.

22. Capa de *O Cinema em Palavras,* Rolf Dieter Brinkmann, Fenda, 1995. Ilustração de João Fonte Santa. Design de João Bicker.

23. Capa de *Equador*, Henri Michaux, Fenda 1999. Design de João Bicker, com modelo de Mário Feliciano.

24-26. Catálogo da exposição *Alfândega Nova, O Sítio e o Signo* (edição cartonada), Museu dos Transportes e Comunicações, 1995. Design de João Bicker.

27. Cartaz da exposição *Angola a Preto e Branco: Fotografia e Ciência no Museu do Dundo 1940–1970*. MAUC, 1999. Design de João Bicker.

28-31. Aspectos da exposição *Off-shore*, MAUC, 2006. Fotografias do MAUC. Design de João Bicker.

32. Cartaz da exposição *Off-shore*, MAUC, 2006. Design de João Bicker.

33-35. Aspectos do piso 1 das instalações da FBA. na Avenida Emídio Navarro, n.º 91, Coimbra. Fotografias de *Semiótica*. Cortesia Leonel Brites.

36-38. Aspectos do piso 0 das instalações da FBA. na Avenida Emídio Navarro, n.º 91, Coimbra. Fotografias de *Semiótica*. Cortesia Leonel Brites.

39-41. Aspectos da cave das instalações da FBA. na Avenida Emídio Navarro, n.º 91, Coimbra. Fotografias de *Semiótica*. Cortesia Leonel Brites.

42. Vista aérea da cidade de Coimbra, com localização do estúdio FBA. © Google.

43. Marca e assinatura do projecto Markth!nk, APPCDesign de FBA., 2003-4. Designer Joana Monteiro.

44 e 45. *Pontos de exclamação* do projecto Markth!nk. APPC e FBA., 2003-2004.

CAPÍTULO III

1. Capas da colecção *Temas de Psicanálise*. Design de FBA. Designer Ana Boavida, 2001.

2. Capas da colecção *Minotauro*, Grupo Almedina. Ilustrações de Ana Boavida. Design de FBA. Designers Ana Boavida e João Bicker, 2009

3. Capas da colecção *Ler Melhor*, Almedina. Ilustrações de Ana Boavida. Design de FBA. Designer Ana Boavida, 2011

4. Colecção *Arte & Comunicação*, Edições 70. Design de FBA. Designers João Bicker e Rita Marquito, 2006.

5. Logótipo da editora Faber and Faber. Design de Pentagram/John MacConnell, 1981.

6. Marca original da editora Edições 70. Autor e data desconhecidos.

7. Logótipo da editora Edições 70. Design de FBA. Designer João Bicker, 2006.

8. Capas da colecção *Arte & Comunicação*, Edições 70. Design de FBA. Designers João Bicker e Rita Marquito, 2006.

9. Capas da colecção *Textos Filosóficos*, Edições 70.Design de FBA. Designers João Bicker e Rita Marquito, 2006.

10. Capas da colecção *Clássicos Gregos e Latinos*, Edições 70. Design de FBA. Designers João Bicker e Rita Marquito, 2006.

11. Capas da colecção *Biblioteca de Filosofia Contemporânea*, Edições 70. Design de FBA. Designers João Bicker e Rita Marquito, 2006.

12. Capas da colecção *O Saber da Filosofia*, Edições 70. Design de FBA. Designer João Bicker, 2006.

13. Capas da colecção *História e Sociedade*, Edições 70. Design de FBA. Designer João Bicker, 2011.

14. Capas da colecção *Biblioteca 70*, Edições 70. Design de FBA. Designer Rita Marquito, 2006.

15. Capas da colecção *Biografias*, Edições 70. Design de fba. Designers João Bicker e Rita Marquito, 2006.

16. Capa de Pour que tu ne te perdes pas dans le quartier, Patrick Modiano. Nouvelle Revue Française (NRF) e Gallimard. Design original de Edouard Verbeke, St. Catherine Press, Bruges, 1911.

17. Capas da *Colecção Branca*, Fenda. Design de João Bicker, 2005-13

18. Livraria Almedina Estádio, Coimbra. Foto de Danilo Pavone.

19. Marca *Critical Software*. Design de FBA. Designer João Bicker, 1998.

20. Marca *Wit Software*. Design de FBA. Designer Ana Sabino, 2007.

21. Símbolo *Crioestaminal*. Design de FBA. Designer Joana Monteiro, 2003.

22. Marca *X-Prot*. Design de FBA. Designer Ana Boavida, 2003.

23. Marca para o Mosteiro de Santa Clara-a-Velha. Design de FBA. Designer Ana Boavida, 2008.

24. Marca para o Museu Nacional de Machado de Castro. Design original de Joana Lamas. Redesign de FBA., 2008.

25. Marca para o Centenário do Museu Nacional de Machado de Castro. Design de FBA. Designer Ana Boavida, 2012.

26 e 27. Marca e *Quinto elemento* para o Museu Nacional de Arte Antiga. Design de FBA. Designers João Bicker e Jonathan Faust, 2011.

28. Marca para o Jardim Botânico da Universidade de Coimbra. Design de FBA. Designers Ana Boavida e Jonathan Faust, 2013.

29. Marca da Faculdade de Letras da Universidade de Lisboa. Design de FBA. Designer Ana Boavida, 2011.

30. Marca Comemorativa do Centenário da Faculdade de Letras da Universidade de Lisboa. Design de FBA. Designer Ana Boavida, 2011.

31. Marca Comemorativa do Centenário da República. Design de FBA. Designers Ana Boavida e João Bicker,, 2009.

32. Aplicação do alfabeto criado para as Comemorações do Centenário da República.Design de FBA. Designer Ana Boavida.

33. Capa de caderno com elementos da marca da Livraria Almedina. Designer e data desconhecidos.

34. Marca original da Livraria Almedina. Designer e data desconhecidos.

35. Marca da editora e livrarias Almedina. Reformulação. Design de FBA. Designers João Bicker e Maria Ferrand, 1998.

36. Marca da editora e livrarias Almedina. Reformulação. Design de FBA. Designer João Bicker, 2005.

37. Livraria Almedina, Porto. Arquitectura de Manuel Aires Mateus. Fotografia de Danilo Pavone.

38. Proposta de marca para as livrarias Almedina. Design de FBA. Designer Ana Boavida, 2012.

39. Arquétipos do sistema de identidade proposto para as livrarias Almedina. Design de FBA. Designer Ana Boavida, 2012.

40. Livraria Almedina Estádio, Coimbra. Foto de José Menezes.

41. Expressão da proposta de identidade para a Presidência Portuguesa do Conselho da União Europeia (concurso). Design de FBA., 2006.

42-44. Aplicações da proposta de identidade para a Presidência Portuguesa do Conselho da União Europeia (concurso). Design de FBA., 2006.

45. Frames da animação da proposta de identidade para a PresidênciaPortuguesa do Conselho da União Europeia (concurso). Video de Sal. Design de FBA., 2006.

46. Aspecto da exposição *Cuerpos de Dolor. A Imagem do Sagrado na Escultura Espanhola (1500-1750)*. Museu Nacional de Arte Antiga. Fotografia de FBA./Daniel Santos. Design de FBA. Designer Sandra Afonso, 2011.

47 a 49. Aspectos da exposição *A Diversidade da Vida, nos 300 anos de Lineu*. Museu da Ciência da Universidade de Coimbra. Arquitectura de Atelier do Corvo. Fotografias de Fernando Guerra. Design de FBA., Designer Ana Sabino, 2007.

50 a 52. Aspectos da exposição *Darwin 150-200*. Museu da Ciência da Universidade de Coimbra. Arquitectura de Atelier do Corvo. Fotografia de FBA./Daniel Santos. Design de fba. Designer Ana Sabino, 2009.

53 e 54. Aspectos da exposição *A Invenção da Glória. D. Afonso V e as Tapeçarias de Pastrana*. Museu Nacional de Arte Antiga. Fotografia de FBA./Daniel Santos. Design de FBA. Designer João Bicker, 2010.

55. Aspecto da exposição *Cuerpos de Dolor. A Imagem do Sagrado na Escultura Espanhola (1500-1750)*. Museu Nacional de Arte Antiga. Fotografia de FBA./Daniel Santos. Design de FBA. Designer Sandra Afonso, 2011.

56. Capa do catálogo da exposição *Cuerpos de Dolor. A Imagem do Sagrado na Escultura Espanhola (1500-1750)*. Museu Nacional de Arte Antiga. Design de FBA., Designer João Bicker, 2011.

57. Vista da exposição *Prémios Nacionais de Design*. Centro Português de Design. Caixa Geral de Depósitos, Lisboa. Fotografia de FBA./Daniel Santos. Design de FBA., Designers Ana Sabino, Daniel Santos e Pedro Miguel Cruz, 2009.

58. Vista da exposição *Arquitecturas em Palco*, Quadrienal de Praga 2007. Arquitectura de João Mendes Ribeiro. Fotografia de João Mendes Ribeiro. Design de FBA. Designer Rita Marquito, 2007.

59. Ícones de identificação das cenografias na exposição *Arquitecturas em Palco*, Quadrienal de Praga 2007. Design de FBA. Designer Rita Marquito, 2007.

60 a 64. Aspectos da montagem da exposição *Arquitecturas em Palco*, Quadrienal de Praga 2007. Arquitectura de João Mendes Ribeiro. Fotografia de João Mendes Ribeiro. Design de FBA. Designer Rita Marquito, 2007.

65. Vista da exposição *Arquitecturas em Palco*, Quadrienal de Praga 2007. Arqui-

tectura de João Mendes Ribeiro. Fotografia de João Mendes Ribeiro. Design de FBA. Designer Rita Marquito, 2007.

66 e 67. Duplas páginas de *João Mendes Ribeiro, Arquitecturas em Palco*. Fotografia de FBA./Daniel Santos. Design de FBA., Designer João Bicker, 2007.

68. Vista exterior da exposição *Arquitecturas em Palco*, Quadrienal de Praga 2007. Arquitectura de João Mendes Ribeiro. Fotografia de João Mendes Ribeiro. Design de FBA. Designer Rita Marquito, 2007.

69. Aspecto da exposição *Primitivos Portugueses (1450-1550) O Século de Nuno Gonçalves*. Museu Nacional de Arte Antiga. Fotografia de FBA./Daniel Santos. Design de FBA., Designer Ana Sabino, 2010.

70. Identidade para a exposição *Primitivos Portugueses (1450-1550) O Século de Nuno Gonçalves*.Museu Nacional de Arte Antiga e Museu de Évora. Fotografia de FBA./Daniel Santos. Design de FBA., Designer João Bicker, 2010.

71 e72. Tabelas museográficas da exposição *Primitivos Portugueses (1450-1550) O Século de Nuno Gonçalves*. Museu Nacional de Arte Antiga. Fotografia de FBA./Daniel Santos. Design de FBA., Designer Ana Sabino, 2010.

73. Núcleo documental da exposição *Primitivos Portugueses (1450-1550) O Século de Nuno Gonçalves*. Museu Nacional de Arte Antiga. Fotografia de FBA./Daniel Santos. Design de FBA., Designer Ana Sabino, 2010.

74. Pormenor de texto na exposição *Primitivos Portugueses (1450-1550) O Século de Nuno Gonçalves*. Museu Nacional de Arte Antiga. Fotografia de FBA./Daniel Santos. Design de FBA., Designer Ana Sabino, 2010.

75. Instalação no exterior do *Museu da Ciência da Universidade de Coimbra* por ocasião da exposição *Darwin 150, 200*, Universidade de Coimbra, Design de FBA., Designer João Bicker, 2009. Fotografia de FBA./Daniel Santos.

76 e 77. Símbolos do sistema de identidade do Museu da Ciência da Universidade de Coimbra. Design de FBA., Designer Joana Monteiro, 2005.

78 e 79. Logótipos do Museu da Ciência da Universidade de Coimbra. Design de FBA., Designer Joana Monteiro, 2005.

80. Manual de normas gráficas do Museu da Ciência da Universidade de Coimbra (pormenor). Design de FBA., Designer Joana Monteiro, 2005.

81 a 84. Salas de exposição do Museu da Ciência da Universidade de Coimbra. Arquitectura de Joao Mendes Ribeiro e Atelier do Corvo. Fotografia de Fernando Guerra. Design de FBA.

85 a 87. Catálogo *Museu da Ciência, Luz e Matéria*. Design de FBA., Designer João Bicker, 2005

88. Aspecto da exposição *Weltliteratur – Madrid, Paris, Berlim, S. Petersburgo, o Mundo*, Fundação Calouste Gulbenkian. Arquitectura de Manuel e Francisco Aires Mateus. Design de FBA. Designers Ana Sabino e João Bicker, 2008. Fotografia de José Meneses.

89. Entrada da exposição *Weltliteratur – Madrid, Paris, Berlim, S. Petersburgo, o Mundo*, Fundação Calouste Gulbenkian. Arquitectura de Manuel e Francisco Aires Mateus. Design de fba.Designers Ana Sabino e João Bicker, 2008. Fotografia de José Meneses.

90. Capa de *Zang Tumb Tumb*, de Filippo Tommaso Marinetti. Edizioni Futuriste di Poesia, Milão, 1914.

91. Capa de *Bulletin Dada* 6, Paris, Março de 1920.<sdrc.lib.uiowa.edu/dada/dada/6/>

92. Capa da revista *Merz* 11, 1924. Design de Kurt Schwitters.

93. Sobrecapa de *Kunst-ism-us 1914-1924*. Design de El Lissitzky e Hans Arp.

94. Capa de *De Stijl* 8, 1922. Design de Theo Van Doesburg.

95 e 96. Versões do logótipo da exposição *Weltliteratur – Madrid, Paris, Berlim, S. Petersburgo, o Mundo*, Fundação Calouste Gulbenkian. Design de FBA. Designer João Bicker, 2008.

97 e 98. Aspectos da exposição *Weltliteratur – Madrid, Paris, Berlim,*

S. Petersburgo, o Mundo, Fundação Calouste Gulbenkian. Arquitectura de Manuel e Francisco Aires Mateus. Design de FBA. Designers Ana Sabino e João Bicker, 2008. Fotografia de José Meneses.

135. Sobrecapa e capa do catálogo da exposição *Weltliteratur – Madrid, Paris, Berlim, S. Petersburgo, o Mundo*, Fundação Calouste Gulbenkian. Design de FBA. Designer João Bicker, 2008. Fotografia de FBA./Daniel Santos.

100. Saída da exposição *Weltliteratur – Madrid, Paris, Berlim, S. Petersburgo, o Mundo*, Fundação Calouste Gulbenkian. Arquitectura de Manuel e Francisco Aires Mateus. Design de FBA. Designers Ana Sabino e João Bicker, 2008. Fotografia de José Meneses.

101. Pormenor da exposição *Fernando Távora Modernidade Permanente*. Escola de Arquitectura da Universidade do Minho. Guimarães Capital Europeia da Cultura, 2012. Arquitectura de João Mendes Ribeiro. Design FBA. Designer Daniel Santos. Fotografia fba./Daniel Santos.

102. Caracteres da fonte *Távora Display*, em cinco estilos, *Regular, Outline, Inline, Engraved* e *Original Grid*. Design FBA. Designer Daniel Santos.

103. Alfabetos *Távora Display Regular* e *Távora Display Outline*. Design FBA. Designer Daniel Santos.

104. Título da exposição e catálogo *Fernando Távora Modernidade*

Permanente. Escola de Arquitectura da Universidade do Minho. Guimarães Capital Europeia da Cultura, 2012. Design FBA. Designer Daniel Santos.

105. Desenho de Fernando Távora para um letreiro da Casa da Covilhã, 12 de Agosto de 1988. FIMS/FT/01991-pd0018 © Fundação Instituto Marques da Silva.

106. Vista geral do 1.º e 2.º núcleos da exposição *Fernando Távora Modernidade Permanente*. Escola de Arquitectura da Universidade do Minho. Guimarães Capital Europeia da Cultura, 2012. Arquitectura de João Mendes Ribeiro. Design fba. Designer Daniel Santos. Fotografia FBA./Daniel Santos.

107. Vista parcial do 1.º e 2.º núcleos da exposição *Fernando Távora Modernidade Permanente*. Escola de Arquitectura da Universidade do Minho. Guimarães Capital Europeia da Cultura, 2012. Arquitectura de João Mendes Ribeiro. Design FBA. Designer Daniel Santos. Fotografia FBA./Daniel Santos.

108. Pormenore dos painéis da exposição *Fernando Távora Modernidade Permanente*. Escola de Arquitectura da Universidade do Minho. Guimarães Capital Europeia da Cultura, 2012. Design FBA. Designer Daniel Santos. Fotografia FBA./Daniel Santos.

109. Pormenor do 3.º núcleo da exposição *Fernando Távora Modernidade Permanente*. Escola de Arquitectura da Universidade do Minho. Guimarães Capital Europeia da Cultura, 2012. Arquitectura de João Mendes Ribeiro. Design FBA. Designer Daniel Santos. Fotografia FBA./Daniel Santos.

110-111. Catálogo da exposição *Fernando Távora Modernidade Permanente*. Escola de Arquitectura da Universidade do Minho. Guimarães Capital Europeia da Cultura, 2012. Design FBA. Designer Daniel Santos. Fotografia FBA./Daniel Santos.

112. *Diário de "bordo" de Fernando Távora*. Design FBA. Designer João Bicker. Fotografia FBA./Daniel Santos.

113. Verso da capa e página um do catálogo da exposição *Fernando Távora Modernidade Permanente*. Escola de Arquitectura da Universidade do Minho. Guimarães Capital Europeia da Cultura, 2012. Design FBA. Designer Daniel Santos. Fotografia FBA./Daniel Santos.